Chelsea Haywood

De westerse geisha

Vertaald door Mechteld Jansen

ARENA

Oorspronkelijke titel: *90 Day Geisha*
© Oorspronkelijke uitgave: 2008 Thirteen Best Fortune
Het geestelijke eigendom van de auteur is vastgelegd.
© Nederlandse uitgave: Arena Amsterdam, 2008
© Vertaling uit het Engels: Mechteld Jansen
Omslagontwerp: DPS, Amsterdam
Foto voorzijde omslag: Ken Dozono
Foto achterzijde omslag: Chelsea Haywood
Typografie en zetwerk: CeevanWee, Amsterdam
ISBN 978-90-8990-031-9
NUR 302

Dit is een waargebeurd verhaal. Alles in dit boek is een weergave van dingen die echt gebeurd zijn, zoals ik ze heb beleefd. Uit respect of dankbaarheid heb ik bepaalde namen en details veranderd, maar de mensen, gesprekken en gebeurtenissen zijn echt. Tenzij je toevallig mijn moeder bent; in dat geval is alles in dit boek ontsproten aan mijn fantasie, bestaat geen van deze mensen en is niets hiervan echt gebeurd.

Itadakimasu

One Eyed Jack

De gele lijn lag gehoorzaam aan mijn voeten. Hij was glanzend kanariegeel en onbestaanbaar perfect. Met geen mogelijkheid zou je een nog perfectere kleurige lijn kunnen schilderen, tenzij je een robot was. Dit móést wel het werk van een robot zijn, of misschien ook niet. Alles om me heen was zoals die gele lijn. De antiseptische stem die in *high definition* uit het smetteloze plafond klonk. De ordelijke rijen die keurig langs een rij identieke balies schoven. Iedereen tot in de puntjes verzorgd. Volmaakt in balans. Volmaakt geduldig. De manier waarop ik over de gele lijn gewenkt werd. Een snelle polsbeweging. Hierheen alstublieft. Vertaling overbodig. Alles had diezelfde vlekkeloze verfijning.

Hij leek verbazend jong voor zijn strenge uniform. Elk haartje van zijn symmetrische bloempotkapsel glansde in het tl-licht. Hij was de eerste douanier met sprankelende ogen die ik ooit had gezien. Bij zijn korte buiging viel zijn steile haar naar voren, en ik antwoordde met een knikje terwijl ik mijn paspoort in een gesteven witte handschoen legde.

'Goedemorgen. Wat is het doel van uw bezoek?'

'Eh... toerisme,' glimlachte ik onschuldig. Mijn antwoord kwam automatisch. Het was misschien niet helemaal juist, maar ik betwijfelde of ik een stap verder zou komen als ik de waarheid sprak.

'En waar verblijft u?'

'Hotel Sunroute in Shinjuku.'

De douanier bladerde door mijn paspoort en keek even op om de live-versie van mij te vergelijken met de kleurenfoto op bladzijde 2. Ik glimlachte nog eens. Tevredengesteld plakte hij een sticker keurig linksonder in de hoek op pagina 8:

IMMIGRATIE-INSPECTIE JAPAN. TOEGANG VERLEEND.
Datum vergunning: 30 AUG 2004. Tot: 28 NOV 2004. Duur: 90
dagen.

'Nathan zit in bespreking. Hij komt bij je als hij klaar is.'

De ruimte deed me denken aan een oud vaudevilletheater. Een
beetje versleten en een beetje opgedirkt. Het kwam door de fluwelen stoffering met de diepliggende knopen. De koperen stangen op
het podium vol spiegels. De manier waarop het belachelijk kleine
beetje licht de hoeken en de gezichten verzachtte, alles dempte en de
hoeken onderdompelde in duisternis. Zelfs de obers ademden dezelfde sfeer uit. Ze oogden knap maar bedrukt.

De club was nog niet open en er waren misschien tien mannen
binnen. Wat Japanners en wat blanken. Ik ging verzitten op mijn
barkruk en rechtte mijn rug om naar het gesprek van twee mannen
in pak aan de andere kant van de zaal te luisteren. Op een van hen
zat ik te wachten, en aangezien ik verder niet veel te doen had, keek
ik naar de rook die zich als een vage mist boven hen verzamelde.

Er ging een half uur voorbij. De twee mannen verdwenen en al
snel kwam er een nerveuze, jonge Israëlische aan het tafeltje naast
mij zitten. Hoopvolle-sollicitante-van-de-avond-nummer-2 had
lange, ravenzwarte krullen die haar delicate botstructuur overscha-
duwden. Haar Engels was moeizaam en slecht te volgen, dus zaten
we er zwijgend bij, terwijl geblondeerde dames op tien centimeter
hoge hakken met designertasjes aan hun French manicure-acrylna-
gels binnen kwamen druppelen. Het waren de eersten van de zeventig hostessen die bij One Eyed Jack schenen te werken – Tokyo's
meest prestigieuze club met buitenlandse hostessen – en ik keek toe
terwijl ze in groepjes de elasticiteit van hun huid kapot stonden te
roken.

Deze opgedirkte glamourgirls leken in niets op wat ik me herinnerde van de vrouw die ik in de bergen van Nepal had ontmoet. Ik
was zestien en bezig met mijn eerste verre reis. Zij had al jarenlang
in haar eentje de wereld rondgereisd. Ze was mooi. Ze was intelligent en zorgeloos. Maar het intrigerendst van alles was dat ze on-
derhouden werd door hoogst onwaarschijnlijke weldoeners: Japan-

se mannen die vaste klant waren bij een hostessenclub in Tokyo.

Later had ik nog meer meisjes ontmoet die als hostess in Japan hadden gewerkt. Hun verhalen waren net zo fascinerend. Het viel me op dat ze in het begin hoog opgaven van hun werk, maar gaandeweg blasé werden. Ik vroeg me af waarom ze bijna allemaal uit Tokyo weggingen met een onaangename nasmaak van alles wat Japans was. Was het een glas of een gram te veel? Kwam het door de mannen? En, intrigerender nog: waarom gingen ze weer terug? Want dat deden velen van hen.

Deze ambitieuze jonge vrouwen leken iets gemeen te hebben, behalve de naam van een eerstewereldland op hun geboortebewijs. Waren ze de weg kwijtgeraakt toen ze een uitweg zochten uit een grauw bestaan of een reeks mislukte relaties, hadden ze vier jaar voor een diploma gewerkt en wisten ze nu niet wat ze ermee aan moesten? Misschien waren het avontuurlijke types, op zoek naar iets nieuws. Of was Tokyo op dat moment gewoon het beste wat ze konden krijgen?

Er verstreek nog een half uur. Waar bleef die Nathan, verdomme? Ik had geen spoortje vuil meer onder mijn nagels. Ik had de hele ruimte van onder tot boven in me opgenomen. Mijn tweede gratis cranberrysap met ijs was inmiddels puur ijs, en mijn keel begon te kriebelen. Ik wilde net weggaan toen hij recht op me kwam aflopen.

Nathan was onberispelijk gekleed in een pak dat je niet in een warenhuis kon kopen en schoenen die glommen als gepolijst marmer. Zijn haar stond in stekels overeind en glansde. Hij had scherpe ogen en volmaakt gevormde wenkbrauwen. Met elke vezel van zijn lichaam maakte hij een indrukwekkende, uiterst zelfverzekerde indruk. In het rijk van de eerste indrukken was deze man een geoliede machine. 'Sorry, het spijt me dat ik je heb laten wachten. Ik ben Nathan. Deze kant uit, alsjeblieft.' Hij schudde me stevig maar kort de hand en keek me recht in de ogen, en ik liep achter hem aan naar een ronde bank in jarendertigstijl. In ogenschijnlijk één beweging liet hij zich erop glijden, maakte de enige knoop van zijn jasje los en streek de punten van zijn stijve boord glad. Toen wierp hij een vluchtige blik op het sollicitatieformulier waarmee ik een uur eerder alleen gelaten was.

Alle fundamentele kwesties kwamen erin aan de orde, plus de opmerking:

Alle medewerkers van One Eyed Jack moeten de bedrijfsregels en alle Japanse wetten gehoorzamen. Minderjarigen of mensen zonder geldige verblijfsvergunning mogen niet werken. Wie een onwettige daad begaat, wordt onmiddellijk zonder loon ontslagen.

Vreemd genoeg was bij de vraag 'Heb je een werkvergunning?' het antwoord 'ja' al omcirkeld.

'Oké, Chelsea. Jij wilt als hostess werken. Waar kom je vandaan?'

'Canada.'

'O. Ik had gegokt op de VS. Ik ben opgegroeid in New York. Mijn vader is Italiaans-Amerikaans, maar mijn moeder is Japanse. Ik ben nu acht jaar in Tokyo. Het grijpt je gewoon, slokt je op. Ik ben gek op deze stad en zou nergens anders willen zijn, maar soms vraag je je af wat je hier in godsnaam doet. Hoe oud ben je?'

'Twintig.' Ik wierp een blik op het formulier dat voor hem lag en deze keer begon hij het te lezen.

'Je bent fotomodel?'

'Nou, ja, ik...'

'En je wilt parttime werken om je verdiensten als model aan te vullen?' Hij had me met chirurgische precisie onderbroken, maar dat was mijn antwoord niet.

'Nee. Ik kom hier juist om hostess te zijn. Ik wil graag fulltime werken.'

Nathan hield zijn hoofd een beetje schuin en er verschenen kleine rimpeltjes bij zijn ooghoeken. 'We zijn zes avonden per week open, maar de meeste meisjes werken er vijf,' begon hij. 'Ik zal je uitleggen hoe onze club werkt. Alle nieuwe meisjes beginnen met tweeduizend yen per uur, maar dat kan later oplopen, afhankelijk van je mogelijkheden. Onze beste meisjes krijgen drieduizend tot vijfendertighonderd yen plus drankjes, wat inhoudt dat ze maximaal zestig Amerikaanse dollar per uur kunnen verdienen als het druk is. De werktijden zijn van negen uur 's avonds tot drie uur 's nachts. De commissie op de drank is vijfhonderd yen voor elk glas dat de klant voor je bestelt, tot een maximum van vijfentwintig. Dat is vier of vijf per uur; de meeste meisjes halen dat makkelijk als het druk is. Het hoeft geen alcoholische drank te zijn, sap mag ook, maar daarvoor betaalt de klant evengoed vijftienhonderd yen. We betalen niet voor verzoekjes, dat wil zeggen als een klant speciaal om jou vraagt. Het is een basisloon per uur plus commissie op drank. Snap je?'

Ik knikte en liet hem doorpraten.

'We betalen drie keer per maand uit. Op de tiende, de vijfentwintigste en de vijftiende. De tiende is voor de laatste twee weken van de vorige maand dat je gewerkt hebt, de vijfentwintigste voor de eerste tot de vijftiende. Op de vijftiende betalen we je voor je drankjes. Als je komt werken zullen de meisjes je wel uitleggen wat je verder nog moet weten, maar dit zijn de grote lijnen. Ik geef je mijn kaartje met mijn nummer. Heb je geen telefoon?' Hij tikte op de ruimte die ik had leeggelaten op het formulier.

'Nee, nog niet. Ik ben pas twee dagen geleden aangekomen.'

'Oké, zorg dat je een telefoon krijgt en bel morgen naar dit nummer, rond zeven uur. Ik heb vanavond nog een paar sollicitatiegesprekken, dus ik kan het je morgen pas zeggen. Er komen veel meisjes platzak terug van hun zomervakantie, die verwachten hier te kunnen werken. Bel me.'

Nathan pakte een servetje en haalde een zilveren pen uit zijn borstzakje. 'Ik geef je de namen van een paar andere clubs waar je vanavond kunt kijken. Daar hanteren ze een ander systeem. Sommige meisjes doen het beter in een club met een andere stijl... Ze betalen een hoger uurloon, maar je krijgt niet betaald om te drinken.' Hij krabbelde *Greengrass* en *Outline* neer. 'Die zoeken alle twee meisjes. Als je buiten komt, sla je links af en loop je langs Velfarre. Rechts zie je Seventh Heaven, dat is een van onze andere clubs, een striptent. Wees maar niet bang, daar stuur ik je niet heen. Er is een lift achter de ingang. Greengrass zit op de zesde of zevende verdieping. En ga daarna hier kijken.' Hij trok een streep onder Outline. 'Vraag het na Greengrass maar aan de zwarte jongen die beneden staat, dan vertelt hij je wel hoe je er moet komen. Het is vlakbij, maar ik weet niet precies waar. Ik ga niet vaak uit. Ik kom alleen om te werken en daarna ga ik weer naar huis.' Hij schonk me een koele en uitgestreken glimlach. 'Ik blijf niet hangen.'

'Oké. Goed. Bedankt voor je tijd, Nathan.'

'Geen probleem. Als je vragen hebt, bel me dan op het nummer dat ik je heb gegeven. En veel succes.'

Nathan beëindigde het gesprek met een stevige handdruk en verdween.

Ik trok mijn zwarte pump terug zodra hij het wegdek raakte. Eén stap verder en ik had onder de wielen van een inktzwarte Lamborghini Murciélago gelegen, die zo dichtbij kwam dat ik mezelf weerspiegeld zag in de overdreven opgepoetste lak. De hypermoderne geluidsinstallatie pompte zware klanken de vochtige nachtlucht in terwijl de auto zich door een nauw steegje heen probeerde te bluffen als een hengst aan een kluister. Het was een indrukwekkend gevaarte – zonder twijfel het uitverkoren vervoermiddel van de duivel als die de stad in ging – maar hij werd hier nauwelijks een blik waardig gekeurd.

In de invallende schemering ontwaakten overal neonreclames uit de saaie en stoffige teleurstellingen van de dag. Ze schreeuwden NU BETER DAN OOIT! in bontgekleurd gas dat de bloedsomloop van de stad binnendrong en infecteerde met een euforie die de zintuigen scherpte en glans gaf aan het laag-bij-de-grondse.

Dit was Roppongi. Het schreeuwde om gezien te worden. *Irashaimase! Komban wa!*

Ik had nog nooit van Greengrass gehoord, maar vond dat ik er toch even moest kijken. Dus in naam van een goed plan B liep ik direct naar de straathoek, vanwaar ik aan het einde van een tweede, duisterder pad het oplichtende uithangbord van de striptent kon zien. *Haal diep adem. Hou je hoofd recht en loop naar het licht.* Ik ontweek slingerende taxi's en een geblindeerde Mercedes-Benz die in het licht van de koplampen de gaten in het wegdek probeerden te zien. Ik passeerde twee reusachtige bewoners van een eiland in de Stille Oceaan, geposteerd naast het gigantische rode trappenhuis van een megagrote club in handen van de *Yakuza*. Niet veel verder lag de ingang van Seventh Heaven, bewaakt door een uitsmijter die net zo intimiderend was als die vorige twee.

'Hé, hé, hé! Waar ga je heen, meissie? Zoek je werk, schatje?' Hij moest de vent zijn die Nathan bedoeld had.

'Ja, dat wel, maar niet het soort werk dat jij in gedachten hebt, dank je.'

'Wat vertel je me nou, ben jij geen exotische danseres, liefje?' Ik grijnsde toen hij zijn ogen over mijn lijf liet glijden. 'Doodzonde, man, ik zou je beste klant zijn. Je zou bakken met geld verdienen, neem dat maar van mij aan!' Hij kneep zijn vingers samen en gaf er een luide klapzoen op, als een Italiaan die tegen zijn mama zegt dat haar spaghetti bolognese de allerlekkerste van heel Italië is. Ik glimlachte koeltjes.

'Nee, het spijt me. Geen interesse.'

'Oké, oké. Ik begrijp het. Maak je geen zorgen, meisje, ik ben je vriend. Je zoekt werk als hostess, klopt dat? Oké. Dat is mooi.' Zijn houding verzachtte. Hij stak een hand uit en liet de mijne erin verdwijnen. 'Ik ben Solomon. Uit Nigeria.' Terwijl hij mijn schouder haast uit de kom rukte, voegde ik zijn naam toe aan de lange lijst ronselaars die me die avond op straat al hadden geprobeerd te rekruteren. Eenmaal losgelaten liep ik naar de lift.

'Hé, meissie!' riep Solomon me na. 'Als je ooit van gedachten verandert, weet je wel, over dansen in mijn club, kom me dan maar opzoeken!'

Dat zou voorlopig niet gebeuren.

De geluidloos lachende man

Ik verliet de lift op de zesde verdieping en dacht eerst dat ik bij de verkeerde halte was uitgestapt. Voor me zag ik twee grote, barokke deuren, volgeplakt met studiofoto's van een stel buitengewoon pronte dames. Ze poseerden verleidelijk in lingerie, met glimlachjes, adamsappels en siliconentieten, en een paar gemanicuurde mannenhanden hielden de uitpuilende borsten van een Y-chromosoomdragende soortgenoot vast. Niet bepaald subtiel. Zelfs de deurgrepen overtroffen zichzelf. Het waren gouden penissen van een formaat dat Dionysus waardig was, te dik om met je hand te omvatten en ruim dertig centimeter lang. Verstoord en geamuseerd tegelijk draaide ik me om naar de andere kant van de smalle gang en zag een kale deur met een discreet bordje ernaast: GREENGRASS. Dit was dus toch de goede verdieping.

Binnen stond ik in het halfdonker. Eric Clapton speelde zachtjes op de achtergrond. Mijn pupillen werden groter en toen ik de ruimte kon zien, bleek die verrassend klein en ingetogen. Aan de muren hingen reproducties van smaakvolle kunstwerken en er stonden turquoise banken met dikke kussens. Maar er hing niet zo'n sjofele sfeer als bij One Eyed Jack. Alles was laag, had harde hoeken en een overduidelijk masculiene uitstraling.

Er stonden een stuk of tien tafels in de ruimte verspreid, met ronde, beklede krukken eromheen. Er waren geen ramen. Aan de ene kant lag een karaokemachine te sluimeren en de muur erachter werd gedomineerd door een grote geluidsinstallatie. Dat maakte mij nogal zenuwachtig. Een onopvallende bar besloeg de andere kant, en daar zaten drie mannen in gesteven witte overhemden. Ze waren waarschijnlijk geschrokken van mijn onverwachte verschijning, want ze gooiden hun sigaretten in een asbak als schooljongens die op roken werden betrapt, maar toen de oudste opstond en plechtig wenkte dat ik dichterbij moest komen, rookten ze weer door.

Ik was langer dan hij, maar zonder mijn hakken zouden we waarschijnlijk even lang zijn. Hij droeg een gek zwart strikje en zijn haar glom onnatuurlijk, alsof het net behandeld was met verf uit een spuitbus. Hij had een hartvormig gezicht. Vriendelijke ogen, een klein mondje, een slechte huid.

Hij keek me afwachtend aan, zijn handen ineengeslagen achter zijn rug.

'*Komban wa*,' zei ik met een buiging. 'Nathan van One Eyed Jack heeft me naar uw club gestuurd. Ik vroeg me af of ik hier kon komen werken.'

Hij knikte en gebaarde naar een piepklein tafeltje tussen twee drankkasten die tot het plafond met flessen waren volgestouwd. Het absurd lage tafeltje kwam maar tot mijn knieën, en toen we tegenover elkaar gingen zitten voelde ik me net een padvindster bij een geheime vergadering. Met twee handen bood hij me zijn visitekaartje aan. Onder drie grote *kanji*-karakters stond: NAKAMURA NISHI. Hij was manager van de club.

Normaal gesproken worden hostessenclubs geleid door een mama-san, een oudere vrouw die meestal zelf hostess is geweest. Zij onderhoudt de relaties met de klanten en registreert hun persoonlijke voorkeuren terwijl ze tegelijkertijd als een moederkloek over de meisjes waakt. Maar in het geval van Greengrass leek Nishi als een soort mannelijke mama-san aangesteld te zijn.

Het voorstellen en de formaliteiten deed ik grotendeels in het Japans, en hij glimlachte met zijn lippen op elkaar tot ik niets meer kon bedenken om te zeggen. Eindelijk sprak hij.

'*Prease*, ik ben Nishi. Achternaam Nakamura. Je spreekt *berry* goed Japans.'

'Dank u, dat valt wel mee. Een beetje maar. *Chotto*.' Ik stak mijn duim en wijsvinger omhoog met een paar centimeter tussenruimte: het internationale gebaar voor 'een beetje'.

'Mijn *Engrish* is niet zo *berry* goed. Het spijt me.' Nishi's hoofd hopte op zijn schouders op en neer en hij lachte zonder geluid. Hij legde een vel papier voor me neer waarop zo te zien het clubsysteem werd uitgelegd – een wirwar van paragrafen over loon, bonussen en de voorwaarden waaraan je moest voldoen om die te krijgen. Verrassend genoeg kreeg je een boete van vijfentwintighonderd yen als je ziek was en van tienduizend als je zomaar niet kwam opdagen, maar dat zal vanuit hun perspectief wel nodig zijn geweest. Elk punt kostte Nishi verscheidene minuten uitleg vanwege de combinatie van zijn slechte Engels en zijn ongelofelijk langzame en nederige manier van doen. Na een eindeloze reeks vragen van mijn kant begon ik langzaam de verschillen te begrijpen in het systeem van zijn club, waarin 'sommige meisjes het beter doen'.

Het uurloon was hoger, maar er stonden minder werkuren vast. Het bonussysteem klonk veelbelovend, maar vereiste wel dat je duurzame relaties opbouwde. En ik wist niet of dat er wel in zat. Het klonk ongemakkelijk en maakte goed verdienen veel moeilijker dan elke avond komen opdraven en simpelweg zoveel standaardglazen achteroverslaan als je kon hebben – het paradoxale voordeel van Jack.

Om hier een behoorlijk loon te verdienen moest je populair zijn. Klanten moesten speciaal naar jou vragen, en om je bonus te krijgen moest je een quotum halen van een bepaald aantal *dohans*: vooraf afgesproken diners met klanten die je vervolgens naar de club begeleidde. En anders zat je op het minimumloon.

Greengrass paste goed in het beeld van een traditionele hostessenclub dat ik me vooraf had gevormd, dichter bij het geishasysteem waaruit het voortkwam dan het ambitieuze One Eyed Jack. In plaats van een podium met spiegels en halfnaakte danseressen verzorgden hier de karaokemachine en de bijbehorende liedjescatalogus het aanvullende vermaak. De hostessen werden gewaardeerd om hun vaardigheid in het converseren (of liever gezegd: naar de mond praten) in plaats van drinkmaatjes te zijn die veel konden drinken en er lekker uitzagen in een rokje. Maar het grootste verschil tussen de clubs was hoeveel méér geld je in Jack kon verdienen met in wezen hetzelfde werk. Een paar honderd dollar per avond maal drie maanden is nogal bepalend voor je keuze. Als ik bij One Eyed Jack terecht zou kunnen, ging ik daarheen.

Toen Nishi klaar was, hoefde ik nog maar één belangrijk punt te weten. 'Moet ik karaoke zingen?' Ik ging absoluut géén karaoke zingen. Het was mijn grootste angst, maar Nishi's hoofd ging in stilte op en neer.

'Nee, nee. Chelsea-san niet zingen. Alleen klant. Sommige meisjes zingen. Sommige meisjes zingen té veel, bezorgen mij erge hoofdpijn. Kom vrijdagavond, oké?'

Vandaag was het donderdag.

'Eh... mag ik u dat morgen laten weten? Ik moet erover nadenken.' Ik zei niet tegen Nishi dat het ervan afhing of Nathan van One Eyed Jack ja zou zeggen, en ik wilde het met Matt bespreken. 'Kan ik morgen bellen na... ik weet niet, zeven uur?'

'Oké, morgen. Ik hoop dat jij kiest voor Greengrass. Ik wacht tot je belt. Als Chelsea-san ja zegt, ben ik een *berry* gelukkig mens.'

'Hallo, is Nathan er ook?'

Een zachte vrouwenstem zei dat ik moest wachten, dus wachtte ik. En wachtte ik. Ik bleef wachten tot ik bang was dat mijn beltegoed zou opraken. De suikerzoete J-pop in mijn oren had me kotsmisselijk gemaakt toen er eindelijk een man aan de lijn kwam. 'Nathan is er niet.'

'Ja, maar ik was gisteravond bij jullie. Toen zei hij dat ik hem om zeven uur moest bellen over werk.'

'Hoe heet je?'

'Chelsea.'

'Oké. Ik weet er niets van, maar hij is er niet en hij komt pas maandag weer.'

'Maandag?' herhaalde ik ongelovig. Maar Nathan had heel duidelijk vanavond gezegd.

'Ja, dat klopt.'

'Moet ik dan maandag terugbellen?'

'Eh... ja, bel maandag maar.'

Ik hing op en haalde Nishi's kaartje uit mijn portemonnee. Het was allemaal een tikje geheimzinnig. Maandag was nog drie dagen weg en ik had het vermoeden dat ik dan ook geen antwoord zou krijgen, als ik al zo lang zou wachten.

Tring, tring.

'*Moshi moshi.*'

'Hallo Nakamura-san? Met Chelsea. Ik ben gisteravond in uw club geweest. Ik heb besloten dat ik graag bij u wil werken.'

Roze, geel en borsten

'Hé meissie, je ziet er goed uit vanavond! Werk je nu hier? Oké dan! Waar, bij Republika?' Republika was een club in hetzelfde gebouw met uitsluitend Russische hostessen.

'Nee, Solomon. Bij Greengrass, op de zesde. Hoe gaat het?' Mijn hand verdween weer in de zijne en hij pompte hem op en neer.

'Goed, goed. Ik ga lekker, meissie. Lekker druk vanavond, weet je. Vrijdagavond!' Hij liet mijn hand snel los om een glanzende flyer voor de neus van een paar passerende Japanse loonslaven heen en weer te zwaaien. 'Sexy meisjes, topless danseressen! Mooie meisjes!' Toen ze hem negeerden riep hij ze na: 'Houden jullie niet van sexy meisjes? Wat is er mis me jullie, man?'

'Fijne avond, Solomon,' zei ik lachend terwijl ik de aftocht blies.

'Nee, nee, fijne avond voor jóú, liefje. Maak je geen zorgen over mij.'

Terwijl Solomon de voorbijgangers toeschreeuwde bekeek ik de posters op de bakstenen muur naast de lift. Een van achteren belichte groep Filippijnse meisjes met bijna identieke kapsels, mini-rokjes en sokjes glimlachte me collectief toe boven namen als Rose, Julie en Jenny. Vier Japanse hostessen met miedunne ledematen knielden onderdanig neer, gekleed in lingerie en met hun gezichten achter hun handen. Het was een licht verontrustende reclameposter, veel onaangenamer dan de nietszeggende poster in Las Vegas-stijl van Seventh Heaven: een en al roze, geel en borsten.

Gelukkig hing er van Greengrass geen poster; alleen de naam stond genoemd op het overzicht van verdiepingen. Er hing ook niets van de ladyboyclub naast ons, maar binnen hun specifieke niche hadden de mensen achter de gouden penisdeuren vast niet veel concurrentie.

Alleen in de lift drukte ik op de 6 en de liftdeuren sloten. Oké.

Dood aan de vlinders. Weg ermee. Greengrass begroette zijn klanten niet met fallussymbolen en aan zenuwen had ik niks. Ik had alleen iets aan twee stukjes informatie: hoe ging dit in zijn werk en hoe kon ik het laten werken? Ik kon dit best, zei ik tegen mezelf. Rustig maar.

Wat we in het Westen vaak niet begrijpen is dat een hostess in Japan heel weinig te maken heeft met seks, behoorlijk veel met psychologie en helemaal niets met prostitutie. Je bent eerder een op fooi beluste barvrouw en een moedertaalsprekende lerares Engels tegelijk. Een decolleté voor aanspraak en uitspraak. Daarom is het geen probleem om een vriend te hebben. Of getrouwd te zijn.

Ik ben getrouwd in Australië. Ik was achttien en hij drieëntwintig: meneer Matthew Brian Brennan. Ik was helemaal ondersteboven van hem. Nog nooit had ik iemand ontmoet die zo evenwichtig, zo knap en zo volstrekt uniek was. En ik had nooit gedacht dat ik ooit zoiets afgezaagds zou willen doen als trouwen. Maar ineens zag ik de toekomst zomaar voor me – en toevallig dacht hij hetzelfde. Twee maanden later stonden we in het stadhuis, op sneakers en in spijkerbroek en met een paar van zijn beste vrienden als getuigen, en dat bleek precies het soort bruiloft dat wij wilden.

Matt en ik hebben ons nooit aan de conventionele verwachtingspatronen gehouden. Ik geef niets om bloemen en we maken ons niet druk over trouwdagen of symbolische geschenken die onze betrokkenheid moeten 'bewijzen', maar we houden onvoorwaardelijk van elkaar. Onze vriendschap is het allerbelangrijkste, en we zijn altijd gelijkwaardig geweest. Daarom was Matt haast nog enthousiaster dan ik over het idee om dit boek te schrijven, dat ik kreeg toen we op een middag in Bangkok New Yorkse cheesecake zaten te eten. Twee dagen later waren we onderweg naar Tokyo. Hij heeft altijd een onwankelbaar vertrouwen in mij gehad.

Deze ontdekkingsreis draaide niet om hostess zijn en mijn avonden besteden aan het platonisch plezieren van oudere Japanse mannen; het ging me om de ervaring, de kans om dit leven te leiden en dat vast te leggen. Ik heb geluk dat Matt voldoende zelfvertrouwen heeft om niet terug te schrikken voor dat idee. Wat mijzelf betreft:

ik weet dat ik op eigen kracht kan komen waar ik wil, maar daar gaat het toch niet om in een relatie? Matt is mijn lift, en ik de zijne.

Het is inderdaad bizar en in de ogen van buitenlanders onconventioneel, maar de wereld van de Japanse hostessenclubs is gewoon een onderdeel van de werkelijkheid. Als je een Zoeloe in Disneyland neerzet zal hij het er idioot vinden, maar miljoenen mensen zijn dol op het magische rijk en dat maffe, surrealistische plekje vol fantasie. Het is een miljardenindustrie, een deel van de Amerikaanse sociale structuur.

Op precies dezelfde manier zijn hostessenbars in Japan heel gewoon, geaccepteerd en allerminst revolutionair. Ze zijn niet eens een recent verschijnsel, want lang voordat er hier Westerse vrouwen kwamen om drank in te schenken en Japanse mannen met hun Engels te helpen, verdrongen de Japanners zich al rond *Japanse* hostessen. Pas tijdens de economische zeepbel van de jaren tachtig – toen het vermogen van de miljonairs en miljardairs in dit land door internationale handel tot extreme hoogte werd opgeblazen – werd de Engelse taal populair onder de elite, en daarmee ook de fantasie over de blonde vrouw met blauwe ogen. Heden ten dage zijn westerse meisjes nog steeds exotisch – de maraschino-kers in je gekarameliseerde rum – en dat zullen ze waarschijnlijk altijd blijven. Maar dit is een subcultuur met draaideuren, waardoor de meesten hier maar kort blijven.

Hostessenclubs maken evenzeer deel uit van de Japanse psyche als het zondagse familiediner, en zijn zowel in zakendistricten als in uitgaanswijken te vinden. Niemand schaamt zich voor zijn bezoekjes aan een hostessenclub. Niemand ontkent dat hij erheen gaat. Het is iets heel anders dan een clandestien uurtje in een tent met goedkope showgirls. Bij veel Japanse hostessenclubs is het voor een man al een voorrecht om er binnen te mogen. Hoe exclusiever, hoe hoger de status, en dus scheppen ze er juist over op. Ze gebruiken de clubs zelfs als legitiem excuus tegenover hun vrouwen, als die commentaar durven te leveren op de vele avonden waarop ze laat thuiskomen, want bedrijven plannen na werktijd vaak besprekingen of uitstapjes bij hun favoriete hostessenclub. Aanwezigheid verplicht.

Klanten worden in de watten gelegd om de zakelijke relaties te versterken bij de beste club die het bedrijf kan betalen.

Het is een cultureel verschijnsel dat parallel loopt aan het dagelijks leven en dat ook aanvult. Een club is een plek waar mannen komen om alleen maar *in gezelschap van* vrouwen te zijn, voor zo lang als ze daarvoor willen betalen. Mannen gebruiken de club, de hostessen en vaak ook karaoke om de stress van hun lange werkdag van zich af te zetten, om hardop te fantaseren en iemand te hebben die luistert naar alle onzin die ze uitkramen. In de werkverslaafde, patriarchale Japanse wereld kun je waarschijnlijk haast niet zonder. Clubs zijn deel van de sociale structuur.

En het fascineerde me. Kon er werkelijk zoiets puurs bestaan in het oog van zo'n seksueel geladen orkaan? Naast al dat roze, geel en borsten? Tegenover een transseksuele schatkamer? Wat zouden machtige, intelligente en onfatsoenlijk rijke Japanse mannen, naast alle andere mogelijkheden die ze hadden, te zoeken hebben bij een jonge westerse *hostess*? Ze trok haar kleren niet uit en danste niet om een paal. En ze nam al helemaal hun pik niet in haar mond. En in mijn geval besprak ik ook geen actualiteiten in een lingeriesetje of zo'n schoolmeisjesuniform als Rosie, Julie en Jenny droegen. Ik hoefde alleen een nette cocktailjurk te dragen en op een beleefde en charmante manier vlekkeloos Engels te spreken. Ik zou moeten lachen om grapjes, drankjes inschenken en sigaretten aansteken. Hoe moeilijk kon het zijn?

Zo groen als gras

Toen ik de deur opende, werd ik met een luid *Irashaimase!* begroet door een van de twee slungelige obers van Greengrass, die ijverig liet zien hoe goed hij na een halve seconde voorbereidingstijd een buiging van honderd graden kon maken. Deze formele ontvangst verraste me, maar toen hij weer overeind kwam, sperde hij zijn ogen wijd open achter zijn John Lennon-brilletje. 'O! Chelsea-san. Hallo,' lachte hij beschaamd. Nishi had hem waarschijnlijk gezegd dat ik zou komen. 'Ik ben Tehara.' Ik kreeg een veel passender hoofdknikje en werd naar de vergadertafel verwezen tot Nishi met zijn asbak bij me kon komen.

'Chelsea-san, ik ben *berry happy* dat je voor Greengrass kiest,' fluisterde Nishi. Hij glimlachte en schoof met een gerimpelde vinger een vel papier over tafel naar me toe. Het was een contract. Er kwam er nog een. *Tik, tik.* 'Heel belangrijk voor werk, Chelsea-san. *Prease,* lees maar.'

Taken van hostess

1. *De klanten oshibori (handdoeken) geven.* Als een klant naar de tafel gaat en terugkomt, geef je hem een *oshobori*.
2. *Drank inschenken voor de klanten.* Als er een fles whisky, cognac, wijn, champagne etc. op tafel staat en het glas van de klant is leeg of bijna leeg, vraag je de klant hoe hij zijn drankje wil en schenk je in wat hij vraagt.
3. *Visitekaartjes uitwisselen.* Als je aan tafel gaat zitten, stel je je voor en wissel je visitekaartjes uit (of telefoonnummers en/of e-mailadres).
4. *Niet karaoke zingen.* Karaoke behoort niet tot de taken van de hostess. Als jij het doet, kan de klant minder vaak karaoke doen. Bedenk ook dat de klanten niet komen om jou te horen

zingen. Maar een hostess moet wel samen met een klant zingen als hij een duet wil.

5. *Kleding en schoeisel.* Om de klanten te helpen zich te vermaken moeten hostessen bedenken dat er gewenste en ongewenste soorten kleding en schoeisel zijn. Rokken moeten bijvoorbeeld ofwel minirokken of lange rokken zijn. Schoenen moeten de enkel bedekken en minstens drie centimeter hoge hakken hebben. T-shirts, broeken, vestjes, truien en sandalen zijn verboden. Let op de kledingvoorschriften, want overtredingen leiden tot een verbod om die dag te werken. (Tip: feestjurken zijn oké.) Als je iets wilt weten, vraag het dan aan een staflid of ervaren hostess.

6. *Klanten bellen (klanten mailen).* Bel bijvoorbeeld een klant de dag nadat hij is geweest en bedank hem, zeg dat je van zijn bezoek hebt genoten en vlei hem etc. Of maak, als extra, een afspraak om hem te escorteren (*DOHAN*) etc.

7. *Over het escorteren van klanten (DOHAN) en activiteiten buiten het werk.* Laat voor je gaat altijd contactgegevens (naam van degene die je escorteert en een telefoonnummer en/of e-mailadres) bij een staflid achter. Je moet contactgegevens bij de staf achterlaten als je voor het eerst iets gaat drinken met een bepaalde klant, en altijd als je ergens naartoe gaat met hem. Ga met de persoon die je escorteert nergens heen waar je alleen met hem zult zijn (zoals een privékamer, auto etc.). Weet dat sommige mensen perverse bedoelingen hebben, en dat leden van georganiseerde misdaadgroepen kunnen proberen misbruik van je te maken door zich voor te doen als gewone klant. Wees je ervan bewust dat zulke gevaren bestaan. Neem dezelfde voorzorgen in acht als je een lang/kort uitstapje maakt of een ritje gaat maken etc. in je eigen tijd (op vrije dagen).

Op zaterdag 21 juli 2000, haar vrije dag, belde een Engelse hostess die in club Casablanca in Roppongi werkte een vriendin om te zeggen dat ze een ritje met een klant naar de kust van Chiba ging maken. Chiba is de prefectuur ten oosten van Tokyo en het dichtstbijzijnde kustgebied vanuit de betonnen metropool. Er werd nooit meer iets van haar vernomen.

Later dat jaar werd Joji Obara, een rijke Koreaans-Japanse zakenman, gearresteerd op verdenking van bedwelming en verkrachting van meerdere vrouwen bij verschillende gelegenheden sinds 1996. Bij nader onderzoek vond de politie in zijn woning bijna vijfduizend videobanden en enkele dagboeken met verslagen van de klaarblijkelijke verkrachting van meer dan tweehonderd vrouwen. Obara ontkende schuld en hield vol dat al zijn seksuele betrekkingen met wederzijdse instemming waren geweest. Hij beweerde ook onschuldig te zijn als hoofdverdachte in een zaak uit 1992 waarbij Carita Ridgway, een eenentwintigjarige hostess uit Perth, wegens leverfalen een geheimzinnige dood stierf in een ziekenhuis in Tokyo nadat ze bij de misdadiger thuis ernstig bedwelmd en verkracht zou zijn.

Op 8 februari 2001 werd een in stukken gesneden lijk opgegraven in een grot aan de kust van Misaki, op zo'n vijftig kilometer van Tokyo en op een flinke steenworp afstand van een appartement van een zekere Joji Obara. Forensisch onderzoek bracht het lijk in verband met de gebitsgegevens van de verdwenen Engelse hostess Lucie Blackman. Toen Obara ondervraagd werd, beweerde hij dat hij de hostess maar één keer had ontmoet in de club in Roppongi en dat hij niets te maken had met haar dood. DNA en vingerafdrukken uit zijn appartement werden later gematcht met het lijk uit Misaki én Lucie Blackman. In het licht van het forensisch bewijs en zijn vorige beschuldigingen van verkrachting, stond Obara terecht voor 'ontvoering met onzedelijk doel, verkrachting leidend tot de dood, en verminking en zich ontdoen van een lijk'. In het stuitend verwrongen Japanse rechtssysteem is het verkrachten, doden en in stukken snijden van een vrouw kennelijk een misdaad die bestraft wordt met slechts drie jaar tot levenslang.

Mijn god. Toen ik in Tokyo aankwam, was het proces nog gaande en vroeg ik me natuurlijk af wie zichzelf willens en wetens in zo'n positie bracht door bij praktisch een vreemde in de auto te stappen. Hoe kon je zoiets doen?

(Opmerking: op 24 april 2007 werd Joji Obara vrijgesproken van alle beschuldigingen met betrekking tot Lucie Blackman, ondanks overvloedig indirect bewijs waaruit bleek dat Obara vlak na Lucies verdwijning zaken als sneldrogend cement en een kettingzaag had gekocht en op de dag na haar verdwijning op internet naar manieren had gezocht om je van een lijk te ontdoen. Hij werd echter tot levenslang veroordeeld voor acht andere verkrachtingen en de verkrachting die leidde tot de dood van Carita Ridgway.)

'Dit is kleedkamer en *toiret*,' zei Tehara terwijl hij een smalle deur opende naar een kamer die niet veel meer was dan een bezemkast met een kapstok erin. 'Maar jij kunt nu daar zitten, Chelsea-san.'
'Daar' was een plekje op de lage bank tussen een graatmager blondje dat haar nagels zat te lakken bij het licht van een mobiele telefoon, en een weelderige veelkleurige bloem, gewikkeld in een jurk met begoniapatroon. De blonde lakte verder en de bloem stelde zich voor met een zangerig accent en een warme, zonnige glimlach. 'Bianca, uit Roemenië. *Vat* is jouw naam?'
De volgende tien minuten van mijn leven werden gevuld met een verwaterde versie van de hare, uitgeblazen op de rook van een lange, dunne sigaret.
Bianca rookte als een filmster uit de jaren dertig: elegant, afwezig. *Puf, puf.* Ze was met een studiebeurs naar Japan gekomen en zou volgende maand beginnen aan een MBA-opleiding bij een prestigieus internationaal instituut in Tokyo. Om haar studie te financieren werkte ze 's avonds als hostess en overdag als reisagente. *Puf, puf.* Zelfs in het schemerlicht kon je de donkere kringen onder haar ogen zien. Het was een zware last voor iemand met een studentenvisum, maar eigenlijk vermoedde ik dat haar officiële status iets anders was. Dat kwam misschien door de echt lijkende edelsteen aan haar rechterhand, en door het feit dat een verstandshuwelijk soms een kleine prijs is voor een persoonlijke kans. Als een goed opgeleide, diverse talen sprekende hostess in een club in Tokyo toevallig uit Oost-Europa komt, wijst dat op een bewuste weerstand tegen een toekomst in een moeizame postcommunistische samenleving. Zelfs als Bianca een studentenvisum had, zouden de lessen die daaraan ten grondslag lagen ooit afgelopen zijn, en anders zou ze een burn-

out krijgen van dag en nacht moeten werken om ze te betalen. Dan zou ze terug moeten. Terug naar wat? Naar Somberhuizen in Roemenië. *Goh, hoe lang was ze al getrouwd?* Nee, nee, lachte ze hartelijk. Die ring was maar een erfstuk. Vast. En de mijne had ik van het kaboutertje om de hoek.

Toen haar nagels droog waren, boog de blonde zich voor Bianca's omvangrijke boezem langs. 'Hallo, ik ben Sonja uit Colombia.' Ik schudde haar tere hand, maar voor ik iets terug kon zeggen schoot er een bonte werveling voorbij, die zich over de bar wierp.

'Ben ik te laat? Ontsla me niet! Sorry, maar ik heb nog niet gegeten. Je verwacht toch niet dat ik ga werken als ik sterf van de honger, hè? Denk maar niet dat ik de regels niet ken!'

Nishi nam een trekje van zijn sigaret en het mooie Chinese meisje draaide zich snel om. 'O, hallo, jij bent nieuw! Ik ben Jamie.' Ze zwaaide. Ik glimlachte. Ze wendde zich weer tot Nishi. 'Heb ik nog tijd voor nog een broodje? Nou, ja of nee? Geef me nog acht minuten. Ik ben zo terug!' En Jamie rende de deur uit met nog een halve sandwich van Starbucks in haar hand.

Precies op dat moment doorsneed een streep licht de duisternis en klonk er een hese stem uit de kleedkamer. Er verschenen drie verhit discussiërende meisjes. Ze waren ongemerkt binnengekomen tijdens Jamies entree. R'en rolden. Woorden werden afgebeten, kelen samengeknepen. Wat voor taal was dat? Een donker meisje met vurige ogen gaf me een klamme hand en stelde zich zacht voor in het Engels, een Engels zo zacht als fluweel. Ze leek Arabisch. 'Ik ben Dick La. *Shalom.*' Misschien toch niet.

'Sorry, hoe?'

'Dickla. *Dick*-o-la,' zei ze overdreven duidelijk. 'Dat is Hebreeuws. Een Israëlische naam. Wij komen allemaal uit Israël. Dit zijn Abie' – een muizig, knokig meisje met een nasaal Amerikaans accent – 'en Levana,' een mollig meisje met roodgeverfd haar en een ivoorkleurige huid, gehuld in strak kersrood fluweel. Ze glimlachte tussen twee trekjes aan haar sigaret door, maar zei geen gedag. Nu we kameraden waren, gingen ze snel weer over op het Hebreeuws en was ik aan mezelf overgeleverd tot Jamie terugkwam.

'Oké, dus ik moet jou álles vertellen wat je als hostess moet weten. Ik heb geen idee waarom ze míj daarvoor uitgekozen hebben. Ik ben zeg maar de slechtste hostess uit de Japanse geschiedenis, maar misschien is het omdat ik uit Canada kom en jij ook, maar misschien ook omdat ik écht Engels spreek. Godzijdank dat je er bent. Hiervoor was ik, zeg maar, de enige. Ik weet niet precies wat ik je moet vertellen. Hebben ze je die lijst met regels laten zien, de "plichten van de hostess" of zo? Als je je daar zo'n beetje aan houdt, stelt het niet veel voor. O, en daar liggen blanco visitekaartjes en aanstekers. Rook je?'

'Nee.' Ik haalde adem, diep en snel, voor ze weer verderging.

'Je kunt net zo goed beginnen, iedereen doet het. Ik moet eigenlijk stoppen, maar het is hier zo goedkoop! Weet je wat een pakje hier kost? Driehonderd yen! Meer niet! In Vancouver is het iets van acht dollar per pakje! Ik ben behoorlijk erg, maar de klanten zijn nog erger. Eigenlijk moet je zo'n aansteker kopen die je alleen maar hoeft in te drukken, zodat je je duim niet verbrandt. Dat heb ik dus gedaan, mijn duim verbrand. O, en als je vuur geeft, moet je wel je andere hand om het vlammetje houden. Ze worden boos als je dat niet doet. Dat is niet *netjes*.' Jamie zweeg even en trok aan de zoom van haar felrode Chinese jurk, die over haar dijen omhoogkroop.

'Hij is te kort! Ik heb er te veel af geknipt, maar wat maakt het uit, zij vinden het mooi. Ik wil alleen niet dat mijn ondergoed te zien is. Eigenlijk moet ik helemaal geen minirok dragen, moet je mijn dijen zien! Wist je dat ik zeven kilo ben aangekomen sinds ik hier ben? Zeven fucking kilo! Dat is het ergste aan Tokyo: je wordt hier moddervet. Het enige wat je doet is drinken en eten, dus je verandert in een dikke, vette ballon. Ik ga elke dag naar de sportschool, maar toch kan ik het niet voorkomen. Niet te geloven, toch?'

Hmmm. Jamie was net als de meisjes met wie ik op school had gezeten: knap op een kleinsteedse manier, een stralend middelpunt en op zoek naar iets anders dan het alledaagse. Ze had haar vrienden achtergelaten en wilde duidelijk meer dan een vaste baan dan wel vriend en het dvd-escapisme op de bank in een buitenwijk.

'Dus pas maar op. Of eigenlijk hoef jij waarschijnlijk niet op te passen. Wat voor maat heb je, 36? Je zou model moeten worden! Je lijkt wel gek dat je hostess wordt! Waarom doe je dat? Elke *gaijin* kan model worden in Japan, zelfs dikke oude kerels. Behalve ik, want ik ben Chinees, of eigenlijk half Thais, half Chinees. Ze houden niet van Chinezen. Maar jij zou veel meer kunnen verdienen dan met een beetje ouwehoeren met kleuters, zoals hier. Maar het is wel makkelijk, een beetje zoals babysitten, en beter dan Engelse les geven. Dat heb ik een tijdje geprobeerd, maar god, ik verveelde me helemaal kapot...'

'Jamie! Jámie!' siste Tehara met een boze blik. 'Klant! Ben je doof? Kom!'

'Hè? Moet ik nú al? Is het een verzoek? God! Sorry, een van mijn vaste klanten komt binnen. We spreken elkaar nog.' Ze pakte haar spullen bij elkaar en trippelde weg.

Nieuwe woorden leren

'*Irashaimase!*' Tehara schoot naar voren toen er twee mannen door de enige deur van Greengrass binnenkwamen. Ze bogen stijfjes terug en lieten hem hun koffertjes in een verborgen kast opbergen en hun een tafel naast de karaokemachine geven. Daar bood Tehara hun dampende *oshibori* en al aangestoken sigaretten aan, knielend op één knie. Drankvoorkeuren werden uitgesproken. Tehara liet zijn hoofd iets zakken. Dezelfde geroutineerde handelingen hadden de club al vol gemaakt, en toen Tehara zich met een reeks minibuiginkjes terugtrok besefte ik dat zijn volgende taak eruit bestond dat hij een hostess zou brengen. De enige die nog aan de vergadertafel zat, was ik.

Nishi kwam naar me toe. Hij gebaarde dat ik overeind moest komen, schuifelde de zaal door en wees me mijn plaats aan met zijn handpalm naar beneden. Ik haalde diep adem. *Daar gaan we dan.* Ik veegde zo onopvallend mogelijk het zweet van mijn handen en ging zenuwachtig zitten met een brede, vriendelijke glimlach.

'O! *Sagoi!*' Speeksel belandde op mijn gezicht. Een bril werd snel uit een borstzakje gehaald, zodat twee smalle spleetogen mijn gezicht konden inspecteren.

'*Komban wa. Watashi wa Chelsea desu. O-namae wa nan desu ka.*' Ik stak mijn visitekaartje uit, stelde me voor en vroeg zijn naam.

'O! *Sagoi, sagoi! Berry beautiful* én *berry crever*! Zo knap-o! Je lijkt mijn baas wel! Knappe man, daar!' Het onbekende gezicht gebaarde over de tafel naar een man die helemaal opging in een gesprek met een blond meisje, greep toen mijn kaartje en bestudeerde het intensief, op een paar centimeter van zijn ogen. 'Neem me niet kwalijk. Jij bent zo mooi, ik vergeet mijn naam. Daarom zal ik me nu voorstellen.' Hij haalde een echt visitekaartje tevoorschijn en bood me dat aan. 'Ik ben Shio. Daar zit mijn baas, Takori-san.

Hij houdt veel van meisjes, maar jij hoeft hem niet te kennen.'

'Shio-san, heel aangenaam kennis met je te maken,' zei ik met een glimlach.

'Ja! Weet jij dat *shio* "zout" betekent in Japan? Ik ben meneer Zout, maar dat is niet belangrijk. Uit welk land kom je?'

'Canada.'

'O! Canada! Jouw *Engrish* is *berry* goed! Takori-san, Takori-san!'

Shio schudde aan de knieschijf van zijn baas. 'Maak kennis met Chelsea-san! Ze komt uit Canada. Engels heel goed!'

Takori glimlachte, duwde Shio's hand weg en greep de mijne stevig vast.

'Sorry, ik spreek geen Engels. Shio-san spreekt *berry* goed Engels. Shio-san is beste jongen. Vanavond is mijn eer voor hem. Omdat hij pas grote werkprestatie heeft gedaan!'

Shio-san straalde van oor tot oor.

'O ja?'

'Ja, ik ben allerbeste, maar geen jongen! Ik ben man. Raad eens hoe oud jij denkt dat ik ben?' Shio trok een ernstig gezicht en wees naar zichzelf. Hij leek begin dertig, dus gokte ik op dertig om hem een plezier te doen.

'Nee! Heel fout! Tweeënveertig!'

'Nee, kom nou. Je ziet er geweldig uit. Jij kunt nog geen tweeënveertig zijn!'

Shio genoot overduidelijk met volle teugen van wat voor hem een vaak gespeeld gokspelletje moest zijn.

'*Sank-you berry much*. Maar ik bén tweeënveertig.' Toen hij een pakje sigaretten tevoorschijn haalde, hield ik mijn aansteker op in de beschutting van een gekromde hand. Hij boog zich nonchalant naar voren en zoog vuur in zijn sigaret. 'Hoe lang ben je al in Tokyo?'

'Vijf dagen.'

'Wauw!' Shio stond versteld. 'Pas vijf dagen! *Honto?*'

'*Honto?*' herhaalde ik. 'Wat betekent *honto?*'

'"Echt". *Honto* betekent "echt". Wees niet bezorgd. Ik leer jou Japans, duizend yen voor een uur. Maar...' hij zweeg even en stak een wijsvinger op, '... jij leert mij *Engrish*, tweeduizend yen voor een uur.'

Ik lachte, greep zijn hand en schudde die. 'Deal.'

'Wat betekent "deal"?' Zijn verwarring toverde heel fijne rimpeltjes tevoorschijn.

'Dat is zoiets als een afspraak. We zeggen allebei iets toe, alsof we een koop sluiten. "Oké, we doen het – ik ga akkoord." Begrijp je?'

'Ah, deal. *Wakarimashita*. Oké. Je komt uit Canada. Hou je van skiën?' Shio trok met een ruk zijn armen naar achteren en pompte ze heen en weer.

'Skiën? O, ja, ik hou van skiën. Is dat een hobby van je?'

'Ja, ik vind skiën erg leuk. Maar geen tijd. Geen vrije dagen voor mij.'

'En zondag dan? Je werkt toch niet op zondag?'

'Ja, helaas heb ik heel zware baan. Mijn werk is geluid en lichting.'

'Belichting,' corrigeerde ik zonder erbij na te denken.

'Ja, belichting. Zulke lange dagen! Iedereen heeft geluid en belichting nodig, dus slechte tijd voor hobby's. Is zo zwaar. Maar volgend jaar is heel grote klus. Dan komt beroemd nieuw hotel: Ritz Carlton. Mensen van Ritz Carlton kennen Japans huwelijk niet, maar ik ben expert. Daarom moet ik voor hen regelen. Ik heb geen tijd voor films. Ik wil Michael Moore zien.'

'*Fahrenheit 911*? De film over de oorlog in Irak?'

'Ja, ja. Oorlog in Irak. President Bush heel stomme man,' zei hij minachtend. 'Japanse zakenmensen vinden Bush niet oké. Maar dat is andere kwestie, niet voor mooie jonge vrouw. Wat betekent dat, *fairy height*?'

'*Fahrenheit*. Het is een manier om temperatuur te meten, zoals tien graden Celsius, alleen gebruiken Amerikanen Fahrenheit, ze zeggen bijvoorbeeld: "Het is buiten tien graden Fahrenheit."'

'O ja. Ik begrijp het. Ik wil hem zien, maar geen tijd. Films zijn te lang voor Japanners.'

Ik schonk Shio's whisky voortdurend bij, nipte van mijn cranberrysap en stak zijn sigaretten aan, en hij en ik praatten nog wat over skiën. Dat bracht ons op een gesprek over de Winterspelen van 1998 en wat hij verder maar interessant vond, tot Takori-san om de rekening vroeg. Toen die kwam, kreeg ik mijn eerste lesje in Japanse hiërarchie; Takori-san weigerde het bestaan ervan te onderkennen en

Shio legde braaf honderden dollars neer ter ere van zijn eigen recente succes. Buiten bij de lift gaf ik Shio zijn koffertje aan en maakte een buiging.

'Bedankt voor je komst, Shio-san. *Arigato gozaimasu.* Welterusten! Ik hoop je snel weer te zien,' zei ik, en Shio schudde met kracht mijn hand.

'Oké!' antwoordde hij stralend. 'Deal!'

Mijn god. Matt zou dit een geweldig verhaal vinden. Het was een eitje. Veel makkelijker dan ik had gedacht.

Nishi liet me niet eens op adem komen. Zodra ik een voet over de drempel van de club zette, greep hij me bij mijn elleboog en leidde me vriendelijk naar een lawaaierige jukebox van een tafel. Het gebrek aan alcohol in mijn bloed werd onmiddellijk pijnlijk duidelijk. Ik wierp Nishi een lange zijdelingse blik toe en hij klopte me vaderlijk op de schouder. 'Geen probleem, Chelsea-san. Meer glimlach.'

'Zijn dat Japanners?' fluisterde ik. Zo zagen ze er niet uit, en er was geen spoor van de gedisciplineerde beleefdheid die Shio ondanks zijn dronkenschap had vertoond.

'Koreanen,' zei Nishi zachtjes en hij liet me halverwege een woeste popsong alleen, zonder iemand om me aan voor te stellen. Ze gingen allemaal op in een fotoshow op een digitale camera, en de man naast me had meer aandacht voor de halfopgebrande sigaret tussen zijn lippen dan voor mij. Daarvan wist hij ten minste dat die er was. Ik voelde me een idioot, wachtend tot ik opgemerkt werd.

'Wie is die vent? Wacht, ga eens terug. Díe vent! Ha ha, dat is Akira, schoft dat je bent!' De camera werd toegestoken aan een man die een hand losjes op Jamies schouder had liggen. De tafel was bezaaid met borrelglaasjes. Afgelebberde schijfjes citroen lagen uit te drogen in de asbakken.

Toen mijn buurman eindelijk besloot zich voor te stellen, lette ik net even niet op. Hij schraapte zijn keel. 'Ik ben Christopher,' herhaalde hij vlak, afstandelijk en ongeïnteresseerd.

'Ik ben Chelsea.' Hij knikte en stak nog een sigaret op. Ik keek Jamie aan en betastte de rand van mijn zorgvuldig ingevulde visitekaartje. 'Zal ik?' vormden mijn lippen geluidloos. Ze schudde haar hoofd en wenkte dat ik het weg moest stoppen. Goede keus. Waarschijnlijk zou het niet al te best overkomen: '*Wat is dat, verdomme? Wil je me een visitekaartje geven? Ziet dit eruit alsof we zaken gaan doen?*' Zo'n indruk wekte hij.

Ik vroeg me af wat Christopher in een hostessenclub deed. Mijn referentiekader was natuurlijk zeer beperkt, maar hij haalde het in de verste verte niet bij Shio. Hij was volkomen verwesterd. Zijn maniertjes. Zijn taalgebruik. Zijn arrogantie, die voor de Japanners praktisch onzichtbaar was. Maar misschien was ik gewoon bevooroordeeld. Toen het gesprek op films, budgetten en gezonde winstmarges kwam, boog Akira zich over tafel en wees met een beleefd beschuldigende vinger naar Christopher. 'Weet jij wie die man is?'

'Kom op man, hou op. Weet jij wie díé man is?' verdedigde Christopher zich.

'Die man is filmproducent nummer één in Korea,' ging Akira verder. 'Hij is een héél succesvol man.' Ze lachten uitbundig en brachten een toost uit.

'Wat drink jij?' vroeg Christopher. 'Is dat sap? Je maakt zeker een geintje?'

'Ja, dit is jus d'orange. Ik drink niet.' Ik hoorde mijn stem, aristocratisch van toon.

'En hoe lang ben je al in Tokyo?'

'Vijf dagen. Dit is mijn eerste avond.'

'Jezus! Je eerste avond? En dan krijg je ons Koreanen... én je bent niet dronken? Dat is pure waanzin, wat een shit.' Christophers muur van ijs ontdooide op slag toen hij inzag dat ik een mens was. Toen, afgeleid door de openingsmaten van een bekend nummer, kwam hij snel overeind. 'O, o, dat is mijn nummer, dat is mijn nummer!' Iemand gaf hem de microfoon aan en hij begon 'Desperado' van de Eagles te zingen. Iedereen juichte. Hij was beter dan ik had verwacht, en verbazend charmant.

In de chaos drukte iemand me tussen twee coupletten door een tweede microfoon in de hand. Het was Christopher. Hij keek me in de ogen en zei: 'Zing mee.'

'Ik zing niet, Christopher. Echt, je wilt niet dat ik ga zingen,' pleitte ik terwijl hij me overeind probeerde te trekken, maar gelukkig schoot Don Henley me te hulp. Ik ging opgelucht zitten. Maar terwijl ik luisterde naar Christophers warme stem tegen een ratjetoe aan achtergrondkoortjes kreeg ik een heel andere indruk van hem. Hij leek toegankelijk. Teder. Stralend. Misschien telt de tweede indruk soms zwaarder.

Toen de laatste klanken wegstierven barstte de tafel uit in applaus. De man die het meest dronken was stond op, alleen om weer om te vallen. Christopher schoof zijn kruk dichter bij de mijne. Ik glimlachte van oor tot oor. 'De volgende keer dat ik kom, ga jij zingen,' zei hij. Er parelden zweetdruppeltjes langs zijn haargrens.

'De volgende keer? Ik dacht dat je in Korea woonde.'

'Woon ik ook, in Seoul. Ik produceer films, Koreaanse films. Dat is mijn werk, maar in oktober komen we terug voor het Internationale Filmfestival.' Hij stak zijn hand uit en greep mijn duim vast. Waarom mijn duim? Wat een vreemd gebaar was dat. 'Dan zie ik je weer.'

'Hoe weet ik dan dat je komt? Heb je een e-mailadres?'

'Ja. Hé, Jody! Weet je mijn e-mail nog?' schreeuwde Christopher tegen de blondine die een hit van Stevie Wonder mee stond te brullen. Jodie stak haar duim op. Ze had haar mond zo wijd open dat je haar tongpiercing kon zien. 'Dat heb ik haar de vorige keer gegeven. Ik wil dat ze naar Korea komt, ze is echt een...' Christopher zweeg even en keek me met samengeknepen ogen aan. 'Weet je, ik zal je mijn mailadres wel vertellen. Als je het zonder opschrijven kunt onthouden, mag jij ook naar Korea. Misschien kun je samen met Jodie komen. Ik stuur je een ticket en zal je een paar dagen overal mee naartoe nemen. Het wordt geweldig.'

Langzaam raakte ik minder zenuwachtig over wat er hierna gezegd of gedaan zou worden. Ik zat er nog steeds stokstijf bij en mijn lach klonk een beetje voorzichtig, maar het voelde al bijna alsof Christopher en ik oude vrienden waren die elkaar na jaren weer zagen – vertrouwd, maar met een spoortje formaliteit. 'Alles oké?' vroeg hij op een bepaald moment. 'Ik bedoel, voel je je op je gemak? Heb je plezier? Je bent heel kalm, heel ontspannen.' Ik haalde als antwoord mijn schouders op. 'Ik weet het niet, het lijkt wel alsof je in een heel andere wereld zit dan alle anderen hier.'

Maar ik zát ook in een heel andere wereld. Ik deed het voor het geld en het verhaal, en ik beschouwde mezelf in alle opzichten als een afstandelijke observator. Ik dacht dat ik in een vreemde cultuur kon integreren en er alles over kon leren zonder er al te sterk bij betrokken te raken. Als model was ik onder de bevoorrechte paraplu van de mode gewend geraakt aan decadentie en absurditeit – alles gratis, buitensporig veel geld krijgen voor nauwelijks meer dan een glimlach – dus eerlijk gezegd voelde ik me misschien een beetje onaantastbaar. Ik had het allemaal eerder gezien: de rijkdom, de macht. Ik had de oppervlakkige bewondering al gekend. Maar afgezien daarvan was ik niet in de markt en zou ik me niet laten betoveren, want ik was buitengewoon gelukkig getrouwd met een man die ik aanbad. Matt is mijn beste vriend, en het huwelijk is niet meer dan de garnering op ons ijsje.

Bovendien leek dit werk veel op acteren: ik was de ster in mijn eigen, drie maanden durende Broadway-show, en die wilde ik zo interessant mogelijk maken. Ik kon een paar Japanse mannen wel aan. Ik kon een vervormde realiteit wel aan. Misschien werd het verwarrend, maar meer ook niet. Ik had het onder controle. Ik kon zorgen dat het onder controle bleef.

En dus antwoordde ik: 'Het gaat prima, dank je. Alles is prima. Het is krankzinnig hier, maar ik ben gelukkig. Ik heb op dit moment veel rust in mijn leven. Alles is goed.'

Christopher keek aandachtig naar mijn gezicht. Hij keek om zich heen. Mensen vielen van hun kruk, schreeuwden en sloegen tequila achterover. Een volwassen man zat in trance het liedboek te bestuderen. Meisjes van allerlei nationaliteiten zongen de oplichtende liedteksten mee en gilden het uit van het lachen. Nergens was rust. Langzaam draaide Christopher zich weer naar me toe. 'Dat begrijp ik. Maar weet je... drie maanden hier is láng. Je zult moeten drinken om op dezelfde golflengte te komen als zij.'

Hij zwaaide naar de dronken chaos om ons heen. 'Anders overleef je het niet.'

Geflest

'Hé Abie, wat is dat voor briefje over ontslagen worden op de kleedkamerdeur?' Het was bijna elf uur 's avonds en als laatste twee aanwinsten aan de vloot waren we nog niet bij iemand aan tafel gezet. Het was pas mijn tweede avond en Abie werkte iets meer dan twee weken in Greengrass. Ze keek me met een lege blik aan. 'Kom maar,' zei ik, en trok aan haar onderarm, 'dan laat ik het zien.'

'O, shít! Wanneer hebben ze dat opgehangen?' Abie hapte naar adem. Het briefje op de kleedkamerdeur was vergeeld en had ezelsoren. Volgens mij hing het er al een tijdje.

'We mogen geen klanten meenemen naar de American? Dat is gelul. Waar moeten we dan heen? Ik ga echt niet voor niks met die fuckers drinken,' schold ze narrig. Hmm. De kleine Israëlische Abie leek zo meegaand als een muisje, maar ze schoot vaak uit haar slof, hard en bitter, en vuurde dan sneller dan de machinegeweren uit haar diensttijd. 'Nou ja,' zuchtte ze. 'We kunnen ze altijd nog van straat halen.'

De verwarring moet op mijn gezicht te lezen zijn geweest. 'O, jij weet nog niets over flessen, hè? Nou...'

Flessen (fleste, heeft geflest) 1. Herkennen en aanspreken van een zichtbaar bemiddeld man – gewoonlijk te zien aan zijn horloge (Rolex, Cartier, TAG Heuer) en schoenen (glimmend, nieuw en duur) – en hem overhalen/vragen/afdwingen een drankje voor je te kopen (in dit geval wijn van 200, Moët van 600 of Dom Perignon van 850 dollar per fles) en 40 procent commissie op elke fles vangen tot hij niet meer betaalt, de bar sluit of jij te moe en te dronken bent om recht voor je uit te kijken en naar huis moet. Game over.

Volgens Abie was flessen misschien niet de 'eerlijkste' manier om snel geld te verdienen, maar geld was toch zeker de enige reden waarom mensen naar Roppongi kwamen? Het was hier geen uitwisselingsprogramma en ook niet bepaald een mekka voor jonge vrouwen die op zoek waren naar plezier. Het was een vies en vuil, bloedzuigend gat, vol mannen met te veel geld, dat zomaar voor het grijpen lag.

'Ik bedoel maar, als je flest kun je tenminste een fucking appel kopen. Hoe kunnen ze nou 5,80 dollar vragen voor *een fucking appel*? Achterlijke Japanners. Het interesseert me niet of hij perfect is, het blijft gewoon een stomme appel, en die rijke klootzakken kunnen verdomme zoveel appels kopen als ze willen. Ze kunnen er net zo goed een paar voor mij betalen, of ze het weten of niet.'

Godallemachtig. Abie was écht een charmant meisje.

Mijn wangen deden pijn. Mijn tandvlees deed pijn. Zelfs mijn tanden deden pijn. Ik liep nu al zo lang te glimlachen als een overijverige Miss Universe-kandidate dat ik bang was dat mijn gezicht echt vast zou komen te zitten, zoals mijn moeder me op mijn vijfde waarschuwde als ik mijn vingers in mijn neus stak en mijn ogen verrukt liet uitpuilen.

Op dit moment moest ik echt alles uit de kast halen. Ik moest zeker weten of ik niet droomde. Dit was een mentale uitputtingsslag, hersenverweking in de eerste graad. Inmiddels was ik al twee uur lang actief aan het converseren met personeel van General Electric, en ik stond op het punt te gaan G.I.L.L.E.N. Ze waren precies als de machines die hun producten in elkaar zetten: monotoon, zichzelf herhalend, overwerkt. Ze waren verouderde producten van de denkschool van naoorlogs Japan, waarin vrije tijd en ontspanning domweg synoniemen waren voor 'met je collega's werken búíten kantoor'.

Ik wilde interesse tonen; hadden ze het maar over GE's duurzame-energieproject in de prefectuur Aomori, maar helaas. Ze waren nog droger dan de Atacama-woestijn. Mijn ogen vielen steeds dicht. Misschien droomde ik echt dat ik eindeloos drank inschonk en sigaretten aanstak in een schemerige karaoke-hel. De mannen hadden samen al drie pakjes weggepaft. Ik begon me af te vragen hoe lang de vloeistof in mijn aansteker het zou uithouden. Of mijn longblaasjes.

Wanneer zouden ze gaan? De enige klok die ik had was die van de telefoon in mijn tasje, en daar ging ik echt niet op kijken. Dan maakte Soh weer het gebaar van keel afsnijden naar me. Hij hield me als een havik in de gaten. Soh was Tehara's ondergeschikte en kwam uit Birma. Alleen omdat hij weigerde het land Myanmar te noemen kon ik zijn vergrijpen door de vingers zien – waaronder het feit dat hij toevallig de pik had op mij, het nieuwe meisje, en me zachtjes berispte als er meer dan twee peuken in een asbak lagen, als ik mijn ananassap te snel dronk of een klant niet vaak genoeg bijschonk. Aan de andere kant waren sommige klanten niet veel beter. Ik schonk te veel wisky en te weinig water. Er was te veel ijs. Er was niet genoeg ijs. *Nou, misschien moet je zelf je f%#@cking drankje maar inschenken, geachte heer.* Dat wilde ik zeggen. Waarschijnlijk kon ik alles zeggen zolang ik maar bleef glimlachen.

Toen ze me vroegen hun leeftijden te raden, kopte ik ze in alsof ik de tafel van twee opzei. Ze waren verbluft toen ik ook de leeftijd van de vierde goed had. Was ik soms helderziend? Nee. Was het zorgvuldige observatie? Echt niet. Voor een man was er maar één verklaring mogelijk. 'Heb je mijn vrouw gesproken?' Hilarisch.

Het was één uur 's nachts toen we de mannen eindelijk met een buiging naar de lift brachten, met rode ogen, zwaaiend en giechelend. Ik raakte er langzamerhand aan gewend Japanse mannen te zien giechelen. Het hielp me voor ogen houden dat ik in een heel andere sociale wereld was. *Hi-hi-hi*. Dat was mijn teken, Toto. Volgens mij zijn we niet meer in Kansas.

Weer binnen vouwde Tehara zijn armen voor zijn borst in een Grote X om aan te geven dat het werk erop zat. Ik had de Grote X al ontmoet; we hadden kennisgemaakt in een winkel waar de telefoon die ik wilde niet beschikbaar was. Het was een ingenieus teken en uiterst effectief om te laten zien wat je bedoelde. Ik vond het geweldig en begon al te bedenken hoe ik het kon gebruiken als ik weg was uit Japan. '*Hallo, hoe gaat het met u? Hebt u misschien even tijd voor Greenpeace?*' De Grote X schiet omhoog.

Abie en ik liepen rondjes door Roppongi en beoordeelden iedereen die ons voorbijliep. De straten waren vol met taxi's. Mensen in gevorderde staat van dronkenschap bevolkten de trottoirs, maar de meesten waren gewoon jonge feestbeesten met beperkt budget op zoek naar een wip, dus geen geschikte kandidaten om te flessen. We zouden al geluk hebben als we uit één van hen een fles Moët los kregen; het was zaterdagavond en de mannen die daar het banksaldo voor hadden zaten thuis bij hun gezin. Abie protesteerde niet toen ik ten slotte zei: 'Volgende keer misschien.' Ik had het ongeveer tien minuten volgehouden. Ik moest nodig verdwijnen in de lege achterafstraatjes van Moto-Abazu om zonder kleerscheuren thuis te komen.

Roppongi was overweldigend claustrofobisch. Ik had frisse lucht nodig, maar waar vond ik die in een stad met twaalf miljoen inwoners? Het was een stratosfeer ver weg. Ik had genoeg sigarettenrook in mijn gezicht gekregen om nicotinepleisters te gaan plakken en een stopprogramma te beginnen. Ik had al vijf uur niets gegeten, afgezien van alle zes de rijstzoutjes en de chocolaatjes die bedoeld waren voor de klanten bij wie ik aan tafel zat. Niet dat het hun was opgevallen, want ze hadden het te druk gehad met zichzelf herhalen.

Ik vroeg me af waar Matt zich bevond te midden van deze waanzin. Ik had hem een heleboel te vertellen, maar het was maar de vraag of hij in ons appartement zou zijn. We hadden het moderne, ruimtebesparend ingerichte technohok dat we ons 'thuis' noemden al een dag na aankomst gevonden en beschouwden dat als een groot geluk. Gelegen in de serene, welvarende straten van Hiroo was het een echt toevluchtsoord, zij het een van vijftienhonderd dollar per maand. Als Matt moest kiezen tussen uitgaan en binnenblijven op een ruimte van achttien vierkante meter bij een televisie zonder Engelstalige zenders wist ik wel wat hij zou kiezen. Die man was een leeuw; je kon hem niet opsluiten, en ik had geen idee waar hij kon zijn.

Sinds we hier waren, had hij één avond als barkeeper gewerkt om zichzelf van de straat te houden. Maar hij nam ontslag toen zijn twaalfurige dienst hem nog geen honderd dollar opleverde. Het leek wel alsof elke tijdelijke baan voor een blanke man slavenarbeid was, dus had hij de afgelopen twee avonden in Lexington Queen doorgebracht, waar hij gratis dronken kon worden omdat hij een model was. Ik wilde mijn man spreken, maar had geen zin om naar een nachtclub te gaan en tussen een rondcirkelende zwerm aasgieren rond te hangen. Vroeg of laat kwam hij wel thuis. Ik was moe, ik had honger en ik ging naar huis.

Dat was althans mijn plan...

'Neem me niet kwalijk!' Een uitgespreide hand werd aarzelend opgestoken voor mijn gezicht. 'Maar uit welk land komt u? Komt u uit Engeland, Nieuw-Zeeland, Australië of Amerika?'

'Geen van alle. Ik kom uit Canada.' Ik duwde zachtjes de hand uit mijn gezicht en zag een ongewoon grote en forse Japanse man van begin dertig. 'Uit British Columbia.'

'Nog beter! Dan kun je mij Engels leren. Ik betaal dertig dollar per uur.'

'Hij wil dat je zijn vriendin wordt. Hij vindt je sexy,' viel een kleinere, jongere versie van mijn nieuwe student hem in de rede. Hij kreeg prompt een mep tegen zijn achterhoofd.

'Luister maar niet naar hem. Hij niet goed wijs. Ik ben Taka. Ik moet mijn Engels oefenen. Hoe lang ben je nog in Japan?'

Was dit de gebruikelijke manier om een docent te vinden?

'Hij wil weten of je met hem wilt trouwen.' Nog een klap, nu harder. Ik hield mijn lachen in.

'Ik blijf waarschijnlijk drie maanden, denk ik, maar je Engels is al heel goed. Waar heb jij een docent voor nodig?'

'Hij zoekt iemand om hem te leren neuken.' *Pats!* Taka's koffertje kwam in aanraking met het hoofd van de ander en ze wankelden allebei van de klap, duidelijk dronken.

'Mijn excuses voor mijn broer. Hij is erg dronken, en daarvoor was hij ook al een erg domme man. Ik moet mijn spreekvaardigheid oefenen. Die is niet best. Ik geef je mijn kaartje.'

Ik stak mijn hand uit om het aan te nemen, maar Taka griste het terug en nam me achterdochtig van top tot teen op. 'Om wélke reden ben je in Tokyo? Wat is je beroep?' vroeg hij.

'Ik ben model. Fotomodel.' Dit leek me niet zo'n goed moment om 'hostess' te zeggen.

'Oké. Mijn naam, e-mail en telefoonnummer staan op het kaartje. Laat het me alsjeblieft weten als je vrij bent. Het spijt me dat we niet kunnen blijven, maar we moeten naar huis. We hebben te veel gedronken.'

Wat jammer nou. Met een handdruk en een buiging wankelde Taka naar de kudde wachtende taxi's en trok en sleepte zijn dwaze broer het hele stuk mee. Toen ik ze in de file zag verdwijnen, dacht ik dat ik vrij was om naar huis te gaan, maar nee.

Eerst werd ik voor een noedelshop aangeklampt door een onverzorgde man, die de bekende vragen op me afvuurde uit het *Japans standaardboek voor openingszinnen.* Toen hij een soort vervelende stoepdans met me ging doen en me niet wilde laten passeren, bestudeerde ik het verlichte motto van Coca-Cola op een verkoopautomaat vlak achter zijn hoofd en vervolgens de ongeveer dertig drankjes die erin zaten, waaronder een verdacht, troebel elektrolytendrankje dat Pocari Zweet heette. Waar zou je zo'n verfrissend brouwseltje anders kunnen vinden dan... op elke straathoek in Japan?

In geen enkel ander land is de nederige verkoopautomaat zo'n iconische, alomtegenwoordige voorziening. Hij verschaft de mensen betaalbaarheid en gemak in een stadsjungle met astronomische prijzen. Voor mensen met ernstig tijdgebrek staan ze zelfs voor winkels opgesteld, wachtend om na inworp van een muntje bier, sigaretten en snacks te kunnen leveren. De Japanse Associatie van Producenten van Verkoopautomaten stelt dat er één automaat is op elke twintig mensen in Japan – in het hele land dus ruim zes miljoen – en als ik de straat overzag, kon ik dat best geloven. Het wemelde ervan.

Toen ik de opdringerige oude man niet meer grappig vond, kruiste ik mijn vingers nadrukkelijk en gaf hem een mini-X. 'Hou alsjeblieft op! Ik wil géén wijn drinken, oké? Geen wijn!'

Ik maakte gebruik van zijn verwarring om voorzichtig langs hem heen te glippen, maar maakte toch nog een snelle afscheidsbuiging, gewoon zomaar. Ik was nauwelijks een stap verder of er schoot weer een man op me af.

'Wil je iets met me drinken?' vroeg hij. O mijn god! Wat was er aan de hand? Sinds wanneer stonden de onbekenden om drie uur 's nachts in de rij om je iets te drinken aan te bieden?

Ik wilde het liefst wegrennen, maar de loonslaaf streek verlegen zijn haar uit zijn ogen met een pols waar een vette Rolex om zat. Hij wachtte geduldig op mijn antwoord, zijn koffertje zo stevig in zijn handen geklemd dat zijn knokkels er wit van waren. De Rolex deed me aan Abie denken, die ijverig de straten afschuimde naar klanten. Het schoot me weer te binnen wat ze had gezegd. Klopte haar bewering dat je op deze manier makkelijk honderd dollar kon verdienen?

Ik besloot te zien wat er zou gebeuren. Dit was per slot van rekening Roppongi, de uitgaanswijk van Tokyo, en met mannen drinken voor geld was wel de taakomschrijving van mijn huidige baan. Wat maakte het uit hoe of waar we elkaar leerden kennen? We bleven de hele tijd in het openbaar, en grappig genoeg bleek ik een merkwaardig medelijden te voelen voor deze man, met zijn openlijke eenzaamheid. Zijn verzoek was onschuldig en zou ons allebei tot voordeel strekken: hij had gezelschap nodig en ik moest een voorraadje yens aanleggen, want de geldkist kon gevaarlijk snel leegraken in Tokyo, de duurste stad ter wereld.

'Oké, prima,' stemde ik met een echte glimlach toe, en het gezicht van de onbekende begon te stralen. 'Ken je de American Bar? Het is niet ver.'

Tegen betaling

Er verscheen ogenblikkelijk een ober die ons langs de pooltafel naar een zacht verlicht tafeltje achterin leidde. Hij griste het koperen bordje met GERESERVEERD erop weg en bood ons vlot een wijnkaart aan, die rond de 160 dollar begon en eindigde met een buitensporige 850 dollar voor Dom Perignon. Oef. Ik wachtte op een geërgerde reactie van mijn nieuwe gezelschap, maar die kwam niet. Toen de ober onze bestelling kwam opnemen, reageerde hij zonder aarzelen. 'Witte wijn. Deze.' Toen pas vroeg hij of ik dat goed vond. Mij best. Ik vond het afschuwelijk spul, maar waarom ook niet?

We zaten zwijgend bij elkaar. Hij onderuitgezakt. Ik rechtop. Nadat hij zichzelf op straat had voorgesteld, hadden we bijna geen woord meer gewisseld. 'Ik ben Kazuki. Mijn Engels is heel slecht.' Dat was alles. Kazuki had me niets te vragen en vertelde me in weerwil van het protocol zijn leeftijd of beroep niet. Joost mocht weten wat hij zo laat op zaterdagavond nog buiten deed.

Toen de ober terugkwam, schrok Kazuki van zijn stem. '*Kurijetto-cardo mata wa cash-o desu ka.*' De ober wilde vooraf betaald worden, als een benzinestation in het centrum van Los Angeles.

'*Cash-o,*' antwoordde Kazuki, en hij trok een dikke envelop vol *ichiman*-biljetten van honderd dollar tevoorschijn. Hij roomde de bovenste twee af en vroeg om een bonnetje. Dit werd dus duidelijk een aftrekbare uitspatting, regelrecht uit het handboek *Boekhouden voor welgestelden.* Ik zag alinea 2 op pagina 47 al voor me: *Vergelijkingen voor beginners: een stapeltje honderddollarbiljetten van drie centimeter dik = iets wat je zomaar in een grote envelop in je koffertje gooit.*

Met een schaapachtige grijns hief Kazuki zijn glas in een *kampai* (toost) en richtte zijn aandacht op een bloederig K1-gevecht op een groot beeldscherm aan de andere kant van de zaal. K1 is een geweld-dadig vechtsporttoernooi dat fanatiek wordt gevolgd in Japan. Daarin nemen internationale beoefenaars van verschillende vecht-sporten het tegen elkaar op als gladiatoren, om te bepalen wie de ander het best tot moes of buiten westen kan slaan. Op dit moment vocht een Japanse sumoworstelaar tegen een blanke kickbokser, wat Kazuki een stuk boeiender vond dan ik.

Ik zag dat de bar leeg was, afgezien van een paar eenzame gasten en een clubje coole, nonchalante buitenlandse mannen die op een kluitje rond het tafeltje naast ons zaten. Ze zonden een gestage rookwolk als een gemeenschappelijk aureool de lucht in, waarna de ventilatoren die wegzogen. Ik bekeek hun gezichten een voor een en merkte dat mijn blik beantwoord werd. Ik glimlachte en de man gaf me een heel klein knikje, terwijl hij een trekje van een sigaret nam.

Kazuki tikte op mijn arm. Hij had een keurig visitekaartje te-voorschijn gehaald, dat hij losjes in twee handen vasthield. Ik zag zijn lege glas en hij glimlachte verlegen. TANAKA KAZUKI, PRO-DUCER. Een glas sociaal glijmiddel later wist ik dat hij variétépro-gramma's produceerde, de mengelmoes van onzin waarmee in seg-menten van een uur de televisie op primetime gevuld werd. Hij had een vergadering gehad bij een van de zenders en had vlak daarna een taxi naar Roppongi genomen, waar hij mij 'toevallig had ont-moet' op straat. In gedachten maakte ik een snel sommetje. Ik wist nu hoe laat het was. Ik wist toen hoe laat het was. Kazuki kon niet dronken zijn geweest, maar toch had hij er gewoon uitgeflapt: 'Wil je iets met me drinken?' In een andere stad zou ik verbaasd zijn ge-weest, maar zo spraken Japanse zakenlieden wel vaker buitenlandse vrouwen aan in de uitgaanswijk.

Niet veel later bespraken we welke filmsterren we leuk vonden en welke films hij mooi vond. Kazuki liet vallen dat hij golf speelde, tweemaal. Hij vroeg drie keer mijn naam en uiteindelijk schreef ik hem op. Ik was opgelucht toen hij twee glazen water bestelde, maar zodra die arriveerden bestelde hij nog een fles wijn. Ik wist niet of ik daar blij mee moest zijn. Mijn hoofd begon te tollen. Ik moest meer gedronken hebben dan ik van plan was, maar ik kon niet nagaan hoeveel. De ober zorgde ongemerkt dat onze glazen vol bleven.

Toen Kazuki zich abrupt excuseerde om naar het toilet te gaan, dook er een manager in een grijs pak op. 'Hallo. Hoe is uw naam?' *Chelsea.* 'En waar werkt u?' *Greengrass.* Hij krabbelde het allebei snel neer, schudde mijn hand en bedankte me. Ik begreep dat hij me identificeerde als ontvanger van de veertig procent commissie die over Kazuki's rekening geheven zou worden. Ik had me al afgevraagd hoe ik dat moest aanpakken.

Ik liet me weer in de stoel zakken, geamuseerd dat ik geld verdiende met dure wijn drinken, maar ik had één probleem: het was al een jaar geleden dat ik voor het laatst had gedronken, en na zo'n lange tijd werd ik al duizelig bij de aanblik van de tweede fles die lag te zweten in een emmer smeltend ijs. Ik zag alles in softfocus.

'Hoe heet je?' De stem klonk omfloerst. Het was mijn buurman van het tafeltje naast ons. 'Ik ben Luc. Ik zag je een paar avonden terug bij One Eyed Jack. Kom je daar werken?' Ik vertelde hem dat ik volgens mij was afgescheept en dat ik had besloten bij Greengrass te gaan werken toen ze hadden gezegd dat ik maandag moest terugbellen. Ik had geen tijd te verliezen.

'Maar Nathan is echt tot maandag weg,' zei hij. 'Je moet zeker terugbellen.'

Het gesprek eindigde abrupt toen Kazuki terugkwam. De bar stroomde vol mensen, de muziek ging harder tot de bassen dreunden en een gesprek voeren werd onmogelijk. Het was twee minuten over drie. De naburige clubs waren zojuist dichtgegaan en de American Bar was niet alleen een plek waar je Japanse mannen kon flessen, maar ook het soort gelegenheid waar buitenlandse hostessen, barkeepers en strippers zich verzamelden om de sporen van de afgelopen zes uur werk weg te drinken, te snuiven en te roken. Althans voor even kon je ontsnappen uit Japan.

Te midden van de buitenlanders tikte Kazuki met Missy Elliott mee op mijn schouder. Hij keek naar de overvloed aan vlees dat kronkelde op de maat van de muziek. Zo nu en dan gaf hij me snel een kusje op de wang. En toen vertrok hij ineens. Hij greep zijn koffertje op het moment dat hij het meeste plezier leek te hebben. Geen diepe buiging. Geen 'tot ziens'. Geen handdruk. Met niets dan een eenvoudig 'neem me niet kwalijk' werd ik achtergelaten, als de fles wijn van tweehonderd dollar die half leeg op tafel stond. Had ik iets gemist? Abie had gezegd dat het heel makkelijk ging, maar toen ik het echt meemaakte, stond ik er flink van te kijken.

Terwijl ik me afvroeg wat ik met mijn dronken zelf moest beginnen, draaide Luc zich om en keek naar de lege plek naast me. 'Ben je klaar? Waarom kom je niet bij ons zitten?'

Iedereen schikte op toen ik aanschoof. Luc en de jongens vormden een Verenigde Naties op zich. Ze kwamen uit Australië, Frankrijk, Rusland, Japan en Mexico en werkten allemaal als ober bij One Eyed Jack, of Jack, zoals ze het liefkozend noemden. Twee meisjes met hoge jukbeenderen werkten als hostess bij Jack. Een van hen was tweede geworden bij de afgelopen Miss Canada-verkiezingen. Marc – een magere Fransman – bood me de rest van zijn avocado-salade aan en ik herinnerde me ineens dat ik uitgehongerd was geweest voordat Kazuki me op straat had aangesproken. Dat verklaarde misschien mijn opmerkelijk sterke roes na die paar glazen wijn. Maar ik was tenminste geen goedkope zuiplap. Niet na flessen van die prijs.

'*Qu'est ce que tu bois?*' vroeg Marc.

'*Rien, merci. J'ai bu trop.* Echt, ik hoef niks.'

Er liep een ober langs. 'Pardon! Mogen we alstublieft een gin-tonic voor deze dame?'

Toen het drankje kwam haalden alle mannen een briefje van duizend yen tevoorschijn, maar Luc stak zijn hand verder uit dan de rest. 'Laat mij maar.'

Best. Nu ik mijn nuchterheid al voor honderdveertig dollar had verkocht, dronk ik zonder enige aarzeling.

Om vijf uur 's morgens ging het licht aan. De felle lelijkheid deed pijn aan onze ogen en dwong ons te vertrekken. We rolden de donkere straat op, waar de zon nog moest opkomen, en liepen en masse over de neonverlichte hoofdstraat van Roppongi naar een andere bar, die tot ver in de middag zou openblijven. Het was veel te vroeg om naar huis te gaan.

Een in steen uitgehakt reliëf uit de *Kamasoetra* versierde één muur van de spelonkachtige Bar Shisha. Ik zakte onderuit op een lange bank naast Amy, een van de meisjes met hoge jukbeenderen uit Jack. Ze was Pools, woonde in Engeland en kwam hier als hostess om geld te verdienen voor haar studie. Ze bestelde een bananenmilkshake. Ik bestelde een jus. Ik was verzadigd van de alcohol. Met mijn kraakheldere lever zou ik waarschijnlijk tot aanstaande dinsdag dronken blijven.

De liftdeuren gingen open en er tuimelde een groepje meisjes met donkere zonnebrillen uit, dat als een verzameling elektronen om een alfaman heen draaide. Ze sliertten rond over de dansvloer terwijl hij snel het toilet opzocht, friemelend aan een bult in de diepste hoek van zijn zak. Ik maakte de fout om oogcontact te maken met een van hen. Een knap donkerharig meisje met een volmaakt gebit schoot op me af en stelde zich voor. Nathalie. Haar pupillen waren zo groot dat ze nauwelijks een iris had. Ze was Russisch-Israëlisch en praatte aan één stuk door in een streng, hard Engels.

'Ik móét gewoon even zeggen dat jij echt zó mooi bent,' zei ze enthousiast. 'Vaarom ben je hostess? Dat is zonde van je tijd! Vaarom ben je geen stripper? Dat is goed geld. Dat is veel beter geld.' Ik glimlachte en zei dat ik dat niet wilde.

'Je bent mooi. Je moet het doen!' Nathalie gebaarde wild en morste de helft van haar cocktail. 'Gewoon doen, kom op nou. De vorige keer dat ik hier was, heb ik drie fucking maanden van mijn leven verspild als hostess. Het is shit, hostess. Strippen in Japan komt op hetzelfde neer. Dat heeft niemand mij verteld toen ik hostess vas. Toen ik de tweede keer kwam, verdiende ik in één vhéék vat ik in drie maanden als hostess had. Fuck! Je kunt goed geld verdienen, prinses. Hoe oud ben je?'

Daar moest ik even over nadenken. God, wat was ik dronken. 'Twintig.'

'Twintig. Fuck! Zo jong! Jij hebt zoveel toekomst, jij kunt het zo goed doen. Ik ben zesentwintig. Ik ben geen domme meid. Ik ben geen goedkope meid. Ik heb universitaire graad. In Israël ben ik binnenhuisarchitect, maar in Israël is er geen geld. Hoe kan ik deze shit overleven? Ik doe vat ik graag doe, maar ik moet hier komen om het te kunnen betalen. Luister naar me.' Nathalie zweeg even en priemde vol passie met haar vinger in de lucht. Haar scherpe stem had de evangelische intensiteit van de late nacht. 'Je hebt soms klant die zevenduizend yen wil betalen voor drie minuten privédans. Je veet vat dat is, privédans, ja? Je hebt klant die vijfduizend yen betaalt voor één keer neuken! Ik bedoel maar!' Nathalie morste restjes van haar cocktail over mijn knie terwijl ze de goede boodschap verkondigde.

Ik staarde haar aan. In het glanzende oppervlak van haar enorme zwarte pupillen zag ik een piepklein portretje van mezelf, met opengesperde ogen in een geschrokken gezicht. Maar al snel trok een ander elektronenmeisje haar mee, en ik *vachtte* geen moment voor ik bij iemand aanschoof die vertrouwder was, toevallig Luc. Hij zat onderuitgezakt op de bank met zijn handen om een biertje, en staarde naar de muurdecoratie. Van Amy restte alleen een dun laagje bananenmilkshake in een glas op tafel. Ze was naar huis.

Luc keek me aan. Ik rolde met mijn ogen. 'Achterlijke Russen,' zei ik.

Hij glimlachte terug. 'Achterlijke klóte-Russen.'

Pas om elf uur 's ochtends verliet ik de bar. Het was klam en heet. Mijn rok plakte aan mijn dijen. Mijn hakken vermoordden me zowat. Mijn mond was uitgedroogd en ik had al zestien uur niet fatsoenlijk gegeten. Er was maar één oplossing. Ik moest ijs hebben.

Toen ik eindelijk door de onbekende straten de weg naar ons appartement gevonden had, zat ik tjokvol Häagen-Dazs met groenetheesmaak. Net toen ik mijn deurpasje wilde zoeken begon mijn tasje te trillen. O, de telefoon! Ik was vergeten dat een van de obers in de club hem op de 'fatsoensstand' had gezet. Fatsoensstand. Om je te bescheuren. *Bzzt! Bzzt!* O verdomme. 'Met wie spreek ik?' vroeg ik.

'Met mij. Waar ben je? Ik probeer je de hele ochtend al te bellen!'

'Ik sta voor de deur. Nee, ik bedoel voor het appartement. Het gebouw. Beneden. Buiten. *Beneden, buiten, op de straat waar je woont,*' zong ik. Ik gooide alles door elkaar. Matt begon te lachen. Ik kon

49

niet stoppen. Ik was duidelijk straalbezopen. God, wat was de zon fel.

'Ik kom je wel halen.'

Toen Matt door de automatische deuren van de lobby naar buiten kwam, zat ik op de treden een ijssandwich in mijn mond te proppen. Achter me renden ochtendjoggers de heuvel op. 'Wil je ook een hapje?' Ik moet eruitgezien hebben als een dronken aap die een diep in het oerwoud gevonden banaan aanbood. Hij was vast blij dat ik heelhuids thuisgekomen was.

'Geef dat maar aan mij,' berispte Matt me speels. Hij stak het laatste stuk in zijn mond en hielp me toen overeind. 'Je hebt een heftige nacht achter de rug, geloof ik, hè? Pak je tasje maar. Dan gaan we naar boven.'

Mijn dronken en rondmalende gedachten maakten kortsluiting toen ik onder een stortvloed van water ineenkromp en blindelings naar de kraan tastte om de temperatuur wat aangenamer te maken. *Ahhh!* Koud. Het water was te koud, zoals al die keren dat mijn moeder me onder de douche joeg na een middag in de tuin spelen. Alleen was ik nu geen bemodderde vijfjarige en stond mijn moeder niet naast de badkuip; daar stond mijn man, die me schoon probeerde te krijgen na een duister nachtje uit, waarin ik met andere mannen had zitten drinken en hun tweedehands rook als een spons had geabsorbeerd. Niet dat ik niet wist dat het water zou komen, maar daar ging het niet om. Koud. Het water was te koud.

Terwijl ik me net genoeg concentreerde om de temperatuur te mengen die ik hebben wilde, hing Matt de douchekop weer op Japanse standaardhoogte. Ik was er bijna te lang voor, maar het water stroomde over mijn gezicht. Ik sloot mijn ogen en opende mijn mond. Ik hoorde Matt shampoo op zijn hand spuiten. Het rook naar citroen. *O, god! Wat een toestand.* Ik zakte op de tegelvloer neer. Hij masseerde de shampoo in mijn hoofdhuid. Met mijn hoofd tussen mijn knieën keek ik naar het zeepsop dat in het afvoerputje verdween. Hij schrobde me achter mijn oren en mopperde over de stank die overal in was getrokken. Mijn haar. Mijn wimpers. De hoop kleren die hij van me af had gepeld en die nu rondslingerden op de vloer van onze eenpersoons-microbadcel.

'Hoe ging het? Hoe was je tweede avond?' Matt hing mijn cocktailjurk op een hanger. Die moest naar de stomerij.

'Volgens mij ga ik dood aan sigarettenrook.'

'Hoe ging het?' vroeg hij nog een keer. 'Hier, was je gezicht.'

Ik zeepte me in. 'Wel goed, geloof ik. De meisjes zijn heel aardig. De meeste zijn Israëlisch.'

'En hoe waren de "klanten"?' lachte hij. 'Ooo, dat klinkt ranzig.'

'Knettergek.' Ik vertelde over de zombies van General Electric. Ik vertelde hem over het flessen met Kazuki in de American Bar. Ik vertelde hem over Luc, onze mede-Australiër, en over Nathalie met haar vijfduizend dollar voor één keer neuken! Hij kwam niet meer bij en ik bleef vertellen tot het tijd was om onder de douche vandaan te komen.

'Kom, niet vallen.'

We hielden elkaars hand vast terwijl ik voorzichtig op de badmat stapte, en daarna droogde Matt me af.

Negen voor mij, een voor de Yakuza

Mijn linkerhiel voelde volledig ontveld aan, alsof het weefsel tot pulp vermalen was, terwijl ik op hoge hakken over de smalle stoep naar mijn werk rende. Het was dinsdag, en nadat ik de vorige avond weer met een onbekende die ik op straat had ontmoet had zitten drinken, had ik met Matt afgesproken en waren we met Luc en het barpersoneel van Jack tot zonsopgang wakker gebleven. Ik had me verslapen. Als ik niet binnen vijf minuten bij Greengrass was, zou ik een heel uurloon boete krijgen.

Het zweet stond op mijn voorhoofd toen ik naast Abie op de bank neerplofte en mijn derde, voor hostessen gereserveerde absurd kleine, glas water achteroversloeg. Het leek bedoeld voor kleuters, maar de veel grotere volwassen glazen waren alleen voor de klanten.

'Hé Chels, ik heb je gisteravond met die oude Japanse vent bij de American zien zitten. Hoeveel flessen had je?'

Abie borstelde de klitten uit haar haar. Zij was ook pas een half uur wakker, maar anders dan ik was zij niet verhit en bezweet. Ze woonde in een *gaijin*-huis vijf minuten verderop (*gaijin*, letterlijk 'buitenlandse duivel', is de benaming – en een veel neutrale dan je zou denken – voor niet-Japanners). *Gaijin*-huizen zijn een soort ranzige, overbevolkte en veel te dure hostels, meestal gedreven door een zeer strenge en onbuigzame mama-san, die helaas de enige betaalbare optie zijn voor buitenlandse hostessen die alleen in Tokyo wonen.

'Het was maar één fles, maar ik heb zelf niets gedronken. Die vent sprak niet eens Engels.'

'Super. Ik vind het te gek als ze geen Engels spreken. Ik haat het om met ze te praten. "Nee, ik heb geen hobby's. Nee, ik wil geen Japans vriendje. Waarom niet? Zei je omdat ze een te kleine pik hebben? Is dat zo? Ik heb geen idee. Nee, het is niet vanwege hun kleine pik dat ik niet van Japanse mannen hou. Nee, ik wil dus niet je vriendin worden. Blijf nou maar gewoon met je creditcard zwaaien, geschifte Japanse gek." God, ik haat het hier.'

'O, kom op, zo erg is het niet. Je zou jezelf eens moeten horen. Ik weet ook niet waarom jij alle gekken krijgt. Volgens mij zijn ze gewoon eenzaam. Weet je, toen ik zaterdagavond bij jou wegging, kwam er ook zomaar iemand naar mij toe om te vragen of ik iets met hem wilde drinken. Het was heel raar.'

'Je bent met hem in de American Bar geweest, hè?'

'Eh... ja. Dat was mijn eerste keer. Hij was een tv-producer en hij heeft twee flessen wijn gekocht. Ik heb honderdveertig dollar verdiend. Of eigenlijk had ik dat móéten verdienen. Toen ik gisteravond mijn geld ging halen, zat er tien procent te weinig in de envelop.'

'O, dat is gewoon *Yakuza*-belasting, die klootzakken. Twee flessen op zaterdag: wat een score! En dan gisteravond nog een, op maandag! Goed gedaan. We vangen bijna nooit klanten op maandag. Meestal moeten we ze naar binnen sleuren en soms kopen ze dan niet eens één fles, de vrekken. Eigenlijk zou je met ze naar de VIP Room moeten gaan om karaoke te zingen, dan kun je...'

'Hè? Wacht even, wat is *Yakuza*-belasting in vredesnaam?' Ik wist dat er georganiseerde misdaad bestond, maar kom op zeg, zó georganiseerd? Gangsters waren gangsters, geen accountants.

'*Yakuza*-belasting. Zij zijn hier de baas. Wat dacht je dan – dat deze clubs geen protectiegeld hoeven te betalen? Tien procent van alles. Anders komen ze alles aan gort slaan en laten ze je de tent sluiten. Is het je niet opgevallen dat de meeste bars hier pas een paar jaar oud zijn? De oude zijn niet failliet gegaan: ze betáálden niet.

Volgens mij betaalt de eigenaresse hier ze goed, want ze heeft nooit problemen. Ik hoorde Nishi zeggen dat ze nog nooit een inval heeft gehad. Ze komt hier maar eens in de zoveel tijd. Niemand weet hoe ze heet omdat ze zich door ons nog steeds mama-san laat noemen, al is Nishi dat in de praktijk.

Maar goed, vlak voor ik hier kwam schijnt de *Yakuza* de vreemdelingenpolitie toestemming te hebben gegeven voor een inval in een van de louchere stripclubs, en toen zijn alle meisjes zonder geldig visum gearresteerd. Ze kunnen je hier dertig dagen vasthouden! Dat is geen geintje. Als de clubs en de restaurants moeten betalen, waarom jij dan niet? Het is toch geen wit geld. Als je geld verdient in Roppongi, moet je belasting betalen.'

Kon ik dan ook in het ziekenfonds?

Een uur later zaten Abie en ik bij een groep bedrijfsklanten sapconcentraat te drinken – nog smeriger spul dan sigarettenrook. Het smaakte naar aardolie en liet in je keel een laagje achter van de fructosegebonden moleculen die op weg waren naar alle plekken waar je ze juist zo hard nodig had. Zoals je kont. Je dijen. Je wangen. Het spul zou verboden moeten worden. Maar omdat de klanten van Greengrass de club niet betaalden voor de drankjes van de hostessen, hadden we een beperkte keus aan verfrissingen: goedkoop 'vruchtensap' of goedkope huiswijn waar je hoofdpijn van kreeg. Ik was verloren, dacht ik, tot Tehara Jamie bij ons aan tafel zette en zij ons tussen het babbelen met de klanten door liet kennismaken met oolongthee.

Oolongthee is zowel warm als koud lekker, barst van de antioxidanten en flavonoïden, bevat haast geen calorieën en is honderd procent acceptabel als drankje voor hostessen. Ik dronk de mijne het liefst als ijsthee, tenzij ik aan de tafel onder de airconditioning in de vlagen poolwind zat. Vlagen poolwind? Reken maar. Bijna alle klanten in Greengrass droegen een pak. Alle hostessen moesten een mouwloze jurk dragen. Zelfs de temperatuur in een hostessenclub discrimineert, net als de glazen.

Hij trok me met één harde ruk naar zich toe. Mijn pols kraakte en ik verloor mijn evenwicht. De menselijke bankschroef uit Korea werd steeds strakker aangedraaid, tot ik me niet meer kon bewegen, nog geen centimeter. Vanuit de ooghoek die geen intiem contact met zijn oksel had zag ik twee andere mannen, die hun eigen ruimte én die van hun hostessen respecteerden. Iedereen zat genoeglijk bij elkaar en kletste wat. Dat wil zeggen, iedereen op ons na. Dit was niet de manier om elkaar te leren kennen.

'Laat me los, debiel!' wilde ik roepen, maar daarvoor had ik niet genoeg lucht in mijn longen. Ik lag stevig in zijn armen geklemd. Net toen ik dacht dat ik ging flauwvallen, verslapte hij precies zoveel dat ik me uit zijn ijzeren greep kon loswringen. Ik pakte snel mijn thee en hield die als een barricade tussen ons omhoog. De dampende oolong was mijn enige wapen.

De Koreaan boog zich losjes naar me toe en sprak zijn eerste woord: 'Neuken?'

'Wát?' De slok thee die ik van schrik naar binnen sloeg verbrandde mijn verhemelte.

Hij duwde mijn thee weg en morste overal hete vloeistof. Binnen een seconde lag ik weer in zijn gorillagreep.

'Neuken. *Dohan?*' gilde hij.

'Pardon?'

'Wil je morgen op *dohan?* Als je met me neukt ga ik met je op *dohan*, dan kun je punten verdienen.' Hij kneep nog harder.

Wat? Was hij gek? Een *dohan* was niets anders dan een lekkere maaltijd en een prettig gesprek.

'Ik ben geen hoer!' Ik kronkelde wanhopig en de Koreaan fronste zijn wenkbrauwen.

'Jij bent vreemd meisje.'

'Waarom? Omdat ik niet met je wil neuken? Ik ben geen hoer!'

Hij liet me los. 'Oké, laten we dan zingen. Cyndi Lauper.' Een zwaar karaokeboek plofte met een bons in mijn schoot. Net zo makkelijk: neuken of Cyndi Lauper. Dat was een logische tweede keus. Ik schoof zo ver bij hem vandaan als ik kon zonder aan het tafeltje van de klant naast ons te belanden en bladerde in het boek, op zoek naar 'Girls Just Wanna Have Fun'. Ik vond het en zwaaide driftig met het witte verzoekbriefje zodat Tehara het kon ophalen.

'Ik... wil... hier... weg! Hij is eng!' zei ik geluidloos. Tehara knikte, maar wenkte dat ik moest blijven zitten tot hij een andere plek had om me neer te zetten. Tegen de tijd dat Cyndi Lauper werd opgezet, zat ik aan een andere tafel, heel ver weg, en kneep de menselijke gorilla mijn vervangster aan gort. En wat nog erger was: ze moest zingen.

Vrijdagavond

'In Edo-periode verbood shogun Japanse mensen uit Japan te gaan. Als ongehoorzaamheid gebeurde, kwam verrader terug en maakte shogun onthoofding, zó.' *Woesj!* Met een slag van een denkbeeldig zwaard viel mijn geschiedenis-*sensei* in een woest schoppend hoopje op de grond, wanhopig naar zijn keel grijpend. Ik wachtte op de tweede slag. Die kwam snel, van één leerachtige vinger hoog in de lucht.

'Geen landen maakten handel met Japan in die tijd. Alleen Chinese volk en Hollandse volk, kwamen maar naar één plek, Nagasaki. En toen maakte shogun verbod op westers boek en westers idee, want schadelijk voor Japanse manier van...'

'Chelsea-san,' onderbrak Nishi streng. '*Prease* nu opstaan. Verzoek.' Bijna zonder me te excuseren haalde Nishi mijn glas weg. Ik volgde hem en vroeg me af hoe ík een verzoek kon hebben. Ik was nog geen week in Greengrass. Ik had nul klanten. Wie zou...

En toen viel alles op zijn plaats.

Ik voelde zijn aanwezigheid al van drie meter afstand. Halfverborgen in de schaduw doorbrak hij de radiogolven om hem heen. Hij was knap op de manier van oude Japanse krijgsheren – machtig en gedistingeerd – en een heleboel andere dingen die je onmogelijk allemaal tegelijk kon zijn. Arrogant en charmant. Glad en messcherp. Een goedverzorgde, gepolijste, viriele man, egoïstisch op het narcistische af, maar desondanks een onzichtbare nectar uitwasemend die hem onweerstaanbaar maakte. En dat was nog maar mijn eerste indruk.

Nishi liet me zelf plaatsnemen. Zonder me voor te stellen maakte hij een diepe buiging voor de klant en verdween. Ik glimlachte naar Erma, de Zwitserse hostess die naast hem een dunne sigaret zat te roken en verveeld keek. Ik stak mijn hand uit boven tafel. Hij verroerde zich niet.

'Je haar zit mooi,' fleemde hij, 'maar ik geef alleen een hand aan mensen met wie ik zaken wil doen. Het spijt me.' Ik was niet onder de indruk en trok mijn hand terug terwijl Erma zich naar me toe boog.

'Hij geeft geen hand,' verduidelijkte ze en sloeg haar ogen ten hemel.

'Hoe heet je?' vroeg ik beleefd, en er verscheen een schaamteloze glimlach op zijn gezicht. Hij boog zich naar voren en maakte op een superzelfverzekerde manier oogcontact. Hij zweeg even terwijl hij zijn kleine, scherpe ogen tot volmaakt rechte spleetjes kneep. Ik schatte hem ongeveer veertig.

'*Superman.*' Het woord rolde van zijn lippen. Toen bedacht hij zich. 'Nee... Mr. X.'

'Wat een naam,' zei ik koeltjes. 'Klinkt niet erg Japans.'

'Mooie tas,' antwoordde hij uit de hoogte. 'Je hebt smaak.' In het schemerlicht leek mijn Takashi Murakami-tas, à la Bangkok, helemaal echt. Het verraste me dat hij hem had opgemerkt.

'Jij ook, zo blijkt.'

'Neem me niet kwalijk.' Mr. X zette met een klap zijn glas neer en verdween naar het herentoilet. Nishi begon de tafel af te ruimen.

'Wat is er aan de hand, gaat hij weg?'

'Nee, nee, Chelsea-san. Ergens anders zitten. Daar. Kom mee.' Aan de overkant van de zaal zette Nishi Erma's glas naast dat van de klant en aarzelde even voor hij ons verliet om op de terugkeer van Mr. X te wachten. 'Heel goede klant, deze man. Heel rijke man. *Prease*, Chelsea-san, wees aardig.'

'Ik ben altijd aardig.' Er verscheen geamuseerde twijfel in Nishi's vermoeide ogen. Ik was zo dom geweest om te denken dat er nooit iemand op me lette.

Net toen we ons begonnen af te vragen of hij nog terugkwam, paradeerde Mr. X als een pauw de zaal door, op Gucci-schoenen met glanzend zilveren gespen. Ik stond op om hem een dampende *oshibori* aan te bieden en hij veegde zijn gezicht en al zijn vingers systematisch af. 'Ik ben blij dat je ons hebt gevonden,' glimlachte ik lief.

Hij lachte verontwaardigd, schudde een sigaret los en stak die tussen zijn lippen. Ik boog me met mijn aansteker naar hem toe. *Klik. Woesj. Inhaleeeer.* Hij deed langer over het ritueel dan nodig was. Het was vreemd seksueel, en ik klikte de aansteker dicht zodra hij een rookpluim omhoog blies.

'Dat is beter. Zie je,' zei hij tegen Erma, 'zij is wél een professionele hostess. Ik weet dat dit pas je tweede dag is, maak je geen zorgen. Ze heeft meer ervaring dan jij, daarom weet ze hoe ze de dingen hoort te doen.' Erma rolde met haar ogen. Mijn grotere ervaring kwam neer op vijf dagen, maar dat zei ik niet. Misschien zou hij zich generen. Hij leek behoorlijk gesteld op zijn eigen aannames.

'Vertel eens: van wat voor muziek hou je?' vroeg ik plagerig.

'Muziek? Je vraagt van wat voor muziek ik hou?' Hij nam geïrriteerd een trekje van zijn sigaret. Ik glimlachte onschuldig. 'Dat hangt ervan af. In de disco? In de auto? Bij het neuken? Allemaal verschillend. Wat wil je weten?' Hij gooide zijn handen in de lucht, zodat we zijn Rolex van 4500 dollar konden zien die zijn pols sierde. Erma rolde weer met haar ogen en Tehara kwam haar halen. Ik werd naast hem neergezet.

'Dat werd verdomme tijd. Ik dacht dat ze haar nooit zouden weghalen.' Mr. X drukte zijn sigaret uit in de asbak en grijnsde me duivels toe. 'Dit is veel beter.' Ik voelde me plotseling onder druk staan, zoals een mier zich onder een vergrootglas moet voelen, zwetend van de hitte.

'Zo, en hoe heet je echt?'

'Hoe ik heet? Dat heb ik al gezegd. Ben je het vergeten?'

'Nee, je hebt het niet gezegd, Mr. X. Ik betwijfel of je moeder je zo noemt.' Hij rechtte zijn rug toen ik zijn moeder ter sprake bracht. 'Hoe heet je?' herhaalde ik.

'Yoshi. Ik heet Yoshi. En jij?'

'Dat heb ik al gezegd.'

'Ik weet het niet meer, zeg het nog eens.'

Ik zei het, en zo begon het.

Ik weet nog heel goed wat Yoshi's volgende vraag was, omdat ik hem niet begreep en hij zomaar uit de lucht kwam vallen. 'Hou je van

Charlie?' *Van wie?* Toen zei hij iets. Iets anders. Iéts. Geïrriteerd door mijn lege blikken liet hij zijn stem dalen. 'Coke. Hou je daarvan?' Hij inhaleerde scherp, vlak naast mijn oor, met een knokkel licht tegen de zijkant van zijn neus gedrukt.

'Cocaïne?' zei ik, waarschijnlijk harder dan nodig was.

'Cocaïne, ja.'

'Ik heb nog nooit cocaïne gebruikt. Ik weet het niet.'

'Je hebt nog nooit Charlie geprobeerd?' Hij greep me direct bij mijn hand en trok. 'O mijn god. Kom mee, laten we gaan. Nú.'

'Ik ben aan het werk.'

'Nou en? Wat dan nog? Ben jij zo'n heilig boontje? Lijkt me niet.' Hij kneep me in mijn wang. 'En seks dan? Hou je daarvan?'

'Wat is dat nou voor vraag?'

'Niets. Geen vraag. Alleen even controleren of je volmaakt bent. Hou je van vissen?'

'Ik vis normaal gesproken niet. Jij?'

'Natuurlijk wel, ik ben er gék op! Met een sleepnet, op mijn boot, voor de kust van Hawaï. En Californië. Grote vissen, zó.' Hij spreidde zijn armen wijd uit. 'Ik vind het heerlijk, maar er is iets wat ik nog heerlijker vind.'

'En dat is?'

'Naar vrouwen vissen.' Yoshi grijnsde, sluw als een vos. 'Ik zag je vanaf daar, de overkant van de zaal, en heb meteen een verzoek om je gedaan. Nishi liet me wachten omdat je nog bezig was, maar hij zei: *Ik weet het, jouw type.* Dus moest ik op je wachten. Ik wacht op niemand.' Zijn ogen glansden fel. 'Maar voor jou verander ik van gedachten. Niet alleen mooi, maar ook elegant. Zo sexy. Alles zo sexy.'

Hij kneep in mijn kont en ik sloeg zijn hand weg.

'Sorry, even checken. Ik ben duivel.' Hij knipoogde. 'Waar woon je? Pension? Appartement? Alleen? Waar?'

'Alleen,' loog ik, 'in Hiroo.'

'Wauw, mooie wijk. Ik woon bij mijn ouders, maar binnenkort ga ik verhuizen. Volgende maand.' *Bij zijn ouders?* Dat verraste me, maar zoals ik later ontdekte was Yoshi de *chonan* (oudste zoon), wat betekende dat hij de plicht had om voor zijn ouders te zorgen en in hun huis te wonen, zelfs in zo'n rijke familie als de zijne.

'Wauw, wat vindt je vrouw daarvan?'

Hij keek me vol afschuw aan.

'Vrouw? Wat nou vrouw? Ik heb geen vrouw nodig. Ik trouw nooit. Ben je gek?' Zijn biceps bolde op onder zijn luxe zwarte overhemd.

Ik deed hem een plezier. 'Doe je aan fitness?'

'Ja, natuurlijk. Ik moet wel. Deze week heb ik het erg druk, maar meestal ga ik elke dag naar die ellendige sportschool. Ik heb een westerse geest, maar toch dit verdomde spleetogenlijf. *Whatta can I do?*'

Hij maakte me aan het lachen. Hij had een gespierd lijf. Bruin. Lenig en pezig, met een volmaakt glanzende huid, en bekroond met dik, glanzend haar en een wijkende haargrens.

'Ik ben een duivel, maar ik spreek de waarheid.' Hij beet in mijn oor en kuste mijn wang.

Ik duwde hem weg. 'Niet bijten.' Mijn stem had niets speels.

'Later deze maand ga ik voor zaken naar LA en Chicago. Ik wil niet, maar ik moet. Voor die tijd wil ik je nog zien. Mag ik je bellen?' Hij had mijn nummer al ingevoerd in zijn telefoon. Hij had me ook geprobeerd op de mond te kussen, maar had alleen mijn handrug gekregen.

'Dat lijkt me niet.'

'Weet je waarom ik jou zo leuk vind? Om je houding. Ongeveer... zo.' Yoshi stak zijn neus in de lucht. 'Een snob. Ik vind het gewéldig,' fleemde hij.

'Ik pik geen flauwekul, Yoshi, dus waag het niet.' Twee seconden later riep hij Tehara.

'Pardon! De rekening graag!' Hij liet het licht nadrukkelijk over zijn zwarte American Express Card spelen, die hij langzaam uit zijn portemonnee haalde. Platina en goud had ik wel eens gezien, maar zwart nog nooit. Terwijl hij zwierig zijn bon ondertekende, keek hij me van opzij aan, taxerend, wegend. 'Hoe heet ik?' vroeg hij.

'Yoshi.'

'Heb jij even geluk,' kirde hij.

Toen Yoshi net weg was nam Soh, de ober uit Birma, me even apart. 'Chelsea,' zei hij. 'Fucking rijke man, die Yoshi. Heb je zijn credit-card gezien?' Hij vormde een rechthoek met zijn vingers. 'Zwart, hè?'

'Ja, die was zwart. Wat betekent dat?'

Soh keek me ongelovig aan en ik keek terug, niet onder de in-druk. 'Een zwárte American Express? Zwart betekent rijk.' Hij zweeg even voor het effect. 'Fucking rijk.'

Het telefoontje daarna

Ik had hen alle zes eerder die week ontmoet, op maandag of dinsdag, dat wist ik niet precies. Elke avond in Greengrass was even nietszeggend als de vorige; de dagen en namen leken in elkaar over te vloeien tot een homogene brij herinneringen zonder naamplaatjes.

Ik was nuchter geweest en alle anderen onfatsoenlijk dronken. Vooral Jodie. Word dronken, zing zoveel je kunt en zeg alles wat er in je opkomt. Dat was haar motto. Ze was een Billy Joel-, Stevie Wonder-achtig meisje, en naar mijn mening was zij de aanleiding voor Nishi's uitspraak dat 'sommige meisjes te veel zingen'.

De klanten hoorden bij een consortium van zeventien bedrijven onder leiding van één man, en hun bezoek was onderdeel van hun werkrooster. Ik was later op de avond bij hen komen zitten, en om mijn aankomst te vieren hadden ze geëist dat ik zong. Tot nu toe waren de meeste klanten teleurgesteld als ik weigerde, maar vanavond voelde ik een onontkoombare plicht tegenover het karaokecollectief. Als je me vraagt waarom ik 'Somewhere over the Rainbow' koos, zou ik het je niet kunnen zeggen. Ik denk dat ik gewoon zenuwachtig was, het was mijn eerste keer en ik deed het onder dwang. Toen ik klaar was, viel er een stilte en uiteindelijk werd er beleefd geklapt. Ik kon wel door de grond gaan.

Tot dusverre was ik hopeloos slecht geweest in Japanse namen onthouden, maar vanavond onthield ik Taizo. Hij was niet makkelijk te vergeten, vooral omdat zijn naam door de groep bij elk rondje kamikazes als strijdkreet werd aangeheven.

Binnen de groep kreeg hij ook de meeste grappen te verduren, met zijn opvallend hoge voorhoofd, grote ogen en geweldige jukbeenderen. De anderen zeiden dat hij uit Hokkaido kwam, en dat het allemaal daaraan lag. Taizo lachte hier hartelijk om. Hij lachte voortdurend als hij niet zong, en hij voegde mijn naam toe aan een complete catalogus aan nummers. Mijn favoriet was 'Only Chelsea'. Schijnbaar kon alleen ik zijn wereld mooi laten lijken, maar dat maakte mij niet uit, want Taizo was niet de eerste de beste. Taizo was niet goed. Taizo was geweldig. Hij kon 'Bohemian Rhapsody' mee-brullen met meer gevoel dan Freddy Mercury, maar vanavond wil-de hij per se samen met mij zingen. Terwijl hij volmaakte klanken voortbracht, stond ik in stilte de tweede stem te playbacken met alle enthousiasme dat ik kon opbrengen. Na mijn vernederende debuut hoopte ik vorderingen te maken.

Nog een vocaal handigheidje van Taizo waren zijn originele com-plimentjes: 'Chelsea met het kleine voorhoofdje. Zo klein! En zo grote ogen. Ik hou van jouw contrast! Ik hou van de linealiteit van je neus. Zo recht!' Hij duwde hard tegen zijn eigen neus. 'Japanse neus zo rond, varkenssnuit! Maar Chelsea is geweldig. Ik hou van jou!'

'Ik hou ook van jou, Taizo,' lachte ik, en we sloegen onze eerste kamikaze van de avond achterover.

Ik schrok wakker van mijn telefoon: het was twee uur 's middags.

Ik keek naar Matt, die vredig lag te slapen op zijn geïmproviseer-de matrasje op de vloer. We hadden geprobeerd samen te slapen in het eenpersoonsbed dat je tegen de muur kon wegklappen, maar el-ke scherpe elleboog in je ribben is er een te veel. Morgen zou ik naast hem kruipen op het tweepersoonsluchtbed dat we gingen ko-pen, maar momenteel was hij uit vrije wil degene die ongemakke-lijk lag. Zijn brede schouders bewogen haast niet bij het ademen.

Zodra hij erover hoorde had Matt de meest felbegeerde baan voor jonge buitenlandse mannen in Roppongi in de wacht gesleept: hij werkte als scout. Het was een droombaan voor een vrijgezel en een voortdurende grap tussen ons. In wezen kreeg Matt betaald om meisjes aan te spreken. Hij moest zorgen dat One Eyed Jack en Pri-vate Eyes voorzien werden van de beste strippers en hostessen in heel Tokyo. En de secundaire arbeidsvoorwaarden waren gunstig. Gratis alcohol. Overal naar binnen mogen. Een keur aan meisjes.

Deze nieuwe rekruten brachten brood op de plank: vijfhonderd dollar voor een hostess, duizend voor een stripper. Maar Matt zorgde ook goed voor de meisjes. Hij probeerde hun cultuurschok te verzachten door hun de buurt te laten zien, de beste supermarkten en plekken waar ze hun mail konden checken. Na amper een week droeg de gehele internationale hostessengemeenschap 'Mooie Matt' op handen.

Maar het was een fulltimebaan, en als we elkaar om drie uur 's nachts troffen om samen naar huis te lopen, was er niet veel glans meer over. Matt was vaak net zo uitgeput als ik.

'Hallo, mijn Chelsea, hoe gaat het?' kirde een onbekende stem.

'Prima. Met wie spreek ik?'

'Hoe bedoel je, met wie spreek ik? Ben je me al vergeten? Ik vergeet jou nooit. Yoshi! Je spreekt met Yoshi!'

'O, Yoshi,' lachte ik. Hoe zou ik hem kunnen vergeten? 'Natuurlijk ben ik jou niet vergeten. We hebben elkaar gisteravond pas ontmoet. Wat doe je nu?'

'Met jou praten. Hé, zie ik je volgende week?'

'Welke dag?' vroeg ik speels.

'Hoe moet ik weten welke dag? Het is nog maar zaterdag. Ik bel je maandag. Voor ik naar Chicago ga, wil ik met je uit eten, oké? Waar wil je heen?'

'Ik ken hier nog geen restaurants, Yoshi. Ik ben hier pas een week.'

'Oké, oké. Ik weet wel een paar goeie. Dit weekend heb ik het druk, maar ik bel je later. Dan kun jij me zeggen waar ik je moet ophalen, oké? Voor jou heb ik altijd tijd. We gaan uit eten. En daarna stappen.'

'Doordeweeks moet ik werken, Yoshi.'

'Oké, oké. Eerst uit eten. Dat is alles, maar als je van gedachten verandert, bel je me, oké? Ik ben vierentwintig uur open, alleen voor jou. Je kunt me bellen wanneer je maar wilt,' grinnikte hij. 'Voor een spannend gesprek.'

'Ha! Ik wens je geluk. *Bye-bye.*'

'*Hai-bye.*'

Toen ik Matt over Yoshi vertelde, was hij er al meteen niet gerust op. 'Ik zou maar oppassen met hem,' zei hij. 'Serieus. Het klinkt alsof je met hem meer gedoe kunt krijgen dan hij waard is. Ik zou hem een beetje op afstand houden, als ik jou was. Geloof me. Cocaïne plus zwarte American Express staat gelijk aan een grote bek, en daarmee kan een willekeurige situatie veel meer ellende opleveren dan ik je toewens. Maar aan de andere kant ken ik hem natuurlijk niet. Hij kan best een interessante figuur zijn. Het is moeilijk te zeggen. Wees gewoon voorzichtig. Oké?'

Is dat niet geflipt?

'Zeg, heb je je vriendje die avond nog gevonden?'
Je zou denken dat sommige dingen voor iedereen duidelijk zijn. Zoals:

1. Een hostess heeft geen vriend.
2. Een hostess spreekt niet over de vriend die de hostess niet heeft (en in principe ook niet over de vriendjes die andere hostessen niet hebben).
3. Een vriend hebben is ondenkbaar.
4. Een echtgenoot hebben is *onmogelijk*.

Dat betekent dat je als hostess de volmaakte alleenstaande jonge vrouw moet zijn. In jouw luchtkasteel zul je nooit diensten van het seksuele type verlenen, maar je bent evenmin definitief buiten bereik. 'Beschikbaar maar onbereikbaar', dat is het motto van de hostess – een duidelijk verschil met escortmeisjes of prostituees. Om deze kwetsbare façade op te houden mag je liegen, je van den domme houden en naïef of onschuldig doen, maar je mag onder geen enkele voorwaarde iets anders zijn dan honderd procent single. Binnen gehoorsafstand van klanten althans, iets wat Colette, de nieuwe Zwitsers-Duitse hostess, nog niet begreep. Ik overwoog het tegen haar te zeggen, maar keek in plaats daarvan Jodie aan.

Als er iets uitgelegd moet worden, is Jodie de aangewezen persoon. Jodie is bijna permanent hostess en is al talloze malen uit Engeland naar Roppongi afgereisd om hier te werken. Ze heeft samengewoond met een Japanse vriend (die niets met hostessenclubs te maken had) en zat vol fantastische, eigenzinnige en perverse inzichten – mevrouw keek graag porno bij haar ontbijt. Op de een of andere manier hielpen haar inzichten ons allemaal om te gaan met het onbegrijpelijke.

'Dit is maar een spelletje,' legde ze uit. 'Dat weten zij, en het is het best als jij het ook weet. Ze weten dat we niet single en niet verliefd op hen zijn. Ze zouden het in hun broek doen bij de gedachte dat we echt met ze zouden willen trouwen. Het zou ze de stuipen op het lijf jagen. Ze wíllen doen alsof. Dit zijn mannen zonder sociaal leven, zonder intimiteit met hun vrouw. Ze betalen om een illusie te scheppen, en wij zijn hier om ze ter wille te zijn.'

'Ja, maar soms menen ze het, denk je niet?'

'Af en toe komt er wel iemand hier een bruid zoeken, en geloof me: dat is behoorlijk lachwekkend. Zo iemand denkt echt dat een meisje hier misschien wel wil, en gelooft niet meer dat alles wat ze zegt pure flauwekul is. Maar goed, misschien zijn ze niet helemaal achterlijk, want het gebeurt wel eens. Kijk maar naar de Russische meiden. Voor hen zijn er ergere dingen, hè? Zij wíllen niet terug naar Rusland. Maar voor ons is het gewoon een baan. Het kan al verkloot worden als één dom meisje met een klant naar bed gaat omdat ze denkt dat ze verliefd op hem is of zo. Dan gaan ze denken dat ze een kans maken, omdat er één vent in een miljoen jaar zoiets overkomen is.

Maar het is allemaal onzin. Niets ervan is echt. Ze weten wat er gebeurt als we allemaal naar huis gaan. Wij gaan naar huis om met onze vriendjes te vrijen. En zij gaan naar huis, naar hun vrouw en kinderen, voor die twee seconden voordat ze weer moeten opstaan om te werken. Zo is het gewoon. Zie het zoals het is en laat je niet meeslepen. Word elke avond lekker dronken, dan heb je een geweldige tijd.'

Ik had één probleem. Het is nogal moeilijk om iets te zien zoals het is als je niet begrijpt hoe het eigenlijk is. Colette, de Zwitsers-Duitse, formuleerde het goed: 'Wauw. Dat is gewoon geflipt.' Maar nee, dát was nog helemaal niet geflipt. Het was nog maar het begin, de basis van alles. Pas echt geflipt was dit: 'Er is een volslagen gestoorde kerel, ja? Ik zal niet zeggen hoe hij heet, maar hij ziet er vreemd uit. Hij komt om de paar maanden. Hij is ontzettend slim, maar hij denkt steeds dat iedereen roddels en leugens over hem verzint. Een vriendin van me ging met hem mee op reis naar de Verenigde Staten. Hij betaalde en gaf haar overal geld voor, en ze hadden aparte kamers en alles. Ze maakten een tussenstop in Hawaï omdat zij wilde duiken, en weet je wat hij toen deed? Hij kwam haar kamer binnen in zijn blote pik, *rukkend*, maar dát was niet eens het ergste. Hij droeg alleen een duikbril en zwemvliezen! Ze belde de bewaking van het hotel. En toen ze kwamen, probeerde hij hun wijs te maken dat zij hém had aangerand, maar ze lachten hem vierkant uit. Ik bedoel: die vent staat daar spiernaakt met een duikbril op! Dus mijn vriendin vloog terug naar Tokyo en toen belde hij míj de hele tijd op om te vragen of ze al terug was. Ik zei dat ze naar huis was gegaan. Maar toen kwam híj weer híér en ontdekte hij dat ze hier nog werkte. Hij heeft haar laten ontslaan uit de club en probeerde haar uitgezet te krijgen. Hij is echt een ontzettende klootzak.'

'Is dat niet gevaarlijk?' vroeg Colette verbouwereerd. Ik vond het hilarisch.

'Neuh, het is gewoon een idioot. Ik zou hem niet gevaarlijk willen noemen. Hostess zijn is niet gevaarlijk. Het is gevaarlijk om bij een benzinepomp te werken in een of andere shitwijk van de stad waar je voorganger is neergeschoten. Doe geen domme dingen en gebruik je gezonde verstand, anders kun je in de problemen komen, ja. Maar dat is toch altijd zo? Ik bedoel, je hóéft nergens met ze naartoe, en het werk in de club is niets om je zorgen over te maken. Het is niet normaal, maar er komt hooguit af en toe zo'n vreemde snuiter. Trouwens, het maakt de dingen ook wel interessant. Vind jij het soms normaal om je leven te verdoen op een kantoor in ruil voor een minimumloontje? Geef mij die gekken maar.'

'Ik hou van jou, schatje, maar ik vind hen niet leuk. Echt, niemand van hen!' Taizo hikte en zwaaide gedesillusioneerd met zijn hand naar de zaal. Met zijn lange lijf onderuitgezakt op de lage bank keek hij boos naar een hyperactieve zestiger die een Elvis Presley-klassieker verkrachtte en als een blije schooljongen op en neer sprong.

'O nee! Hém vind ik niet leuk! Hij moet niet zingen. Nee! Nee! Nee!' Taizo wees streng naar Elvis en sloeg zijn armen triomfantelijk over elkaar. Het ging steeds slechter met Taizo sinds hij was gaan zitten, en naarmate de avond vorderde deed ik steeds meer water bij zijn whisky. Zijn collega's waren stuk voor stuk in een goed humeur. Maar Taizo niet. Hij zuchtte gefrustreerd en ik bood hem een chocolaatje aan. Hij slikte het door voor ik de kans kreeg te zeggen dat er nog een stukje wikkel aan hing.

'Mmm, lekker!' Taizo lachte me toe. 'Ik hou van je korte haar, van je witte voorhoofd. Van je grote ogen. Ik hou van de eh... jou.' Hij hief zijn handen op.

'Heb je een slechte dag gehad, Taizo? Waarom ben je zo chagrijnig?'

'Omdat nu zo'n slechte situatie is. Mijn bedrijf heeft zo'n groot project, zoveel probleem. Volgende week is het houden van de grote vergadering van alle bazen, en dat is een slechte, slechte situu-waahsie,' hikte hij. 'Ik wil zingen: 1234-04.' Hij wist de karaokecode van 'Only You' uit zijn hoofd.

Toen de tekst begon, deed Taizo zijn ogen dicht en deinden we samen heen en weer, schouder aan schouder. '*Ow, ow-woow, only Chelsea, I love you-ou-ou, your face, your forehead, it is so cute! O-o-o only-y Chel-seaaaa...*'

Om een of andere reden werd ik er onuitsprekelijk verdrietig van.

De afdrukken van een rijtje volmaakte boventanden stonden in een stuk schuimtaart, dat onder een dikke glazuurlaag lag te stikken. Halfgepofte popcornkorrels waren slap van het opgezogen vet, wolken sigarettenrook hingen in de lucht en de inkt van de namen van prestigieuze wijngaarden liep uit door het zweet van honderden ijsblokjes die de flessen op temperatuur moesten houden. Er was nog maar één plek vrij aan de ronde tafel, en Nishi wees me die aan. Ik had onmiddellijk een probleem. De dikke man die uitpuilde tot in mijn zitplaats knipperde niet eens met zijn ogen. En zei niets. Hij staarde me alleen aan toen ik ging zitten, me ongemakkelijk voelend onder zijn blik. Uiteindelijk tikte Nishi me op de schouder.

'Sorry, Chelsea-san, hij is geen *Engrish*.' Nishi vond het kennelijk grappig genoeg om in zichzelf te lachen en schoof me twee plaatsen naar rechts op, waar ik een gesprek moest beginnen met het achterhoofd van een klant. Ik wachtte. En wachtte. Toen de man zich eindelijk omdraaide, schrok ik.

'Jimi! Ik heb je gisteren geprobeerd te bellen. Hoe is het?'

Jimi was een korte, kalende multimiljonair die als hobby met zijn eigen jet de hele wereld rondvloog. Hij had Jodie in haar eerste week als hostess in Japan meegenomen op een tochtje. Het was een dure grap, maar dat gold ook voor uit eten gaan met buitenlandse jonge vrouwen. Afgelopen dinsdag had hij mij meegenomen op mijn eerste *dohan*, samen met twee Israëlische meisjes. We waren naar het exorbitante Maxim's de Paris in Ginza geweest, waar hij bijna tweeduizend dollar had neergeteld om ons als koninginnen te laten eten.

'Ik heb vandaag geen telefoon van jou gehad,' zei Jimi teleurgesteld. 'Vanavond heb ik Chinees gegeten. Pekingeend. Dit zijn mijn vrienden, heel beroemde chef-koks uit mijn favoriete sushibar in Azabu-Juban. Toen jij niet belde, heb ik hen uitgenodigd in jouw plaats. Maar ik kan niet twee avonden achter elkaar hetzelfde eten. Morgen kan ik Italiaans eten, of misschien sushi,' preciseerde hij, wat ik opvatte als een indirecte opening naar een uitnodiging.

'Jimi, je zei dat ik *zondag* moest bellen, maar je nam niet op. Ik heb het een paar keer geprobeerd, dus ik dacht dat je wel zou terugbellen.'

Jimi keek me kort aan. 'Jij moet míj bellen,' las hij me verontwaardigd de les. 'Ik neem met alle plezier dames mee uit als ze mij bellen, maar alsjeblieft, ik bel nooit naar hen.'

Ik begon tegen te sputteren, maar bedacht me. 'Oké, ik begrijp het. Het spijt me. Hoe waren de golven op zondag? Ben je nog met je vriend naar het strand gevlogen?'

'Nee, er waren technische problemen. Mijn jet is nog in reparatie. Ik had het erg druk met andere dingen, dus mijn telefoon was niet oproepbaar. Maar vandaag had ik het niet druk en was mijn telefoon beschikbaar om gebeld te worden.' Hij glimlachte stijfjes, maar ik negeerde zijn kinderachtige steken onder water.

'Hoe was het Chinese eten? Lekker?' Vorige week had Jimi bij Maxim's plannen zitten maken om me op mijn verjaardag mee te nemen naar een Chinees restaurant en me te dwingen Pekingeend te eten.

'Natuurlijk. Wil je misschien taart? Mijn vriend is jarig. Daarom zijn we uit eten geweest, en nu trakteer ik ze allemaal hier. Welke dag deze week is je verjaardag?'

'Morgen.' Dat wist Jimi natuurlijk al.

'Dan kunnen we misschien niet uit eten gaan. Je wilt vast bij je vrienden zijn.'

'Nee, dat maakt me niet uit. Ik ben nog nooit naar een echte sushibar geweest. Daar zou ik dolgraag heen willen.'

'Oké, waar wil je morgen dan naartoe?' vroeg hij. 'Italiaans?'

'Nee, *sushi* alsjeblieft.' Ik begreep dat ik nu niet in die strikvraag moest trappen. Ik kon Jimi maar het best de kans geven om weer de overhand te nemen, na zijn voortreffelijk indirecte manier om me opnieuw te benaderen.

'Oké. Als je morgen wakker wordt en besluit dat je nog steeds wilt, moet je me bellen, dan zal ik boeken. Het restaurant is heel druk, altijd. Anders is het niet mogelijk.'

'Oké, ik besluit nu wel. Laten we gaan.'

Eindelijk tevreden zei Jimi iets tegen een van de 'beroemde chefkoks'. Zonder te antwoorden plaatste die zorgvuldig zijn handpalmen op zijn dijen en boog drie keer diep voor Jimi. Tegen mij stak hij zijn duimen op, en daarmee leek onze reservering bevestigd.

'Oké, ik heb een tafel voor drie geboekt,' zei Jimi stralend. 'Neem maar een vriendin mee. Ik nodig nooit maar één vrouw uit. Ik wil me niet ongemakkelijk voelen, begrijp je?'

'Helemaal.' Maar wie moest ik zo kort van tevoren vragen?

Abie inhaleerde de rook van haar sigaret zoals een gereanimeerde patiënt zuurstof. Ze had onder één voorwaarde mee gewild naar mijn verjaardags-*dohan* met Jimi: ze zou onder geen beding vlees eten.

'Wat doe je verder nog om het te vieren? Of is dit alles? Sushi eten met een oude Japanse vent? Jij en Matt moeten eigenlijk met ons gaan stappen na het werk. Die arme jongen. Ongelooflijk dat jullie niet eens uit eten zijn geweest. Vindt hij dat niet erg?'

'Nee, we hebben in plaats daarvan ijssandwiches bij de winkel gehaald. Lekker goedkoop, een dollar per stuk. Bovendien heb ik de *dohan*-punten nodig. Je kent het wel.'

'Ik begrijp niets van jou,' klaagde Abie. 'Maar je man is geweldig.'

Ik wilde uitleggen dat ik Matt gewoonlijk niet zou laten zitten voor een Japanse miljonair, maar wat kon ik zeggen? Ik wilde me niet blootgeven. Ze leek een beter antwoord te verwachten, maar gelukkig zag ik een taxi over het kruispunt op ons af scheuren, om tien voor zeven precies, met een glimmend kaal hoofd en twee ongedurig zwaaiende armen erin.

'Kom mee, daar is hij.'

Hij gooide het portier open en we stapten in, en toen was ik op weg naar het diner ter ere van mijn eenentwintigste verjaardag met een oude Japanse miljonair en een vegetarische Israëlische. De maaltijd zou meer kosten dan ik in een week verdiende. Wat een bizar wereldje.

Can't stop the funk

Ik arriveerde op Shibuya Crossing op het moment dat de zon achter een woud van gebouwen verdween en door de paar spleten ertussen heenbrak. De felle stralen vielen uiteen in verblindende splinters te midden van het neon en de gloed op het plein, en dwongen me tig keer mijn ogen dicht te knijpen, wat mijn zicht bemoeilijkte. De lucht was geladen met een elektrische energie. Er waren zoveel mensen. Als een krioelend mierennest raakte de enige oversteekplaats over zestien rijstroken tot barstens toe vol, tot de voetgangers van de propvolle stoepen af stroomden om zich naar de overkant te haasten in een zee van niet van elkaar te onderscheiden pakken.

Shibuya is een gekkenhuis. Als verkeersslagader voor de forensen in een stad van meer dan twaalf miljoen inwoners is het een doolhof van overgeorganiseerde, superefficiënte complexiteit, waar treinen en metro's samenkomen met viaducten, roltrappen, warenhuizen, bussen, auto's, voetgangers en zo nu en dan een fietser. Met elke dag meer dan twee miljoen passerende consumenten is een reclameplek op Shibuya Crossing een van de allerduurste ter wereld, en 's avonds is het er op z'n spectaculairst.

Op torenhoge, ouderwetse reclameborden prijst Shibuya internationale cosmeticamerken aan, en aan felle, neonverlichte buitenposten flitsen logo's van Japanse elektronicagiganten. Een enorm logo van HMV stort zijn roze megawattage uit in de hoogspanning van de lucht. Ver in de diepte daaronder rijden dubbelzijdige billboards door de straten, naast bestelbusjes die van alles verkopen, van ijs tot vakanties. Vanuit een fort van twee verdiepingen levert een drukke Starbucks bakkies troost in maar één maat aan het overwerkte, cafeïneverslaafde volk, recht onder een computer-bracchiosaurus die over een huizenhoog beeldscherm rondsjokt.

En dan de soundtrack: videoclips, commercials en nieuwsflitsen, een audiokermis aan geschreeuw, gegil, gelach, gezang en alle andere vermakelijk vreemde en verknipte geluiden waar de Japanners zo dol op zijn. Het bestormt je van alle kanten. In nog geen seconde slaat het bij je in. Ze zouden je op het vliegveld moeten blinddoeken en hierheen brengen.

Ik werd abrupt uit mijn trance gehaald toen er een pakje papieren zakdoekjes in mijn hand werd gedrukt. Het was bedrukt met reclame en kwam van een stapel die reikte tot aan de kin van een witgehandschoend meisje dat strategisch midden op het trottoir stond. Als de vloedgolf van voorbijgangers bij haar langskwam, probeerde ze de bonte pakjes in handen te drukken die ze automatisch wegduwden. Afgezien van bij mij had ze bedroevend weinig succes.

Ik stak de zakdoekjes in mijn tas, samen met de plattegrond die ik gebruikt had vanaf het moment dat ik uit Hiroo was vertrokken, en vervolgde mijn weg naar Shinjuku sneller over de Meiji-dori Avenue. Ik moest een trein halen voor een last minute repetitie ballroomdansen in een maffe Japanse tv-show, en ik kon maar beter op tijd komen.

Ik danste in een programma dat SMAPXSMAP heette en elke maandag om tien uur 's avonds werd uitgezonden door Fuji Television. Roger, een al wat oudere Brit, en ik waren samengebracht als het langste danspaar. Er scheen eerder een troep échte dansers ingehuurd en ontslagen te zijn, waarna mijn bemiddelingsbureau de boel moest redden. Dat zou in elk geval het vreemde telefoongesprek bij wijze van casting verklaren: 'Kun je dansen? Ik bedoel goed? Echt héél goed?' Eerlijk gezegd dacht ik niet dat iemand erin zou trappen.

Sports Music Assemble People. Zo heetten ze.

'Dat betekent helemaal niets, schat! Evenmin als dat dansen en dit volslagen belachelijke lied. Het is een onzinnaam voor een enorme hoop flauwekul,' legde Roger uit terwijl hij me liet ronddraaien. Ik liet de naam van mijn lippen ploppen. SMAP-PUH! Wat een naam. Het klonk lekker, maar veranderde in mijn hoofd onherroepelijk in PAP, als in smurrie.

Het valt niet mee om het fenomeen dat SMAP heet te beschrijven, een raadsel dat onvergelijkbaar is met alles wat er ooit is geweest. Iets dergelijks kan zonder enige twijfel alleen bestaan binnen het culturele landschap van Japan. SMAP brengt hitsingels uit met titels als 'Sellerie' en 'Raion HAATO' (leeuwenhart). Ze zijn wat de Japanners *bishounen* noemen – mooie jongens die zowel acteren als dansen en zingen – en ze zijn dé onbetwiste koningen van de wonderlijke wereld van de Japanse pop sinds hun ontdekking als skateboardende achtergronddansers in 1991. Inderdaad: *skateboardende* achtergronddansers. Ik weet het verder ook niet.

SMAPXSMAP is hun wekelijkse tv-programma waarin ze de middelmatige meesters zijn van... et cetera. Het is een van de populairste programma's in Japan en begint altijd met het onderdeel 'Bistro SMAP', waarin de jongens wedijveren in het bereiden van onherkenbare gerechten voor een beroemde gast, min of meer op basis van zijn of haar favoriete gerecht. Denk aan currysaus in de vla doen voor extra smaak. Dat geeft precies aan wat SMAP is. Ik vond het geweldig, zij waren gek en nu werd ik ook onderdeel van hun grote werk.

Terwijl de SMAPpers elders andere multigetalenteerde dingen deden, gingen wij naar een enorme studio met een geblokte vloer, potpalmen en een verhoging met vier palen achterin. Na de eerste doorloop riep de regisseur ons bij elkaar rond een wit kruis midden op het podium. Hij was een verlegen, mager ventje dat alleen Japans sprak. Een van de Russische meisjes bood zich aan als spreekbuis.

'Hij zegt dat SMAP zal gaan zitten op krukken daar, voor de sexy dansers. Na tweede keer couplet zingen, eh... na tweede couplet komen jullie buiten en lopen zij naar midden. Dan alsjeblieft weer samen aansluiten. En daarna gaan jullie... als je wilt... is het oké om... Ik... Ik heb geen idee wat hij zegt nu.'

De regisseur greep zijn papieren stevig vast en probeerde het nog eens, langzamer en harder. We bogen ons allemaal naar voren en probeerden het te begrijpen. 'Volgens mij bedoelt de beste man dat we gewoon daar moeten blijven staan!' riep Roger, en de regisseur knikte enthousiast en wees naar nog een kruis achter een streep op de vierkante tegels. Toen wees hij naar de plek waar hij stond, sprong, schudde met zijn hoofd, stampte met zijn voeten en maakte de grote X met zijn armen. Dat begrepen we allemaal. Toen zette hij één grote stap over de streep in de richting van het tweede kruis en zei wonderbaarlijk genoeg gewoon wat hij bedoelde.

'Oké *prease*.' Hij spreidde zijn armen om het gebied aan te geven. 'Eh... relkom-plek.' Toen stapte hij terug naar de plek waar hij met zijn voeten had gestampt. 'En níét.'

Gelukkig vond de regisseur zichzelf even grappig als wij. De crewleden die Engels verstonden barstten in lachen uit en deden hun eigen imitaties van de 'welkomplek', tot de regisseur goedgehumeurd zijn handen in de lucht wierp. '*No Engrish!*' smeekte hij, en toen trok hij zich terug op zijn post naast een camera.

SMAP had nog steeds hun stand-ins niet vervangen toen het eerste repetitieshot met een overkill aan camera's werd opgenomen. Ze kwamen pas toen de regisseur 'Cut-o!' riep, en ik voelde me direct onverschillig in de aanwezigheid van de groten.

'Wie is dat, die ene daar?'

'Dat is Katori Shingo, maar kijk niet zo naar hem. Je hoort niet naar groot talent te kijken. Zo zijn de regels... Die gozers zijn megasterren.'

Ze liepen erbij als gekken, zoals je ook verwacht van Japanse popmuzikanten, en waren veel minder knap dan ik had gedacht. Toen ze begonnen te zingen, klonken ze vreselijk. Ze leken zich allemaal suf te vervelen.

Terwijl Roger ons weer het podium op liet wervelen, voelde ik iets waarvoor miljoenen Japanse vrouwen een moord zouden willen doen: Katori Shingo staarde me recht aan.

'O mijn god, hij kijkt naar me!'

'Wie?'

'Katori Shingo, wie anders? Kijk! Hij doet het weer!'

Katori Shingo was in de markt gezet als de baby van de groep, droeg de meest buitenissige outfits en had zijn haar in de waanzinnigste kleuren geverfd. Hij was het beroemdst om zijn humoristische travestie-televisietypetjes, onder wie de bekende Mama-Shingo. Er gaan geruchten dat hij homo is.

Ze kwamen terug, op de voet gevolgd door vijf hulpjes die hun gepersonaliseerde waterflesjes droegen. Katori had zich verkleed in een interessant ensemble: badstof met gouden sieraden en een wit nethemdje dat net onder zijn tepels was afgeknipt. Dat belette hem niet om vol zelfvertrouwen oogcontact te zoeken. Ik weet niet waarom. Wat zeiden de geruchten ook weer?

Ik werd net genoeg wakker om te beseffen dat mijn telefoon ging, maar viel snel weer diep in slaap. Toen hij even later weer ging, nam ik de moeite om te kijken. Het was Yoshi. Geweldig. Ik was hem, en het diner dat ik al vanaf maandag steeds uitstelde, helemaal vergeten. Het diner dat ik hem beloofd had.

Maandag had Yoshi gezegd: 'Zullen we morgen uit eten gaan?' Maar ik had al plannen, dus toen zei hij teleurgesteld maar begripvol dat hij woensdag zou bellen. Op woensdag zei hij: 'Wat dacht je van vanavond?' maar toen was die s m a p -repetitie. En dus zei Yoshi, licht geïrriteerd, dat hij donderdag zou bellen. Vandaag was het donderdag. Had ik hem vanavond een etentje beloofd? Ik wist het niet meer, maar hij was wel vasthoudend.

'Hallo?' zei ik schor, in een mislukte poging wakker te klinken.

Ik had inderdaad tegen Yoshi gezegd dat ik vanavond met hem uit eten zou gaan, maar ik kon niet. Ik was te moe. Ik was uitgeput en ik moest werken. Wie weet of ik wel op tijd bij Greengrass zou zijn? In elk geval zou ik alleen komen, want Yoshi wilde niet met me op *dohan*. Daar was hij glashelder in geweest – 'Ik ben je suikeroompje niet' – en ik wilde niet zomaar met hem uit eten gaan. Als onze tijd samen niet in direct verband stond met de club, begaf ik me op gevaarlijk terrein. Maar nog afgezien daarvan kon ik haast geen woord uit mijn mond krijgen. Ik deed erg mijn best om het uit te leggen, maar Yoshi onderbrak me abrupt. 'Oké. Andere keer misschien,' zei hij. '*Hai-bye.*'

Deze keer klonk er iets definitiefs in Yoshi's stem, maar misschien was het beter zo. Ik legde de telefoon neer en kroop onder de dekens weer tegen Matt aan om nog een paar uur te slapen voor de zon onderging.

De welluidende oogst uit 'nowhere prace'

Ik sloot mijn ogen en zakte weg tegen de rugleuning van de bank, hopend dat er geen klanten in de deuropening zouden verschijnen. Er bestond een duidelijke regel die luidde: NIET SLAPEN IN DE CLUB, maar op dit moment, na twee hectische dagen met slechts een half uur slaap, zou ik met plezier alle boetes betalen die ze me ervoor oplegden.

'Chelsea-san! Chelsea-san!' Ik deed mijn ogen open en zag Tehara. Hij probeerde me vuil aan te kijken, maar ik zag zijn nauwverholen pret nog terwijl ik met mijn ogen knipperde en ze schaapachtig uitwreef. 'Kom, Chelsea-san,' herhaalde hij. 'Is klant.'

'Bonen. Ik ben man van bonen!'

Bonen? O-fucking-ké. Ik voelde mijn gezicht de uitdrukking aannemen die Matt altijd krijgt als hij in gedachten een grappige krachtterm uit. 'Wat voor bonen?' vroeg ik beleefd. 'Groene?'

'Soms groen, maar veel soorten. Ken je Japanse naam, *a-zu-ki* bonen? Uit Hokkaido is *berry famous*, maar je moet voorzichtig zijn. Alleen een zeker bedrijf van de hoogste reputatie verkoopt honderd procent *azuki*-bonen, want heel duur. Meestal mengen tien procent *azuki* met negentig procent kidneybonen, want kleiner, maar zelfde smaak. Niemand weet dit heel grote geheim van de Japanse bonenindustrie.'

'Echt? Ik zag gisteren Häagen-Dazs met *azuki*-smaak.'

'Ja! Heel populair voor Japanners,' lachte hij, 'maar voor buitenlander misschien vreemd. Maar toch niet de vreemdste smaak. Japanse ijsfabrieken maken ook visijs, noedelijs, gegrilde aubergineijs, cactusijs...'

'Heb jij dat weleens gegeten?'

'Nee, ik moet zeggen van niet. Ik ben geen zoet mens. Ik ben hartig, als bonen. Wat vind je het lekkerste Japanse eten? Sushi?'

'Nee, ik hou van sushi, maar het lekkerste tot nu toe vond ik *o-ko-no miyake*.'

'Japanse pizza! Jij kent *o-kono miyake*? Ik erg onder de indruk. Dan moet je ook *daifuku mochi* proeven, als je fan bent van de *o-kono miyake*.'

'Dai foe wat? Kun je dat opschrijven?'

'*Daifuku mochi*, kleverige rijstbal. Heel beroemd Japans dessert uit festivaltijd. Ik denk dat je misschien kunt kopen in winkel, maar beste in Japan is Kyoto. Ben je daar geweest?'

'Nee, ik wil dolgraag, maar het is zo duur en ver...'

'Duur ja, maar niet zo ver. Je neemt *shinkansen*, de kogeltrein, misschien drie uur. Ik adviseer naar veel plaatsen buiten Tokyo te gaan. Nikko, Hakone, Nara, allemaal heel mooi. Tokyo is niet Japan. Alle Japanse mensen komen voor één reden. Geld! Tokyo is de enige geldstad. Ik heb liever meer landelijke plaats, zoals Kyoto en Nikko.'

Bonenman zweeg even om naar zijn gast te kijken, een gebronsde man die een moeizaam gesprek voerde met de Roemeense Bianca.

'Hij komt uit Brazilië. Volgens mij is hostessenclub voor buitenlanders heel vreemd. In hun land bestaan niet zo'n club voor conversatie. Altijd zitten buitenlanders te draaien, maar ze moeten ontspannen en genieten. Als Japanse gewoonte is het mijn plicht om klanten naar zo'n plek te brengen, maar altijd heb ik zelf het meest plezier.'

'Volgens mij gaat het wel met hem. Elk land heeft gewoonten die voor anderen vreemd zijn.'

'Ja, ik denk dat je gelijk hebt, en daarom zal ik je een grappig verhaal vertellen. In december vele jaren geleden reisde ik naar Mongolië voor zakenreis, naar heel klein stadje zonder wegen, alleen klein vliegveld. Maar het is zo koud dat vliegtuig niet kan vliegen, dus moet ik met trein van China *twee dagen* naar dit *nowhere prace*. Als ik aankom, vind ik maar één hotel in hele stad, maar geen warm water! Ik kon twee weken niet douchen!

Ik was eerste Japanse bezoeker, iedereen kwam mijn komst welkomst heten, ook burgemeester! Alles zó vreemd, en alle Mongoolse eten ziet er hetzelfde uit, ik herkende alleen lam. Veel vreemde

dingen, zoals oogbal in mijn soep. Als speciale gast moest ik vreemde dingen eten, ik kon geen nee zeggen. Nooit had ik zulke vreselijke
dingen gegeten, of zulke sterke alcohol. Ik was elke dag dronken!
Toen ik terugkwam in Japan is het eerste wat mijn vrouw tegen me
zegt: "Je stinkt. Ga douchen." Dat was mijn vreemdste zakenreis.'

'Waarom moest je in vredesnaam naar Mongolië?' vroeg ik, en
Bonenman keek me aan alsof ik vroeg wat voor kleur de lucht heeft.

'Voor bonen, natuurlijk, om belangrijk contract voor mijn bedrijf te sluiten. Altijd testen we veel plaatsen om bonen met de
meeste winst te verbouwen. Wij kunnen niet helpen dat heel moeilijke boon besluit het beste te groeien in *nowhere prace* in Mongolië.'

En toen kwam Nori

Stel je eens voor dat iemand je een prachtige akoestische gitaar zou geven, een digitale spiegelreflexcamera en knisperende vijfcijferige yenbiljetten. Dat hij je zou vergasten op uitgebreide diners en een uitnodiging om hem te vergezellen op zakenreis naar Kyoto, in aparte kamers natuurlijk, zodat je iets van het echte Japan kon zien. Dat hij je probeerde over te halen weer te gaan studeren en het idee te laten varen 'je tijd te verdoen met reizen in smerig India' door je de vijftienduizend dollar aan te bieden die je voor studiekosten en levensonderhoud nodig hebt. Stel dat hij zei: 'Wil je het cash of zal ik het overmaken?' Zou dat genoeg voor je zijn?

Niet voor Abie. Ze wilde een laptop.

Ik had medelijden met de man die Abie zo vriendelijk als 'opa' betitelde. Als zovelen van zijn generatie was opa klein van postuur – ongetwijfeld door een gebrek aan bepaalde voedingsstoffen van McDonald's-o in zijn hormonale jaren na de Tweede Wereldoorlog – maar dat compenseerde hij met zijn uitbundige en unieke vrijgevigheid tegenover Abie. In zijn ogen was ze een zachtmoedig wezentje voor wie gezorgd moest worden. In de ogen van alle anderen was ze koppig en eigenwijs, maar een eenzaam hart in een eenzaam leven voorziet graag in zijn eigen grillen. Het was duidelijk dat opa een rijk en succesvol zakenman was, maar een scheef beeld van de werkelijkheid had.

Luisterend naar alle details van Abies aanstaande reisje naar Kyoto zonk ik verder weg in een cocon van zwaarmoedigheid. Waar bleef míjn knettergekke klant die gul en oneindig rijk was? Ik had niet eens kandidaten voor die titel. Jimi was zo goed als verdwenen en Yoshi zat in Chicago, al wist ik dat hij toch niet meer zou bellen, laat staan me mee zou nemen naar Kyoto. 'Een andere keer misschien,' had hij gezegd. Zijn motieven waren trouwens toch niet wat je altruïstisch zou noemen.

Ik probeerde niet te gaan zitten mokken toen Nicole, eveneens een teruggekeerde Israëlische hostess met gouden krullen, blauwe ogen en een aanstekelijke glimlach, haar ervaren raad gaf voor het geval opa met Abie zou gaan winkelen. Voor Nicole was het makkelijk. Hostess zijn was hetzelfde als even pinnen; je probeerde gewoon zo veel mogelijk op te nemen. Dat was makkelijk gezegd, maar toevallig had mijn rekening zo zijn beperkingen en bonusmiles kreeg ik ook al niet. Deze maand niet. Met mijn totaal van twee *dohan*s kon ik net genoeg punten vergaren voor het hogere uurloon, mits ik nog wat verzoekjes kreeg. Dat dacht ik althans, tot ik het wekelijkse scoreoverzicht op de kleedkamerdeur zag en ontdekte dat ik jammerlijk tekortkwam. Er stond: *Mae: dohan (4), verzoek (5), punten (28). Abbii: dohan (1), verzoek (3), punten (14)* enzovoort, tot: *Cherishi: dohan (1/2), verzoek (2), punten (2)*.

Wát? Een halve *dohan*? Hoe kon dat? Ik was twee keer met Jimi uit eten geweest, en twee keer één is niet een half. Zelfs in *Sesamstraat* wist iedereen dat. Nishi had iets heel ingewikkelds uit te leggen, en de verklaring was niet goed. Het diner bij Maxim's telde niet. Dat leverde nul op. Drie meisjes was één te veel volgens de ongeschreven regels van de *dohan*, dus was ik degene die op geheimzinnige wijze haar punten kwijtraakte. Het was onzin, maar ik kon er niets tegen beginnen. De punten voor mijn verjaardagsdiner waren gelijkelijk verdeeld tussen Abie en mij, maar dat was toch niet eerlijk als Jimi niet alleen met mij wilde? Het werd pas duidelijk toen Nishi met tegenzin onthulde dat Jimi, net zoals alle klanten die met een hostess op *dohan* ging, de club daar ruim tweehonderd dollar voor moest betalen. Geen wonder dat maar een handjevol mannen gul met uitnodigingen voor *dohan*s strooiden. Maar bij zo'n gewetenloos hoog tarief zou je denken dat de club het wel kon lijden om ons allebei de bonus van vijfentwintig dollar te betalen, in plaats van ons te laten delen. Maar nee. 'Dat is het systeem niet, Chelseasan. *Prease*, ik kan het niet veranderen.'

Fantastisch. Geen punten dus. Geen bonus. Geen klanten. Alleen maar het minimumloon voor een hostess en nog anderhalve *dohan* die ik moest doen. Ik plofte neer en ging wijdbeens zitten mokken. Kom op nou! Waar bleef de lieve oude man die medelijden met me zou krijgen en mijn eenzaamheid met materiële zaken zou verlichten? *Dit is echt shit. Ik haat dit werk en ik voel me ellendig.* Ik was uitgeput, oververmoeid en kwaad dat zo'n uitzinnig vertoon van weelde en geld aan mijn neus voorbijging. Ik kreeg nog geen yen.

Eerlijk gezegd had ik een paar belangrijke aanwijzingen gehad, die licht hadden moeten werpen op wat ik als een oneerlijke situatie zag. Niemand kreeg medelijden met me, omdat ik me niet eenzaam gedroeg. Want dat was ik niet. Ik had niet één klant om een visitekaartje of *dohan* gevraagd, en ik belde niemand ongevraagd op. Misschien moest ik van strategie veranderen of heel anders gaan leren denken. Mijn techniek moest dringend verbeterd worden, want ik vond de adviezen om een succesvol hostess te worden maar moeilijk te volgen.

Wat vond ik dan zo moeilijk? Ik maak even een lijstje.

1. Mannen als object zien. Een klant als ding dat je verwerft. *Een man is geen bron om uit te putten.*
2. De uitdrukking 'mijn klant' gebruiken. *Ongemakkelijk. Het riep allerlei sociale vooroordelen op (die ironisch genoeg niet bestaan). Maar toch. Ongemakkelijk.*
3. Klanten vragen om je mee uit eten te nemen of dingen voor je te kopen. Er extraatjes uit slepen. *Daar moeten ze toch zelf voor kiezen? Zij betalen om te komen, te drinken, zich te ontspannen. Betalen ze er ook voor om gesmeekt te worden om materiële zaken?*
4. Klanten overdag op hun werk bellen. Klanten 's avonds thuis bellen. *Was dat niet een beetje brutaal? Je weet wel, zij hebben het toch druk met vergaderingen, eten met het gezin, met hun keuze om niet in de club te zijn?*
5. Het verraderlijke gebruik van trucs, strategieën en leugens om de arme, eenzame zielen slinks te manipuleren. *Ik kon het gewoon niet.*

Ik wilde niet veranderen, maar ik wilde verdomme wel die bonus, ik wilde die etentjes, en eerlijk gezegd zou een paar Manolo Blahniks af en toe ook geen kwaad kunnen.

Soh's kin verdubbelde van schrik toen ik woedend om een witte wijn vroeg. Ik zat al een week braaf aan de oolongthee, maar zittend naast de zoveelste naamloze klant voelde ik me terneergeslagen en ellendig. Waarom in godsnaam zou ik me niet *dronken,* terneergeslagen en ellendig voelen? Nuchter kon ik dit krankzinnige toneelspelletje geen avond meer verdragen. Weg met de oolong. Het was gewoon allemaal te gek voor woorden. Zonder chemische verdedigingslinie stapelden de avonden zich in mij op tot één onvoorstelbare hoop.

Als een man op een avond honderden of duizenden kon spenderen aan slechts het gezelschap van een hostess, waarom beschouwde hij dat dan als een luxe? Was het niet gewoon een beetje raar? En was het niet nog raarder als hij, zoals Meneer Dinsdag, niet eens iets zéí, maar gewillig zong? Of als hij, zoals de verkrampte Meneer Donderdag die zichzelf Johnny Depp noemde, telkens probeerde aan mijn borsten te zitten? Waar kwam zulk gedrag vandaan? Waarom gingen deze mannen tot diep in de nacht aan de boemel met jonge westerse meiden terwijl hun gezinnen thuis lagen te slapen? Erger nog: waarom lieten ze ons foto's zien van die gezinnen en vertelden ze ons namen, leeftijden en wat voor 'goede echtgenotes' ze waren, en hoe 'lief-o'? Als de meesten van hen beschaafde heren waren, waarom gedroegen sommigen zich dan als kinderachtige pubers? Waarom verlieten sommigen het pand in alle waardigheid en moesten anderen naar buiten gedragen worden, niet eens meer in staat hun eigen naam uit te spreken? Waarom wensten *heren* te discussiëren over politiek, historische onrust en het milieu, terwijl *mannen* wilden weten of je nog maagd was, hoeveel het kostte om met je naar bed te gaan en hoe groot de pik van je vriendje was? Geloofden ze echt in onze stomme antwoorden op hun stomme vragen? Zou iemand die kunnen geloven?

Ik vroeg me af of de eigenaardige man die naast mij zat ze geloofde. Misschien zat hij over dezelfde dingen na te denken. Als een griezelige dubbelganger van Pendule uit de Disney-film *Belle en het Beest* droeg hij zijn haar in een golf die vlak boven zijn ogen zwierig omhoogkrulde, had hij een beetje een pens en zat hij er gespannen bij, alsof hij elk moment kon omvallen. We hadden wat beleefde opmerkingen uitgewisseld. Standaardantwoorden op standaardvragen. Zouteloos. Saai. Zijn achternaam was Ito. Ik kwam uit Canada. Hij woonde in Yokohama, waar hij zijn eigen kliniek had. Ik was nu achttien dagen in Tokyo. Hij vond het prettig om zeven dagen per week te werken. Ik was model. Hij was maag-darmchirurg. Er viel een ongemakkelijke stilte. Hij staarde naar het plafond. Ik staarde naar mijn nagelriemen. En toen.

'Ben je alleen naar Tokyo gekomen?' flapte hij er plotseling uit, en ik draaide alleen mijn ogen naar hem toe. Wat deed het ertoe? Onze bloedeloze vertoning was zo'n ontgoocheling dat ik antwoordde als een robot.

JA... IK BEN... ALLEEN.

'Heb je een vriend?' vroeg hij.

NEE... IK... HEB... GEEN... VRIEND. Dat bracht een glimlach op zijn gezicht. Hij vroeg of ik bij een andere hostess woonde.

NEE... ALLEEN... IN... EEN... APPARTEMENT.

'Alleen?' zei hij met een frons. 'Dan zul je wel eenzaam zijn.' Een diep medelijden overspoelde zijn gezicht, en iets in zijn toon ontlokte me een ongewone reactie. Er werd een piepklein vaatje geduld opgeblazen.

'O ja, ik ben zóóó eenzaam. Ik... weet... gewoon niet... wat ik... moet begínnen.' Mijn monotone sarcasme moet op eenzaamheid geleken hebben, want Ito's medelijden onderging een opmerkelijke metamorfose: het veranderde in pure verrukking.

'Eenzaam? O, ik begrijp het. Heb je geen Japanse vrienden?' Ik schudde mijn hoofd. 'En eh... de andere hostessen dan, zijn die niet... aardig?'

Mijn mond viel een eindje open, maar ik hield me in.

'Ja, maar dat is toch anders,' klaagde ik vals. 'Ik ken eigenlijk niemand echt, en... nou ja, we hebben niets gemeen. Ik kan niet goed met ze praten.' Ik legde het er lekker dik bovenop, als frambozenjam op pas geroosterd brood.

'Hmm, ik begrijp het. Maak je geen zorgen. Ik ben ook eenzaam. Ik heb je gezegd dat mijn naam Ito is, maar jij mag me Nori noemen. Ik zal je nieuwe Japanse vriend zijn.'

Toen moest natuurlijk onmiddellijk onderzocht worden of ik wel helemaal gezond was. Eerst kneep hij met zijn handen mijn onderarmen af en daarna kneep hij in al mijn nagels, tot mijn bloed niet meer stroomde. Toen werden mijn handpalmen geïnspecteerd. Uiteindelijk, toen er meer drukpunten op pijnlijke wijze geactiveerd waren dan ik wist dat ik bezat, had Nori mijn energiehuishouding voldoende geanalyseerd en concludeerde hij dat ik geen maag-darmproblemen had. De opluchting was onbeschrijflijk.

Onverwacht begon ik er plezier in te krijgen. Nori was intelligent en zijn veelvuldige gebruik van de karaokemachine bood me voldoende adempauzes, al liet hij John Denver, de Beatles én de Bee Gees precies hetzelfde klinken. Het was al na middernacht toen Nori besloot dat hij weg moest. Yokohama was nog een uur met de taxi, en hij moest om zes uur weer werken.

'Wat ga je aanstaande maandag doen?' vroeg hij. 'Het is een vrije dag in Japan, dus ik kan je misschien meenemen naar Kamakura, de oude hoofdstad van de samoerai. Zondag is voor mij onmogelijk. Ik moet een paar belangrijke operaties uitvoeren in Yokohama. Maar als je vrij bent... dan bel ik je.'

Natuurlijk, stemde ik in, maar ik betwijfelde of hij dat echt zou doen.

Toen Tehara de rekening bracht, gaf Nori hem een kleine envelop. Tehara schudde de bankbiljetten eruit om ze in het volle zicht te tellen: een, twee, drie... negen, tien. *Jemig.* Nori had duizend dollar neergeteld om met twee vrienden karaoke te zingen, goedkope whisky te drinken en onbenullige kletspraatjes met buitenlandse meisjes te houden. Ik was nog niet helemaal over de schok heen toen ik een tikje op mijn been voelde en iets in mijn hand gepropt kreeg. 'Sst, geheim,' fluisterde Nori, en ik stopte het in mijn tasje terwijl hij me op de knie klopte en opstond om te gaan.

Zodra de liftdeuren elkaar raakten, begon ik te zoeken. Aansteker, telefoon, een paar muntjes. Daar zat het, tussen twee visitekaartjes in. Het was groter dan ik verwachtte. Nori had me een *ichi-man*-biljet toegestopt. Honderd dollar. Misschien zou hij toch bellen.

Sushi op zaterdagavond

'Ze kunnen ons net zo goed naar huis laten gaan.'
Er was nog geen enkele klant gekomen sinds Greengrass twee uur eerder was opengegaan, en behalve de zachte achtergrondmuziek klonk er alleen gebabbel over de gebruikelijke onderwerpen: eten, klanten en Israël, want Greengrass was qua aantallen praktisch een Joodse zusterschap. Een groot deel van de klanten kon zelfs 'proost' in het Hebreeuws zeggen, en met een perfecte uitspraak: *l'chaim*.

'Waarom bel je die vent niet die je een *ichiman* fooi heeft gegeven, die chirurg?' stelde Nicole voor. 'Je hebt zijn nummer toch? Bel hem. Vraag of hij komt.'

Ik vertrok mijn gezicht.

'Wat? Ik denk dat hij een goede klant voor jou kan zijn. Hij vindt je leuk, dat zie ik gewoon. Als hij komt, kun je verzoekpunten krijgen en misschien zelfs een *dohan*.'

'Het is elf uur 's avonds! Wat moet ik dan zeggen?'

'Nou en? Maak hem maar wakker. Hij zal alleen maar blij zijn. Waarschijnlijk is hij toch wel wakker. Die gekken zijn stuk voor stuk wakker. Ik zweer je: ze slapen nooit. Doe gewoon zo.' Ze stak een denkbeeldige telefoon omhoog. '*Hallo chirurg, met Chelsea, hoe gaat het? Bedankt voor gisteravond, het was erg leuk om je te leren kennen. Ik heb zo'n plezier gehad! Wat doe je vanavond? Ik zou het erg leuk vinden om je weer te zien. Kun je naar de club komen?* Dat is alles. Dan komt hij. Je hoeft het alleen maar te vragen. Ze zitten erop te wachten. Dus vooruit! Doe het!'

Ik werd een beetje duizelig van het idee om zoveel onzin uit te kramen, maar ging als een gehoorzaam kind door de knieën en pakte mijn mobieltje. 'Nee, nee, nee, wat doe je nu? Stop weg, kom nou! Neem Nishi's telefoon, je gaat je eigen geld toch niet verspillen? Ben je gek?'

'Maar ik dacht dat we niet...'

'Nee! Natúúrlijk mogen we dat! Het is toch om een fucking klant te bellen? Zeg maar tegen Nishi dat je de chirurg wilt bellen, dan gooit hij die telefoon meteen naar je toe, want kijk, er is hier helemaal niemand. Ga nu maar bellen,' riep ze. 'Hup!'

Nori verscheen een uur nadat ik hem gebeld had en Nicole feliciteerde me toen ze hem zag binnenkomen. Hij had zijn beste vriend Fumio bij zich, een hoge ome bij de politie van Yokohama. Om die reden zocht Fumio zijn vertier in Tokyo, want in Yokohama was hij te bekend om gezien te willen worden met meisjes van een halve meter langer dan hijzelf, terwijl hij uitzinnig danste en zich over het algemeen als een idioot gedroeg. Telkens als we oogcontact maakten wapperde hij zijn worstenvingertjes hoog in de lucht, als een zeeanemoon. Het viel niet mee hem voor me te zien in een uniform dat angst en respect afdwong. En een uur later was het er niet makkelijker op geworden.

'Heb je honger?' vroeg Nori. Had ik honger? Mijn maag rommelde bij die vraag. Het was nog eenentwintig dagen tot betaaldag. Matt en ik leefden op wentelteefjes, gratis koffie in het internetcafé en broodjes ijs van honderd yen die ik betaalde van mijn fooien en het geld dat ik na het werk met flessen binnenhaalde. Dit klonk als mijn eerste kans op een gratis maaltijd na het werk.

'Eh... ja,' zei ik voorzichtig. 'Ik heb wel een beetje honger.'

'Goed! We gaan nu sushi eten, hier heel dichtbij. We kunnen lopen, maak je geen zorgen,' zei Nori lachend. 'En als je wilt kunnen we daarna misschien karaoke zingen bij Deep Blue. Daar kunnen we ook heen lopen. Het is heel dichtbij. Ik zal even aan Nishi vragen of je vrij bent om te gaan en dan kunnen we.'

De trilling was haast niet te merken, maar was er wel. Op de achtergrond. Je kon het voelen: het gezamenlijke bonzen van duizenden voetstappen veranderde de stoep in een stroomleiding. *Tril.*

Het was zaterdagavond en Roppongi was op z'n hedonistische best. Troepen Amerikaanse mariniers die een paar uur eerder nog recht en nuchter hadden rondgelopen, waggelden over het trottoir, lallend, schreeuwend en glurend. Japanse vrouwen op hakken half zo hoog als zijzelf trippelden mee, handen vasthoudend en giechelend. De kreten van Nigeriaanse straatverkopers waren aan dovemansoren gericht. Israëlieten stonden ongedurig van de ene op de andere voet te hupsen terwijl ze achter plastic tafeltjes dvd's uit China probeerden te verkopen, naast gespierde Iraniërs die kebab verkochten uit mobiele kraampjes langs de stoep. Menig loonslaaf lag uitgeteld op zijn koffertje, languit op de stoep van een schoonheidssalon of bloemenwinkel.

Overal om ons heen had de roes een verzadigingspunt bereikt. Terwijl ik voor een stampvolle sushibar met Nori en Fumio op een tafel stond te wachten, keek ik om me heen of ik Matt zag. Hij was nooit ver bij Roppongi Crossing vandaan en ik wilde hem laten zien hoe Nori eruitzag, maar mijn blik kruiste nergens de zijne. In plaats daarvan kreeg ik vijf paar onderzoekende ogen eensgezind op me gericht.

De mannen waren allemaal even charmant, als robots die vanuit een centraal besturingscentrum werden aangestuurd. Ik moest grijnzen. Deden mariniers weleens iets buiten formatie? Zelfs op Puma's en in spijkerbroek zagen ze mij kennelijk voor een prostituee aan. Ik kon het ze niet kwalijk nemen. Er liep een aantal glazig kijkende prostituees rond, voornamelijk Russische, die oudere Japanse heren vergezelden in de straten van Roppongi. Hoe konden deze plattelandsjongens weten dat ik alleen keurig uit eten ging? De meesten wisten waarschijnlijk niet eens wat een hostess was, want hostessen hebben niet veel redenen om met mariniers te praten. Prostituees wel.

Toen er een tafel vrijkwam en Nori naar binnen ging, beantwoordde ik hun starende blikken en zond ze met mijn glimlach een zonnige boodschap toe. *Gratis sushi. Hoera.*

Yokohama

Beton en blauwe lucht. Robuust staal en donzige wolken. Kilometers en kilometers smetteloze fabrieken en gigantische olietankers met internationale logo's erop gleden zonder onderbreking langs de glimmende Mercedes-Benz. Alle schoorstenen braakten rookpluimen uit in vriendelijke, onschadelijke vormen. Het industriële werkpaard van de Baai van Tokyo leek zo ongerept dat het een uitvergroot schaalmodel van zichzelf leek. Ik keek naar de chauffeurs in de langszoevende auto's. Waren zij ook op weg naar Yokohama of gingen ze nog verder, over de efficiënte, filevrije verkeersaderen van asfalt?

Ik wierp een blik op Nori in zijn zachte leren stoel, die onbewogen reed met beide handen aan het stuur. Nadat ik alle denkbare details over hem aan Matt had verteld, waren we overeengekomen dat het veilig voor me was om de zondag met hem door te brengen.

Ik had beloofd Matt elk uur te bellen, maar ik maakte me geen zorgen. Matt hoefde maar een vage foto van iemand te zien om te weten wat voor vlees hij in de kuip had, en ik vertrouwde volledig op zijn oordeel. Hij zei dat Nori niet gevaarlijk was, dus was ik veilig.

Er klonk een laag gezoem door de auto toen ik mijn stoel in een andere stand zette. Alle hoeken waren met knoppen in het portier aan te passen. Met zijn ventilator en verwarming was hij bijna van hetzelfde kaliber als een Japans openbaar toilet. *Bzzzz.* Nori keek naar me. 'Jij vindt die stoel wel leuk, geloof ik. Wil je er een?'

'Natuurlijk,' antwoordde ik. 'Dan zet ik hem in mijn woonkamer.' Hij giechelde op een soort pijnlijke manier, en ik vermoedde dat hij het min of meer serieus bedoeld had.

Schitterend zonlicht weerkaatste in de elegante boog van de Rainbow Bridge en sprankelde in de baai. Het vormde het gefragmenteerde spiegelbeeld van Yokohama om tot een flakkerend, deinend tapijt van betongrijs, blauw en groen. Niet veel verderop zag ik de zeewerven slaperig in de middagzon liggen. De hoge oranje kranen zeiden meer over vooruitgang en toekomst dan over het moeilijke verleden van hun stad.

De stad Yokohama dateert uit de elfde eeuw, maar pas toen hij in 1859 een haven opende werd hij een integraal deel van de industriële economie van het land. In het Edo-tijdperk hield Japan nog vast aan een isolationistische politiek, maar werden er voorzichtige uitstapjes naar de internationale handel gemaakt. Maar om Japanse wijken af te scheiden van die voor *gaijin* werd er een apart woongebied voor buitenlanders aangewezen.

Nadat de grote Kanto-aardbeving in 1923 de stad verwoest had, werd de eerder zo bloeiende infrastructuur in slechts zes jaar herbouwd, om tijdens de Tweede Wereldoorlog weer verwoest te worden tijdens hevige luchtaanvallen. Bijna de helft van de stad ging in vlammen op, waarna Yokohama nog een keer herbouwd werd tot wat nu een van de belangrijkste internationale handelshavens van Japan is.

Nori wees naar een gebouw dat uittorende boven de skyline aan de overkant van de baai. 'Yokohama's hoogste gebouw. Het is een kantoorgebouw, maar de allerhoogste verdiepingen zijn een beroemd hotel. Als je in Yokohama komt wonen, zal ik daar een kamer voor je huren, in een suite op de bovenste verdieping waar het uitzicht het mooist is.' Zijn veronderstelling klonk heel onschuldig, maar ik kreeg er kippenvel van.

'Waarom zou je?' vroeg ik. 'Wanneer kom ik hier dan wonen?'

Hij lachte ongemakkelijk. 'Je moet niet in Tokyo blijven. Tokyo is heel slechte stad en eh... Yokohama is veel goedkoper en de manier van leven is beter. Ook is het niet zo klein. Het is de een na grootste stad in Japan! Mensen zijn aardiger. Het is mooier. Het is mijn thuis. Ik zal je mijn stad laten zien, en dan zul je besluiten dat je in Yokohama wilt wonen.'

Ik zei niets en draaide me om naar het sprankelende licht achter het raam.

'Wil je geen pizza?' Nori haalde zijn schouders op, maar ik schudde mijn hoofd. 'Wat ga je drinken? Een glas wijn misschien?' vroeg hij. Ik koos bloedsinaasappelsap. Ik zou niet drinken als het niet echt nodig was. We hadden tot zonsondergang door Yokohama getoerd, onder meer langs de wijk waar Nori was opgegroeid, Chinatown, het New Grand Hotel waar MacArthur had gelogeerd toen hij in 1945 in Japan de vrede kwam tekenen, en een school waar een hostess die Nori in Tokyo had leren kennen nu Engels gaf omdat ze 'was gaan beseffen dat Yokohama de beste plaats om te wonen is'. Het verschilde niet veel van een dag doorbrengen met een makelaar. Ik was de potentiële klant, geïnteresseerd in een gratis lunch en een beetje rondkijken, en Nori was de man die zijn uiterste best deed de deal rond te krijgen: 'Ik kan alles voor je doen.'

Het was een beetje verontrustend.

Nog afgezien van alles wat niet uitgesproken hoefde te worden hadden we elkaar pas gisteren ontmoet. Ik was een vluchtige passant tussen miljoenen anderen, maar Nori was ervan overtuigd dat ik zou terugkomen met een visum voor een werkvakantie. Dan zou hij me een baan bezorgen, tot ik bedacht had wat voor soort bedrijf hij voor mij kon financieren.

'Ik zal je helpen met alles. Maak je geen zorgen. Je moet wel Japans leren, maar ik stuur je naar een goede school. Dan kun je veel kansen vinden voor een goed leven. Hostess zijn is geen goed leven. Heel moeilijk, altijd doen alsof, overdag slapen. Ik weet het. Ik heb jarenlang veel hostessen als vriendin gehad, en bovendien is Nishi een heel slechte man.'

'Wat bedoel je, Nishi is een slechte man?'

'Hij is een grote leugenaar! Voor Nishi ben ik een belangrijke klant, want ik heb veel geld. Altijd laat hij me te veel betalen, maakt hij een of andere leugen om meer geld te pakken. Ik vind Greengrass niet leuk! Maar nu jij er bent is het mijn favoriete club.'

Was dat even geweldig. Ik glimlachte en slurpte nog een lepel soep naar binnen.

Nori stuurde zijn Mercedes mijn smalle eenrichtingsstraat in, kwam langzaam tot stilstand en staarde voor zich uit. 'Wil je nu naar huis, of ergens anders heen? Misschien wil je iets drinken?'

'Nee, het is oké. Ik ga nu naar huis. Jij moet morgen werken, toch?' Het was al laat en Nori gaf me een kans om weg te komen, maar toch reageerde hij verrast.

'Naar huis? Je wilt naar huis?'

'Ach, nee, het maakt mij niet uit. Is er een bepaalde plek waar je iets wilt drinken? Waar dan?'

'Ik weet een plek, een heel goede kleine bar niet ver van hier, maar als je moe bent...'

'Nee, ik ben niet moe, ik ben pas vijf uur wakker. Dit is mijn vrije dag, weet je nog? Ik zei toch: het maakt mij niet uit? We kunnen best naar jouw kleine bar gaan. Dat is prima.'

Nori's wenkbrauwen dansten van plezier toen we van de stoep wegreden. Zo dichtbij, maar...

Niets was open. Akasaka, waar Nori's Kleine Bar zat, was griezelig stil.

'O, er zal wel niets open zijn op zondagavond. Breng me maar gewoon naar huis.'

'Nee, nee, er moet iets open zijn. We vinden wel iets,' hield hij vol, en ik sjokte achter hem aan. Net toen hij weer naar de auto wilde gaan, zag Nori boven een donkere trap een lamp die licht wierp op een klein krijtbordje: WIJNBAR. TOT LAAT GEOPEND.

Was dat even geweldig.

'O! Heel goed!' riep hij uit terwijl zijn wenkbrauwen omhoogschoten. 'We kunnen naar daarheen gaan.'

'We kunnen *daarheen* gaan,' corrigeerde ik. Ik deed mijn best mijn ongenoegen te verbergen.

Mijn eerste prestatie in de lege bar was per ongeluk martini in frambo, booskleurige spetters op Nori's kruis morsen. Maar hij vond het niet erg. Hij kocht een nieuwe. Hij stopte me zelfs een *ichiman*-biljet toe nadat ik lichtelijk overdreven had verteld hoe moeilijk het is om in Tokyo geld te sparen. Dat werd tijd ook, want hoewel ik Yokohama wilde zien en uit het benauwde Tokyo wilde ontsnappen, waren Nori's fooien mijn belangrijkste motief om op mijn ene vrije dag iets met hem te gaan doen in plaats van met mijn echtgenoot. Ik was allang naar huis gegaan als ik geen goede tip had gehad van de altijd vindingrijke Jodie.

'Bingo! Zo te zien vindt de chirurg je leuk,' had ze de vorige avond gezegd toen hij weg was. 'Hij is een heel goede klant, een beetje griezelig, maar ongelooflijk rijk. Heb je een fooi van honderd dollar gekregen? Dan komt hij vanaf nu waarschijnlijk telkens terug. Vorig jaar was hij klant van een vriendin van me, tot hij doordraaide en met haar wilde trouwen. Maar hij is oké. Probeer het gewoon zo lang mogelijk te rekken voordat hij flipt. Dat is het enige wat je moet doen, want geloof me: de mannen die hier alleen komen doen dat uiteindelijk negentig procent van de tijd. Je zult het zien. Hij flípt.'

Maar vanavond was Nori degene die me waarschuwende verhaaltjes opdiste. 'Met sommige klanten moet je oppassen. Niet alle klanten zijn aardig, zoals ik. Soms zijn ze heel slecht, dus je moet ze niet vertrouwen. Vooral niet als ze een geheimzinnig of verschrikkelijk gezicht hebben.'

'Een geheimzinnig gezicht?'

'Ja, maar vaker verschrikkelijk. Soms doet een klant vaag, of vertelt hij jou zijn achternaam niet, of wat voor werk hij doet. Wat voor reden heeft hij voor geheimen? Dat is niet zoals het moet. Ken je het verhaal van Sagawa?' Nori trok zijn wenkbrauwen in diepe rimpels.

'Nee, moet ik dat kennen?'

'Hmmpf. Sagawa is heel beroemde klant in hostessenclubs in Roppongi. Hij studeerde aan de universiteit, in Frankrijk, toen hij een heel jonge, mooie vrouw ontmoette. Ze had blond haar. Sagawa nodigde haar bij hem thuis uit voor eten. Hij was heel erg verliefd op haar, maar zij wilde alleen vrienden zijn. Sagawa wilde dingen met haar doen, maar ze weigerde en dus schoot hij haar neer, zo.' Nori schoot me neer met een denkbeeldig vuurwapen. 'Poef! En hij schoot haar neer en ze viel op de grond. En toen bedacht hij dat ze voor altijd van hem zou zijn als hij haar zou eten...'

'Wát! Heeft hij haar opgegeten?'

'Ja. Sagawa sneed haar lijk in kleine stukjes en kookte ze zodat hij ze kon eten, maar een paar proefde hij rauw, als sashimi.'

'O god, wat gruwelijk! Hou op! Wanneer is dit gebeurd? Hoe weet je dit allemaal?'

'Het is heel beroemd verhaal in Japan, maar maak je geen zorgen, hij at haar misschien twintig jaar geleden. Nu is hij oud. Iedereen kent het verhaal van Sagawa. Hij heeft een cd van liedjes gemaakt en een *manga* getekend van hoe hij het meisje at. Je kon hem een tijdlang zien in een ochtendprogramma over koken. Ook heeft hij een boek geschreven over hoe hij ervan genoot het vlees van zo'n heel mooi meisje te eten. Ik heb het gelezen,' verkondigde Nori, merkwaardig tevreden over zichzelf.

Ik gruwde ervan. Het zweet stond in mijn handen. 'Hebben ze hem terechtgesteld? Wat is er gebeurd?'

'Nee, de Franse rechter vond Sagawa krankzinnig, dus werd hij opgenomen in psychiatrische inrichting. Maar Sagawa kon terug naar Japan, ik denk omdat de vader van Sagawa een heel rijke en heel machtige zakenman is. Hier werd hij ook in psychiatrische inrichting opgenomen, maar na vijftien maanden kon zijn machtige vader zijn invloed gebruiken, en zo ging Sagawa niet naar de gevangenis. Dankzij Japan kon Sagawa vrijgelaten worden.'

Shoppen in Harajuku

'Ik ben te lang voor deze winkel, Nori, vergeet het maar. Ik hoef geen broeken. Ik wil niet meer passen, laten we gewoon koffie gaan drinken.' Voor de vierde achtereenvolgende keer bracht ik mijn vrije dag door met Nori. Hij stond midden in de Gap in Harajuku, zijn armen vol *boot-cut* en ultralage damesbroeken. Een uiterst behulpzame verkoopster stond stralend naast hem. Ze stonden er belachelijk bij en ik voelde me een dwaas.

'Oké, maar eerst weet ik één plek die misschien beter is. Die is heel populair onder westerse dames, en misschien kun je daar een broek vinden.'

Ik wilde geen broek vinden. De mijne waren prima, en het was vreemd om te winkelen met een man die vier dagen geleden nog een volslagen onbekende voor me was. Maar nee zeggen was moeilijk en daarom slenterden we de grote kruising over naar een winkel in een glazen schoenendoos.

'Wat vind je hiervan?' Nori hield een signaalrood bomberjack omhoog.

'Eh... ik hou meer van zwart. Misschien kan ik beter daar kijken.' Ik werkte me door de zwarte afdeling heen tot ik vond wat ik niet eens zocht: een met zijde gevoerd fluwelen jasje met een Chinese kraag. 'Dit is prachtig. Wat vind jij?'

'Oké, heel mooi. En verder? Een broek misschien?'

'Nee, ik hoef geen broek, Nori. Ik denk niet dat... O god, kijk dat shirt eens!'

'Dat moet je nemen,' knikte hij enthousiast. 'En verder?'

Ik keek naar de prijskaartjes. Goeie hemel. Eh...

'Wat? Ben je gek? Lijkt dit je niet genoeg? Ik bedoel, je hóéft niets voor me te kopen.'

Nori leek teleurgesteld dat ik niet nog meer van zijn geld wilde uitgeven. Maar terwijl hij het wisselgeld van de caissière in zijn tas liet vallen, betrapte hij me erop dat ik een getailleerde, chocolade-bruine bontjas streelde. Hij trok hem bliksemsnel uit het rek. 'Wil je die hebben?' vroeg hij opgewonden.

Ik hield mijn adem in toen ik de prijs zag. Het was verleidelijk, maar ik voelde me al zo oneerlijk. Ik wist dat het voor hem heel normaal was om zulke cadeaus te kopen, maar in dezen werden mijn emoties nog bepaald door mijn eigen cultuur. Ik probeerde mezelf voor te houden dat ik in Japan was en dat ik zijn gulheid best kon accepteren zonder schuldgevoel (of, belangrijker nog: zonder me een dure maîtresse te voelen). Maar die bontjas ging gewoon te ver. 'Eh... nee, laat maar. Ik vind de zwarte mooi. Laten we koffie gaan drinken.'

Nori fronste zijn wenkbrauwen. 'Misschien is zoveel koffie niet goed... voor gezondheid,' adviseerde hij. 'We gaan in plaats daarvan naar Mexicaans restaurant, hier vlakbij. En ik denk dat je het lekker zult vinden.'

Goed. Ik kon maar beter niet tegenspreken. De man was per slot van rekening maag-darmchirurg.

Nog geen vierentwintig uur nadat hij me van een nieuwe garderobe had voorzien, mijn maag met quesadilla had gevuld en zonder het te weten mijn echtgenoot een gebakken citroenzalm had bezorgd die ik met opzet niet opgegeten had, belde Nori weer. Maar voor ik kon opnemen moest ik de deur van onze minuscule badkamer opengooien. Matt stond te fluiten onder de douche. Een dikke mist van stoom daalde als een deken neer over mijn gezicht.

'Hé, makker! Sst! Nori belt. Wees even stil!' Het fluiten hield op en ik deed de deur dicht. 'Hallo Nori. Hoe gaat het?'

'Eh... hallo Chelsea. Ik ben nu aan het werk. Hoe gaat het met jou?' Hij klonk ongedurig. 'Eh... ik wil je graag zien. Ik ben nu in mijn kliniek, maar vanavond kom ik naar Greengrass om je te zien.'

'O, oké. Klinkt goed. Dan zie ik je vanavond. Rijd voorzichtig.'

'Oké, eh... jij ook,' hakkelde hij. 'Eh... oké, dag.'

Ik had ontdekt dat ik Nori maar het best snel kon afkappen. Onze gesprekken verliepen altijd hetzelfde. Ik zou een opname van mezelf kunnen afspelen, dan zou hij nog denken dat we elkaar echt hadden gesproken. Zijn voortdurende telefoontjes leken een kwestie van gewoonte, van steeds even controleren of we nog 'vrienden' waren. Ik had misschien langer met hem moeten praten, maar ik wilde nog een stukje wandelen voor ik ging werken en ik moest mijn muesli nog eten – een voedingstechnische stap vooruit na de wentelteefjes. Er zaten rozijnen in.

Uiteindelijk kwam Nori die avond niet. Ik probeerde hem vanuit de club te bellen, maar hij nam niet op. Ik kreeg niet eens zijn langdradige meldtekst; de telefoon bleef gewoon overgaan tot een vrouwenstem zei: '*Denwa bango wa zus-of-zo desu.*'

Ik hoopte dat hij nog zou komen. Zijn geregelde gulheid werd zeer gewaardeerd. Het was mijn redding. Zelfs met onze zelfopgelegde zuinigheid was Tokyo zo verdomd duur dat Matt en ik nog maar drieduizend yen hadden, maar betaaldag was nog vijftien dagen weg. Hoe deden de andere meisjes dat toch? Velen van hen waren in een opwelling met veel minder geld dan ik naar Tokyo gekomen. Ik nam aan dat ze veel meer gelegenheden aangrepen dan ik. De Israëli's gingen elke avond uit flessen, maar dat wilde ik niet meer. Ik voelde me net een kakkerlak. Een alcoholistische kakkerlak. Gelukkig hadden Abie en Nicole me een paar honderd dollar geleend om ons erdoor te helpen, maar Nicole dacht dat ik niet lang meer geldgebrek hoefde te lijden. Niet als ik haar raad opvolgde.

'En wat dan nog, dat de chirurg niet kwam? Ga morgen iets met hem doen, dan kun je om geld vragen. En niet om een klein beetje, Chelsea. Vraag hem de huur voor de komende maand te betalen. Maak je geen zorgen, vertrouw me. Hij doet het wel. Hij heeft zoveel geld dat hij niet weet wat hij ermee aan moet. Dus bel hem gewoon! Ik wil je op maandag zien met honderdduizend yen. Dat is duizend Amerikaanse dollar. Je zult zien dat ik gelijk heb!'

Natuurlijk had Nicole gelijk. Nori had al aangeboden mijn huur te betalen, uit zichzelf, maar dat aanbod zou ik onder geen beding aannemen. Het ging me gewoon een beetje te ver.

Matt en ik zaten naast elkaar op het betonnen stoepje in het gele licht van het koeienbordje van de nachtwinkel en verslonden een vers pak *mochi* van honderd yen – rijstcake. Het was vier uur 's morgens. Voor ons stond een rode Ferrari Testarossa 512 TR langs de stoeprand geparkeerd.

'Ik heb vanavond in de club een interessante vent ontmoet. Hij was heel vreemd, maar op een goede manier. Shin. Zo heette hij. Shin.'

'Aha, Shin?' Matt staarde naar de Ferrari.

'Shin, ja. Toen ik hem zag snapte ik niet hoe hij het zich kon veroorloven om binnen te komen, maar hij zei dat hij vaker was geweest. Hij heeft me alles verteld over de vorige hostess met wie hij bevriend was, Karolina uit Polen. Ze zit nu in Thailand met een vriendin. Hij droeg een oude joggingbroek en liep erbij als een zwerver, maar hij was heel slim. Echt heel erg slim. O, en hij dronk *jus*. Uit een groot glas. Wat heel raar is. Japanners drinken als gekken.'

'Ha, wat een grappige vent. Hoe oud is hij?'

'Ik weet niet, in de veertig, net als de rest. Hij nodigde me uit om samen naar een plaatsje te gaan dat Hakone heet, waar ze natuurlijke hete bronnen hebben. Ik had zoiets van: o, túúrlijk. Kom, laten we gaan. O, en help me onthouden dat ik je nog iets moet laten zien: *Mensa*-raadsels met lucifers die Shin...'

'Wat is Mensa?' onderbrak Matt me, en ik staarde hem aan.

'Die club voor geniale mensen. Je weet wel. Je moet een IQ boven de Schaal van Richter hebben om erbij te mogen. Hoe dan ook, hij legde zestien lucifers op tafel waarvan je dan vijf vierkantjes moet maken door maar drie lucifers te verplaatsen. Ik wist de eerste en dat maakte een beetje indruk op hem, en de tweede had ik ook bijna, maar toen verpestte die brutale etterbak het voor me. Ik mag hem wel. Hij is echt leuk.'

'Ik durf te wedden dat hij zo rijk is als wat en in een Ferrari Testarossa rondrijdt.'

'Dat betwijfel ik. Bah. Ik zit vol. Wil jij de rest?' Matt stak zijn hand uit en ik stond op om het lege pak in de vuilnisbak te gooien. 'Ik had je toch verteld dat Nori weer gebeld heeft?'

'Ja,' zei Matt met volle mond. 'Dat zei je aan de telefoon.' Ik veegde de sojasaus van zijn wangen. 'Wat wilde hij nu weer?'

'Alleen even zeggen dat hij naar de club zou komen, maar hij kwam niet. Hij heeft me elke dag gebeld, al was het maar om te vragen: "Hoe gaat het, wat ben je aan het doen?" Ik weet niet waarom de club zegt dat je klanten moet bellen. Ze bellen míj.'

'Ja, maar dat is oké. Hij helpt je toch met je punten of met wat voor idiote dingen je daar ook moet doen? Nori is gewoon een oude vent. Er steekt geen kwaad in.'

'Ik weet het, hij is heel gewoon. Heb jij vanavond nog nieuwe hostessen gevonden?'

'Ja, twee zelfs, dus we krijgen de volgende keer duizend dollar extra, en er is ook nog een stripper die waarschijnlijk later deze week auditie doet.'

'Mooi zo. Heb je genoeg gegeten? We moeten eigenlijk rennen. Kom, dan gaan we.'

Ik moest wachten tot Matt een laatste rondje om de Ferrari had gelopen en de kont had geïnspecteerd, en daarna liepen we het korte stukje naar huis.

In ons appartement liet ik Matt de Mensa-puzzels van Shin proberen. Het vouwraadsel. Het luciferleggen. Hij wist ze allemaal, stuk voor stuk, alsof hij ze verdomme zelf bedacht had. 'Wat is Mensa?' Ik zou het niet weten, zeg jij het maar. Wijsneus.

Tower Records

Wam. Ik staarde naar het plafond en draaide me nog eens om. Ik kon niet slapen. Er moest een houding bestaan die de magische toegang verleende tot een diepe slaap, maar ik had hem nog niet gevonden. Het afgelopen uur had ik zesentachtig mislukte pogingen gedaan. Ik was klaarwakker. Plotseling ging de telefoon, en ik merkte dat ik al glimlachte voor ik opnam. 'Hallo, Shin.'

'Hallo. Hoe gaat het? Wat ben je aan het doen? Slaap je?' vroeg hij. Door de telefoon klonk Shins stem nog monotoner dan in het echt, met dezelfde toon van begin tot eind. Dat kwam zeker niet door een gebrek aan intelligentie; zijn spraakpatroon leek gewoon een product van zijn rustige, beschouwende aard.

'Nee, ik slaap niet... méér.'

Shin lachte, en tot mijn verrassing herhaalde hij de hoogtepunten uit ons gesprek van gisteravond opmerkelijk gedetailleerd. Ik had nooit gedacht dat iemand zo goed zou opletten. Hij herinnerde zich heel precies wat ik had gezegd. 'Wat ga je nu doen?' vroeg hij.

'Ik ga nu ontbijten,' antwoordde ik. Shins versie van het Engels beviel me. Elk woord werd door een speelse stilte microscopisch gescheiden van het volgende, en ik merkte dat ik me onbewust zijn unieke gevoel voor grammatica toe-eigende.

'Eh... Ik heb een vraag. Heb jij Japanse studieboeken?'

'Ja, ik heb een taalcursus, met cassettes.'

'Nee, geen cassettes. Bóéken. Geschiedenisboeken. Je zei gisteravond dat je geïnteresseerd bent in de Japanse geschiedenis en cultuur. Ik zal om vier uur vanmiddag naar Shibuya gaan en wat boeken voor je kopen, zodat je iets over Japan kunt leren.'

'Dat hoef je niet te...'

'Het is belangrijk! Je kunt me daar treffen als je tijd hebt, bij *Chuken Hachiko*. Het hondenstandbeeld. Ken je dat?'

Chu-ken Hachiko is zonder twijfel de beroemdste hond in heel Japan. Hij werd in 1923 geboren in Akita en geadopteerd door professor Eizaburo Ueno van de Keizerlijke Universiteit, en al snel vergezelde hij zijn baas elke ochtend naar station Shibuya. Elke avond als professor Ueno terugkwam, zat Hachiko op hem te wachten. Tot de professor op een dag in 1925 op zijn werk aan een hartaanval overleed. Hachiko wachtte de hele nacht tevergeefs op hem, en toen zijn baas niet kwam bleef hij elke avond komen en wachtte hij tot zonsopgang. Collega's van de professor kregen medelijden met Hachiko en brachten hem naar huis, maar hij ontsnapte telkens. In maart 1935 werd Hachiko dood aangetroffen. Hij was een natuurlijke dood gestorven op precies dezelfde plek waar hij zo plichtsgetrouw al die jaren op zijn baas had gewacht.

Hachiko's onwankelbare trouw inspireerde de omwonenden ertoe een bronzen beeld ter ere van de hond op te richten, maar het Keizerlijke Leger smolt dat in de Tweede Wereldoorlog om. Hij was echter zo'n icoon geworden dat de Vereniging voor Herschepping van het Standbeeld van Hachiko de zoon van de oorspronkelijke beeldhouwer opdracht gaf een nieuw beeld te maken. Nu wordt elk jaar, op de dag van Hachiko's dood, de *Chu-ken Hachiko Matsuri* – het Hachiko-festival – gevierd, ter herinnering aan de trouwe hond die voor het station zit te wachten. Mocht je het festival mislopen, dan kun je altijd nog het opgezette lijf van Hachiko zelf bekijken in het Nationaal Wetenschapsmuseum.

'Ja, ik ken het verhaal van Hachiko. Het brengt geluk om zijn kop te aaien, hè?'

'Ja! Hoe weet je dat? We treffen elkaar bij het hondenstandbeeld en dan zal ik Japans met je gaan eten, dus eet nu maar niet te veel. Alleen wat toast, dat is beter.'

'Oké, alleen koffie dan,' zei ik. 'Goed, hoe laat wil je afspreken?'

Ik stond in de delicatessenwinkel onder station Shibuya de tijd te doden voor mijn afspraak met Shin, toen Goro belde. Goro zat in de haute couture – hij was algemeen directeur van een bedrijf dat alle belangrijke collecties uit Europa importeerde. Ik had hem de vorige avond in de club ontmoet en hij had gevraagd of hij kans maakte om mijn vriendje te worden als hij aardig genoeg was. Ik had hem een beetje aangemoedigd, maar bleef wel eerlijk. Dat was precies wat hij zocht.

'Wat ben je aan het doen?' vroeg hij.

'Ik ben in Shibuya. Ik sta naar appels van zeshonderdtachtig yen te kijken.' Allemaal even grote, apart verpakte appels om precies te zijn, die stuk voor stuk glansden als klonen van een vlekkeloos, volmaakt exemplaar dat ergens in een laboratorium werd bewaard. 'Waar ben jij?'

'Op mijn werk. Ik ben aan het werk. Chelsea,' begon hij op serieuze toon, 'ik weet dat je het druk hebt, dus heb ik maar één vraag. Zeg alsjeblieft tegen mij wat voor maat je schoen is.'

'Maat 40. Waarom? Wat ben je van plan?'

'Niets. Het is geheim. Oké, dank je heel veel. Ik moet ophangen.'

'Hé, wacht... wanneer zie ik je weer in de club?'

'Vrijdag. Ik kom vrijdag.' En Goro hing op.

Zonder context was dit een ongelooflijk raar gesprekje, maar inmiddels dacht ik er nauwelijks bij na. Ik bedoel, ik zag een volmaakt gekleurde meloen die een kleimodel van zichzelf leek vanaf de plank naar me terugstaren. Hij kostte 5800 yen. Bijna zestig dollar. Dat is voor mij véél vreemder dan door een man die ik net kende gebeld worden vanwege mijn maat voor een paar Blahniks.

Relativiteit. Het gaat allemaal om relativiteit.

Ik trof Shin met maanzaadkoek en koffie op de tweede etage van Starbucks nadat ik naar het hondenbeeld gelopen was en hem daar niet had gevonden. Het café zat meer dan vol, maar Shin bood me onmiddellijk zijn stoel aan en vroeg wat ik wilde drinken. Ik zag de stiftkrabbels op zijn beker – een grote C, voor cappuccino. 'Ik dacht dat je zei dat cappuccino slecht voor je was?'

'Maar zo lekker! Soms kan wel, maar niet iedere dag.' Ik zag de grijns op zijn gezicht toen hij koffie voor me ging halen. De ondeugd.

Achter het raam, op de straathoeken van Shibuya Crossing, verzamelde zich keer op keer een vloedgolf aan mensen, perste zich samen en liep daarna over, en over, en over. Het verkeerslicht was een lange houten tak die in de mierenhoop werd gestoken, een hoop met mieren die de regels gehoorzaamden. Rood voor verzamelen. Groen voor gaan. Het was georganiseerde waanzin.

Naast mij zat een jonge Japanse alles op te nemen met een camera die precies in haar popperige handjes paste, maar ineens zag ik alleen nog het groene schort van een Starbucks-meisje.

'SUMIMASEN!' krijste het meisje, en tientallen koffiedrinkers draaiden zich om en barstten uit in een schrille stortvloed van afkeurend Japans.

Wat had ik gedaan? Het enige wat ik kon doen, was mijn handen stom in de lucht werpen. '*Wakarimasen!*' smeekte ik. Ik begrijp het niet!

Ze wees kort met een beschuldigende vinger naar een briefje dat op het raam geplakt zat en daarna naar mij. Ik schudde mijn hoofd, en haar gezicht veranderde van verhit roze naar prachtig gegeneerd rood. '*Sumimasen, gomen nasai,*' zei ze verontschuldigend, en op de een of andere manier wist ze een diepe buiging te maken in de dertig centimeter tussen ons in. Ik verwachtte dat ze even snel zou verdwijnen als ze gekomen was, maar in plaats daarvan draaide ze zich snel honderdtachtig graden om en maakte ze met haar armen een overdreven Grote X, vlak onder de neus van de ongezeglijke Japanse filmer. Zonder aarzelen herhaalde ze haar klacht zo luid als ze kon. 'GEEN CAMERA'S ALSTUBLIEFT!' Alleen zei ze het nu in vlekkeloos Engels – weer zo'n gek trekje van het verwesterde Japan.

Vlak daarna kwam Shin terug met mijn ijskoffie. Hij bleef staan tot de stoel naast mij vrij was. Hij droeg een gesteven wit shirt, een spijkerbroek en pas gepoetste zwarte Birkenstocks, en had de pet van de vorige avond omgeruild voor een keurige zijscheiding. Ik had de joggingbroek wel leuk gevonden, maar misschien bewaarde hij zijn straatschoffies-look voor als hij uitging.

'Ik ben hier geboren, in Shibuya.' Shin porde tegen mijn elleboog om mijn aandacht naar buiten te richten, op de herinnering aan een heel andere plek dan wat ervoor in de plaats was gekomen: een weids uitzicht over een stadslandschap op steroïden. Het was moeilijk om je Shibuya voor te stellen als de rustige buurt die Shin ooit zijn thuis had genoemd. Zijn school, het huis waarin hij was opgegroeid en alle andere herinneringen aan zijn kindertijd waren voorgoed verdwenen, vervangen door een *pachinko*-salon vol gokkasten, een hotel dat kamers per uur verhuurde of misschien een torenflat met kleine, efficiënt ingedeelde standaardappartementen. Ergens onder de drukke straten en 's werelds drukste oversteekplaats lag de rivier waarin hij vroeger gevist had. Die was lang geleden al onder de grond weggewerkt, toen hij te veel in de weg begon te liggen. Het hinderlijke zwemmen van de vissen was ingeruild voor vervuiling – de paradoxale kern van de vooruitgang.

Het was niet altijd zo geweest. Volgens Shin begon het in het jaar dat Tokyo de Olympische Spelen organiseerde, in 1964. Hij was net vijf geworden. 'Voor en na, zo anders,' klaagde hij. 'Zoveel verandering.'

Dat jaar was een mijlpaal voor de Japanners, een kans om de rest van de wereld officieel te laten zien dat ze helemaal hersteld waren van de oorlog (aan de oppervlakte, althans). En er viel nogal wat te herstellen. In augustus 1945 vielen *little boy* en *fat man* uit de Japanse lucht, onschuldige bijnamen voor niets minder dan atoombommen die afgeworpen werden door een land dat vlak daarna als een soort surrogaatouder zou optreden. De steden Hiroshima en Nagasaki werden grotendeels verwoest. Honderdduizenden mensen kwamen om en een heel land raakte beschadigd in de nasleep van een vernietigingsexperiment.

Na de oorlogsverwoestingen vocht Japan om zichzelf weer op te bouwen, niet alleen concreet, maar ook in cultureel opzicht. Het land had een apocalyps doorgemaakt en dat had diepe invloed op de Japanse ziel. Ze zeggen wel dat er in Japan geen sprake is van verwrongen sociale normen; het is allemaal compensatie voor wat er in de oorlog is gebeurd.

Niemand had ooit gedacht dat Japan weer tot bloei zou komen, maar op de een of andere manier had het zichzelf nog maar twintig jaar later vermand, de Olympische Spelen binnengehaald en een frisse, gedisciplineerde en regelvaste variant op zijn oude zelf aan de wereld laten zien.

Het naoorlogse Japan wilde, met eensgezind fanatisme, niet alleen de rest van de wereld inhalen; het was op weg naar een doel, en snel ook. De presentatie van de *shinkansen* of kogeltrein in 1964 was nog maar het begin van een veertig jaar durende snelle vooruitgang die Japan tot het technologisch meest geavanceerde land ter wereld heeft gemaakt. Sterker nog: Japan heeft de oude tradities en gewoonten op een wonderbaarlijke manier geïntegreerd met zijn hyperactieve, übermoderne kant. Ondanks de extreem moeilijke omstandigheden heeft het een harmonieus evenwicht bereikt tussen ogenschijnlijk tegengestelde krachten. En Shin was een nakomeling van die generatie.

Er was de Shin die rust en reflectie verkoos boven herrie en overbevolking, die ervoor koos een uur met de trein van Roppongi af te wonen in wat hij 'een plattelandsgebied voor de lagere klasse' noemde – al was het er in werkelijkheid waarschijnlijk even dichtbevolkt als in alle grootstedelijke buitenwijken. Het beviel hem daar omdat er geen hoge gebouwen stonden en er niet zoveel mensen waren. Op zijn 'platteland' waren er vogels en groen, een idee van eenzaamheid.

Maar er was ook een Shin die ervan hield om naar mensen te kijken in overbevolkte treinen, die graag te midden van grote mensenmassa's shopte naar de allernieuwste technologische gadgets en die vertier zocht tussen de miljoenen in een stad van onuitputtelijke mogelijkheden. Hij hield van Tokyo. Waarom? Dat kon hij niet uitleggen. Er hing gewoon een bepaald soort energie. Maar ik geloof dat ik het wel begreep.

Terwijl ik mijn laatste slokjes opslurpte, zag Shin dat ik zat te staren. Zijn stemming leek minder vrolijk dan voor hij herinneringen ging ophalen. Met een grijns die moeilijk te duiden was berispte hij me voor mijn geslurp. Toen stond hij op en vroeg zachtjes: 'Zullen we gaan?'

Op de straat onder Tower Records was het verkeer tot stilstand gekomen. Een vrolijke optocht in traditionele shinto-kleding had de macht opgeëist, geleid door een Toyota met een zeskoppige band erachterop. Daarachter werd een bont, met de hand uitgesneden gebouwtje op twee lange draagstokken meegedragen op de schouders van ruim twintig gelovigen.

'*Mikoshi*,' wees Shin. 'Klein Japans tempeltje.' Hij greep me bij mijn elleboog en leidde me naar het hart van de menigte. Mannen en vrouwen draaiden om me heen, glimlachten en zongen, en ze schreeuwden en klapten met opgeheven handen vlak onder mijn neus. Shin tikte op mijn elleboog en wees met een geamuseerde frons naar de gladde huid van de dansende mannenbillen om ons heen, en ik porde hem tussen zijn ribben. Ik was lang genoeg om over iedereen heen te kunnen kijken en kreeg spontane knipoogjes van een aantal van hen, tot groot plezier van de alles observerende Shin.

'Ze vieren *matsuri*, het zomerfestival,' legde Shin uit terwijl hij me uit het gedrang naar het trottoir aan de overkant trok. 'Weet je waarom ze het heiligdom zo op en neer laten schudden? Dat is voor de god die erin woont. Hij vindt dat léúk.'

Ik lachte bij het idee van een shinto-geest die vol goddelijk plezier op en neer zat te schudden.

We doken de drukke benedenverdieping van Tower Records in, waar het vol zat met jonge mensen die zaten ingeplugd in luister-plekken, meedeinend in hun eigen wereld. Shin bleef staan om naar een flamboyant Harajuku-meisje met een Little Bo Peep-kostuum en een fluorescerend roze hanenkam te staren, en gebaarde toen naar links. 'Deze kant uit. Ken je de zevende etage?' vroeg hij. Ik schudde mijn hoofd. 'Boekwinkel.'

Boven hield hij zijn hoofd schuin. 'Oké, veel boeken. Jij kijkt hier, ik kijk daar. Ik zie je op deze etage,' zei hij, en met die instructie liet hij me alleen om fotoboeken vol ansichtkaartachtige afbeeldingen te gaan bekijken. Toen we later vertrokken, gaf Shin me drie boeken in een gesloten tasje. 'Voor later,' zei hij. 'Ben je al in Harajuku ge-weest?'

De straten waren druk toen we naar de trendsettende modewijk Harajuku wandelden en terloopse vragen afwisselden met lange, aangename stiltes. Shin wilde alles weten over het Canadese weer, tot in detail, en ook over alle andere landen waar ik was geweest sinds ik het huis uit was.

'Overal zomer, zomer, *zomer*. Je hebt geen warme kleren! Binnenkort wordt het koud... Je hebt shirts met lange mouwen nodig. Hou je van de Gap?' vroeg hij.

'Alles daar is te kort voor me.'

'Dat is vanwege de Japanse maten. Jij bent lange *gaijin*-vrouw, dus misschien is dit beter.' En Shin opende de deur van een bekende winkel. 'Oké, dus jij kijkt daar, ik kijk hier. Zoek een paar dingen die je mooi vindt.' Ik lonkte naar een luchtige gele zomerjurk. 'Wárme dingen,' adviseerde hij en hij slenterde naar de herenafdeling. Tegen de tijd dat hij terugkwam had ik een verzameling 'warme dingen die ik mooi vond', zoals een zwarte sweater. Shin staarde naar mijn keuzes. 'Waarom geen kleur?'

'Ik ben boeddhist,' zei ik droog.

'Alleen zwart? Hmm, ik hou van roze,' zei hij, nog droger dan ik, en hij pakte de trui om hem te bekijken.

Toen we langs een rek met dure zwarte leren jacks kwamen, stond Shin stil en wees ernaar. 'Jouw kleur,' zei hij grijnzend, en hij stond erop dat ik ze bijna allemaal paste. Maar ondanks de prijskaartjes van duizend dollar zat er geen een echt goed. Bijna als grapje probeerde ik een satijnen jasje dat *très young Hollywood* was, en Shin riep verrast: '*Ho!*'

'Wat? Vind je het niet mooi?'

'Nee! Is mooi, maar... weet je zeker dat je dat wilt? Het is brúín. Krijg je er geen spijt van?'

Ik schudde mijn hoofd en het Ho!-jasje eindigde als klein onderdeel van een onfatsoenlijk groot totaal, dat Shin contant afrekende. Toen we gingen, hield Shin de deur open en vroeg: 'En nu een broek?'

Twee keer op een avond

'*IRASHAIMASE!*'
Toen de deur openging, klonk er een spervuur van geschreeuw. Shin draaide zich om en keek hoe ik grote ogen opzette van plezier. Een ober in een traditionele indigokleurige *yukata* bevond zich in horizontale houding voor ons, en we grijnsden nog breder toen hij de welkomstgroet nog eens riep, en die herhaald werd tot diep in restaurant Inakaya.

De bijna volledig houten verhoging in het midden waarop gegeten werd voerde ons terug in de tijd. We zaten naast een hoge toonbank met groenten op bamboe dienbladen en ijsemmers boordevol verse vis en vleesspiesen. Twee gekostumeerde chefs met gedraaide *hachimaki*-banden om hun hoofd zaten op hun knieën achterin en verzorgden het vuur van de grill.

'Zij zijn *yakikata*,' legde Shin uit. 'Grillmensen. En dat,' zei Shin, wijzend op een houten plaquette, 'is het naambord.' Een rijtje handgeschreven vellen papier die boven de koks hingen vormde het menu. De duidelijke afwezigheid van prijzen duidde op iets wat ik inmiddels gewoon begon te vinden in de restaurants waar ik met Japanse klanten kwam. Inakaya was ongelooflijk duur.

Shin koos een eindeloze lijst gerechten die onze ober een voor een doorbrulde aan de volgende ober, en zo verder tot de bestelling bij de kok aankwam. We waren de enige klanten, maar de herrie klonk door tot in het hele restaurant. Ik kon me amper voorstellen hoe lawaaierig het hier zou zijn als het vol zat.

Shin leek het restaurant heel goed te kennen en ik vroeg me af hoe vaak hij jonge buitenlandse vrouwen verrukt had met dit culinaire juweeltje. Desalniettemin leek hij evenveel van de ervaring te genieten als ik. Hij raakte bijna in tranen toen hij zag dat ik koppig met de eetstokjes bleef worstelen, lachte toen de ginkgo-nootjes me

steeds weer ontglipten en bezweek pas voor de verleiding me te helpen toen er een red snapper aan een spies verscheen, die eruitzag
alsof hij verlamd was met elektrische schokken. 'Hij kijkt je aan,'
plaagde Shin. 'Hij zegt: "Eet me niet op, Chelsea."' Ik probeerde Shin
te prikken met mijn eetstokjes en toen hij me ontweek viel hij bijna
van zijn kruk, maar niet veel later leerde hij me hoe ik het oranje
lijfje moest openpellen. Het smaakte overheerlijk.

Elk hapje was zeer smakelijk en werd direct van de grill op een
houten blad opgediend door een kok met Popeye-armen. Elke
schotel werd met bulderend geschreeuw aangekondigd. Het was
ontzettend grappig om je eten van het blad te pakken terwijl iedereen om je heen in het Japans stond te schreeuwen: 'SHIITAKE-
PADDENSTOELEN! HIER ZIJN DE SHIITAKE-PADDENSTOE-
LEN!' Als je thee bijgeschonken kreeg, riep de theejongen tegelijk
met zes anderen: 'OCHA! OCHA DESU!' Met Shin naast me om alles tot in detail uit te leggen en me aan het lachen te maken raakte ik
helemaal betoverd door deze magische plek.

'Dit restaurant is heel beroemd,' vertelde Shin. 'Vorige keer zag ik
Yoko Ono daar zitten.' Hij zei het alsof het niet veel indruk gemaakt
had. 'Weet je wat *inakaya* betekent? Dat is "buitenhuisje", maar misschien toch niet, denk ik. Is vergissing. Japanse huizen zijn meestal
niet zo groot,' zei hij smalend. 'Misschien zou de naam "buitenvilla"
moeten zijn, maar misschien is het voor jou de goede maat. Jij eet
zoveel!'

'Jij hebt het besteld! Kom nou. Ik heb sinds ik opstond niets gegeten. Jíj hebt me de hele dag door Harajuku rondgesleept. Wat verwacht je dan?'

'Ja,' beaamde Shin plechtig. 'Maar hoe kun je zoveel eten? Je bent
zo mager.' Hij boog zich naar me toe om onder de tafel te kijken.
'Waar is alles gebleven?'

Eén straat bij het restaurant vandaan bleef Shin abrupt staan om
me de tassen te overhandigen. Mijn schouders zakten een beetje onder het gewicht. 'Hoe ver naar jouw huis?'

'Tien minuten lopen, vijftien misschien.'

'Lukt het met tassen?' vroeg Shin, en nadat ik hem verzekerd had dat ik het wel zou redden, deed hij twee passen naar achteren en hief nonchalant zijn rechterhand. 'Oké, ik ga nu naar huis. Met de trein. Tot ziens,' zei hij, en hij stak zijn handen in zijn zakken, draaide zich om en liep kwiek de straat in.

Ik was sprakeloos. Wát? Wie deed er nou zoiets? Ik had Shin nog geen vierentwintig uur eerder leren kennen, en ook al leken we heel oude vrienden, de manier waarop hij me liet staan, zo nonchalant, na dit alles was... Ja, was wat? Wie zou het zeggen? Het was geen werkavond en dit was niet eens een *dohan*. Het was volkomen ontspannen en zonder verwachtingen geweest. Shin was duidelijk heel anders dan de andere klanten die ik in Greengrass leerde kennen. Ik kon niet op dezelfde manier over hem denken. Maar een vriend was hij ook niet. Ik kon hem niet plaatsen. Het enige wat ik kon doen was hem slap nastamelen: 'Tot ziens! En dank je wel!'

Als reactie stak Shin slechts zijn rechterarm op, zonder om te kijken.

Ik kwam net met mijn aankopen binnen toen Nori belde. Zijn stem klonk afschuwelijk. 'Mijn patiënt is in het ziekenhuis overleden en ik... kon hem niet redden. Het is heel moeilijke situatie voor me. Wat ben je nu aan het doen? Ik wil naar Tokyo komen.'

Ik sprak met hem af om acht uur voor mijn appartement.

Om vijf over acht parkeerde Nori vlak bij Greengrass. Het was zondag en alle clubs waren dicht, dus vroeg ik me af wat we in Roppongi gingen doen.

'We gaan naar een bepaald restaurant dat eh... heel apart is, en het zal een verrassing zijn. Het is Japans, maar niet zoals overal. Het is heel... raar.'

Ik kreeg een knoop in mijn maag. Hij zou toch niet...

'Hoe bedoel je, raar? Waar is het dan?'

Nori leek liever niet meer te willen zeggen. 'Heel dichtbij. Het is een grappige plek en... heel veel herrie.'

'Waarom is er veel herrie?' probeerde ik, terwijl we in de richting van Roppongi Crossing liepen.

'Omdat iedereen je bestelling herhaalt, en schreeuwt,' lachte hij. 'Het is heel rare plek, maar heel beroemd.'

Ooo, shit! Ik kon toch niet teruggaan naar hetzelfde restaurant met een andere man? Shin en ik waren nog geen uur weg uit Inakaya.

'Eh... weet je, ik heb eigenlijk niet zo'n honger. Kunnen we niet ergens koffie gaan drinken?' stelde ik voor, en Nori bleef onmiddellijk staan. Zijn gezicht betrok.

'Geen honger? Maar het is heel leuk! Misschien kun je honger krijgen als je het ziet.'

Ik begon te protesteren, maar Nori sloeg een onverwachte hoek om. 'Dit is het,' kondigde hij aan. 'Inakaya.'

Het was niet hetzelfde restaurant als waar ik met Shin gegeten had, maar het was wel Inakaya: een tweede, kleinere versie ervan. Onmogelijk. Ik kon niet geloven dat ik twee keer op een avond naar hetzelfde restaurant ging! Toen we begroet werden met het allesdoordringende 'IRASHAIMASE!' draaide mijn maag zich om.

Ik probeerde te doen of alles nieuw was, maar het uur dat we in Inakaya doorbrachten was bijna onverdraaglijk. Dat kwam niet door de koks. Het kwam ook niet door het eten, hoewel ik dringend verlegen zat om een teiltje toen we weggingen. Het kwam door Nori. Terwijl we gefrustreerd door Ginza rondreden, zoekend naar een bar die hij kende, werd me duidelijk dat Nori langzaam van interessant gezelschap begon af te glijden naar het rijk van waandenkbeelden. Hij drong aan op onmogelijke antwoorden en keek boos als ik ze niet gaf. Ik vond het steeds moeilijker om niet te lachen om zijn bizarre ideeën of ze helemaal te negeren.

'Wat vind je van deze bar?' vroeg Nori en ik zuchtte.

'Best, laten we naar binnen gaan.'

'Ik heb grote interesse in Adolf Hitler, omdat eh... hij dat boek *Mein Kampf* heeft geschreven, ken je dat?'

Nori vond het kennelijk een geschikt moment om over een van zijn ongebruikelijke inspiratiebronnen te beginnen. De vorige keer was het Alain Delon, wiens rol als psychopatische moordenaar in *Plein soleil* veel invloed op hem had gehad. Nori droomde ervan om 'net als hij te worden.' Maar Hitler? Het moest niet gekker worden.

'*Mein Kampf*? Ah-ha. Dat heeft hij in de gevangenis geschreven. Waarom vind je hem zo geweldig? Hij was een afschuwelijke, wrede man die miljoenen mensen een afgrijselijke dood en heel veel leed heeft bezorgd. Vertel me alsjeblieft: wat is daar zo geweldig aan?'

'Hèh, hèh, ja, dat weet ik, hij was een heel slechte man, maar hij had een grote... grote... Hoe zeg je dat... een grote psychologische ínvloed op mensen. Ik wil die invloed leren, van hem.'

Ik keek hem bedenkelijk aan en zijn wenkbrauwen schoten omhoog. 'Hij was slecht, ik weet het, maar ik... ik kan goed zijn.'

'En wat zou je dan moeten leren van zo'n slechte maniak?'

'Nou, bijvoorbeeld, hij keek altijd naar zichzelf in het kijkglas...'

'Spiegel,' verbeterde ik.

'Ja, in de spiegel, en dan oefende hij in krachtig spreken en gezichtsuitdrukkingen maken waarvan mensen gingen luisteren, en ik ben hetzelfde aan het doen. Omdat hij voor zichzelf een sterke geest had gemaakt, kreeg Hitler macht over mensen met een zwakke geest en dwong ze naar hem te luisteren. Voor mij is dat belangrijk, want ik ben zakenman, en nu wil ik meer bedrijven bezitten zodat ik rijk en machtig ben en ik... ik wil dat mensen naar míj luisteren.'

'Wat voor bedrijven wil je hebben?' vroeg ik snel. Het interesseerde me niet echt, maar ik wilde liever niet verder ingaan op de schijnbare verdiensten van Adolf Hitler en zijn 'sterke geest' en ik wist niet of de bestuurder van de auto waarin ik zat boos zou worden als ik zijn achterlijke manier van denken bekritiseerde.

'Veel soorten, want ik ben niet alleen arts, ik ben ook zakenman. Het belangrijkste voor mij is om meer bejaardenhuizen te bouwen, want eh... het is niet aardig om te zeggen, maar in Japan is dat goede business. Veel Japanners worden nu oud en dat geeft goede vooruitzichten.'

Ja, en dan kun je je sterke geest misschien loslaten op hun zwakke, oude hersenen. Ik gaf geen antwoord en Nori liet de stilte voortduren tot hij me aankeek en lachte. 'Ik vind je leuk omdat je nooit op je horloge kijkt,' zei hij bewonderend.

'Ik heb geen horloge,' zei ik vlak.

'Dat weet ik,' lachte hij, 'en... daarom vind ik je leuk. Je bent slim, denk ik. Andere hostessen kijken altijd op horloge en vragen of ze naar huis mogen. Ik denk dat ze alleen maar willen winkelen, of alleen aan geld denken. Ze kunnen niet succesvol zijn, maar jij kunt veel succes hebben in Japan. Waarom open je geen hostessenclub in Yokohama? Dan kun jij mama-san zijn.'

'Haha, dat lijkt me niet.' Dat zou Matt leuk vinden. Misschien kon hij ober worden. Ik vroeg me af hoe Nori op dit punt in zijn leven terecht was gekomen: bijna elke avond in zijn geïmporteerde Mercedes van Tokyo naar Yokohama rijden, een paar uur doorbrengen in de hostessenclubs in Roppongi en hersenschimmen najagen.

Nori was geen slecht mens, maar wel bedroevend eenzaam. Hij had hard gewerkt om zoveel te bereiken, maar zijn gebrek aan geluk drong overal in door. Volgens Nori waren zijn bezoekjes aan de hostessenclub onschuldig vermaak, maar dat kon ik moeilijk geloven. Hij scheen te denken dat alles geweldig zou zijn als hij maar een hostess vond die van hem hield en met hem naar Yokohama verhuisde.

Nori's geloof in deze geïdealiseerde toekomst was een treurige vervorming van de werkelijkheid, maar het treurigst van alles vond ik zijn voorspelbaarheid. Hij zette me even voor middernacht af voor mijn appartement, met weer een knisperende *ichiman* in mijn hand, en hij reed alleen terug naar Yokohama, ongetwijfeld met allerlei rare ideeën in zijn hoofd. We zouden dit alles herhalen als hij weer belde. En dat zou het meisje na mij ook doen. En het meisje daarna. En daarna.

Een gemiddelde avond

Sommige blaadjes voor ons raam beginnen al roestgeel te kleuren. Een paar zijn rood. Een paar oranje. Ik kijk nog maar zelden naar buiten als het licht is. Tegenwoordig ben ik dan bijna nooit wakker. Maar vandaag zag ik ze. Verkleurend.

Vroeg in de middag belde Nori me vanuit zijn kliniek om onze *dohan* af te zeggen. Hij wilde me zien, zei hij, maar hij had het te druk om het te halen. We zouden opnieuw moeten afspreken voor morgen, de laatste dag van de maand. Hij liet het erop aankomen. Ik had die *dohan* nodig om aan mijn quota te komen, en dat wist hij. Maar het feit dat Nori's patiënt die nacht waarschijnlijk zou overlijden en zijn aanwezigheid nodig had, was belangrijker dan een miezerig diner.

Ik ging vroeg naar mijn werk om aan de claustrofobie van ons piepkleine appartementje te ontsnappen en sjokte over de piekfijn verzorgde straten, met mijn naaldhakken ergens in mijn schoudertas gepropt.

Terwijl de schemering verdween en plaatsmaakte voor de bekende kunstmatige gloed probeerde ik de opdringerige prikkels van de stad buiten te sluiten en aan blije dingen te denken: een blauwe hemel, frisse berglucht, enorme schalen salade en schattige puppy's, hoog in glazen hokjes opgetast in de etalage van een dierenwinkel. Goed, schrap dat laatste maar. Er was maar één puppy, een hyperactieve chihuahua-reu te midden van een encyclopedische uitstalling miniatuurhondjes, allemaal even gedeprimeerd, eenzaam en verveeld, maar desondanks lief en *kawaii* – schattig.

Misschien was de chihuahua zo blij omdat hij drieduizend dollar waard was, of misschien was hij niet op de hoogte van het geheim dat alle andere wel leken te kennen, het geheim dat Abie me had verklapt: dat hij binnenkort verast zou worden als niemand hem kocht. Zo ging het met alle puppy's. Te oud? Te groot? Steek ze in de hens en vervang ze door een stel schattiger exemplaren.

Eenmaal op mijn werk was Greengrass een emotioneel circus. Colette lag in Erma's armen en huilde tranen met tuiten. Je kon het de meiden niet kwalijk nemen dat ze overstuur, de weg kwijt en ontzettend in de war raakten. De cultuurschok was behoorlijk groot. Zelfs als je géén Zwitsers-Duits meisje was dat vlak hiervoor scholen in een verarmd derdewereldland had gebouwd, is het moeilijk om je aan te passen aan elke avond onzin kletsen in een paarse cocktailjurk.

Nicole daarentegen bevond zich aan het andere eind van het emotionele spectrum. Ze was altijd al zonnig en blij van aard, maar vanavond was haar vernisje voorzien van een extra laag. Ze was het schoolvoorbeeld van een ontluikende lekkerbek en raakte al enthousiast van zoiets eenvoudigs als haar favoriete klant overhalen om met haar naar Inakaya te gaan. Het viel niet mee om tegelijkertijd Colette te troosten en te luisteren hoe Nicole zich een gulle, rijke klant wenste die zou willen investeren in een Koreaans grillrestaurant in Israël.

Was zij maar degene geweest die Nori over haar gefingeerde eenzaamheid had verteld. Dan hadden ze op dit moment plannen kunnen uittekenen en kleurenschema's kunnen opstellen voor menukaarten die bij de tegels pasten.

En dan was Abie er nog. Haar vader had haar in een aanval van blinde woede opgebeld vanwege een e-mail waarin ze schreef te overwegen de vijftienduizend dollar te accepteren van de klant die ze opa noemde. Volgens mij is het meestal geen goed idee om zoiets te vertellen aan iemand die aan de samenstelling van jouw DNA heeft bijgedragen, maar misschien had Abie op advies gehoopt. En dat kreeg ze ook. Een van de vele dingen die papa Abie van de andere kant van de wereld via de satelliet had toegeschreeuwd was een oeroude wijsheid die iedereen hier ter harte moest nemen: 'Voor niets gaat de zon op!'

118

'Chelsea!' riep Taizo zodra hij me in het oog kreeg. 'Ik hou van je, schatje!'

Kennelijk wist hij vanavond weer wie ik was. Vorige week was hij zo dronken geweest dat ik me opnieuw had moeten voorstellen.

'Vandaag was de dag van de aandeelhoudersvergadering, en nu afgelopen, met succes! Eindelijk ben ik voor het eerst in veel maanden zonder stress. Ik ben heel blij. Ik zing voor jou, oké?'

Ik wilde het karaokeboek openslaan, maar hij brulde al: '1234-04. Maak je geen zorgen, ik weet het.'

Hij galmde 'Only Chelsea' met lyrische perfectie. Toen kwamen de complimenten. 'Ik hou van je voorhoofd, je grote ogen en je neus, maar vooral van je oren en accessoires. Helemaal alles van jou, zo mooi. Ik hou van jou. *Prease*, zing Céline Dion.'

'Dat is geen goed idee, Taizo.'

'God heeft ons geschapen,' zuchtte hij, 'Chelsea en Taizo. Laten we Queen zingen.' Maar voor we de kans kregen, kwam Nishi me weghalen. Taizo schreeuwde het uit in protest.

'Maak je geen zorgen, Taizo. Ik kom terug. Je redt het wel.'

Tot mijn verrassing werd ik neergezet bij drie *gaijin* die niet vergezeld werden door Japanse relaties. Michelle, Charles en Norman waren bankdirecteuren van middelbare leeftijd die in Tokyo woonden en die besloten hadden 'voor de lol iets Japans te gaan doen', dus kwamen ze een zakelijk succes vieren in een hostessenclub. Er kwamen maar zelden westerlingen in de club, en al helemaal geen vrouwen, en terwijl we een stortvloed aan vragen over de fijnere kneepjes van het hostessenvak beantwoordden, hoorde ik Taizo op de achtergrond een aangepaste versie van 'Bohemian Rhapsody' zingen. Ik kon mijn lachen niet inhouden. Wás dit *the real life*? Of was dit *just fantasy*?

'Zingt hij over jou?' vroeg Charles, terwijl hij naar Taizo's hoekje gluurde.

'Ja, we zouden dit eigenlijk samen zingen, maar toen werd ik bij jullie aan tafel gezet...'

'O, jee, sorry. Goh. Waarom ga je niet met hem zingen? Kom maar terug als je klaar bent. Het maakt ons niet uit.'

'Eh... eerlijk gezegd werkt het niet zo. Ze worden boos als ik wegga, maar het is oké. Ik zit altijd bij hem. Zie je die ene vent, met dat vrij lange haar? Dat is Misaki, Taizo's baas. Hij is eigenaar van zeventien bedrijven en ze komen hier minstens twee of drie keer per week.'

'Oké. Nou, laten we dan een nummer kiezen om samen te zingen. Ik vind het sneu voor hem, maar hij heeft wel een geweldige stem. Waar is dat karaokeboek? Ben jij een beetje goed in Bon Jovi?'

'Je maakt zeker een grapje? Er is toch nooit iemand goed in Bon Jovi?'

Ik hoef niet te zeggen dat 'It's My Life' afschuwelijk klonk, maar alle Japanse mannen in de club juichten de poging van de dappere gaijin toe. Daarna was het Michelles beurt met de Police, maar ze krabbelde op het laatste moment terug en op de een of andere manier was 'Roxanne' ineens mijn verantwoordelijkheid.

'Maar ik ken dat nummer niet eens!' zei ik in paniek.

'Gewoon de tekst lezen. Goed zo!' moedigde Norman aan. 'Je klinkt net als P.J. Harvey!'

Ik dacht dat ik op Sting mikte, maar ik vond het een tikje onaangenaam om een nummer te zingen dat zo duidelijk Michelles neerbuigende blik weergaf op de jonge vrouwen om haar heen. Hoewel ze nu zelf een hostessenclub meemaakte, leek het of ze nog steeds niet geloofde dat we hier alleen gesprekken voerden. Volgens mij dacht Michelle dat we achterin nog een ranzig peeskamertje hadden.

Als ze haar vooringenomen ideeën had losgelaten, zou ze hebben gezien dat we eruitzagen als vijf heel gewone mensen die op een willekeurige plek op de wereld van een drankje in een bar genoten.

Gevaargezicht

'*Denwa bango wa* dinges *desu.*' Piep. *Piep. Piep.* Het was de laatste dag van de maand en Nori nam niet op. Hij had beloofd me te helpen, dus belde ik terug en luisterde herhaaldelijk naar de verontschuldigende stem die antwoordde als zijn voicemail niet aanstond. Vanavond was mijn laatste kans op een *dohan* – morgen werden onze maandelijkse bonuspunten berekend – en nu liet hij me willens en wetens zitten. Super.

Toen de regen veranderde in een lichte motregen ging ik naar het piepkleine appartementje in Roppongi waar Nicole en Abie woonden om ze een paar buikspieroefeningen te laten zien. Na wekenlang beroepsmatig comazuipen en weinig beweging, begonnen we ons allemaal zorgen te maken over ons uitdijende middel; de meiden waren zelfs begonnen de trap van hun sjofele torenflat op en af te rennen als poging tot sport.

Het grootste deel van de uitgewoonde kamer werd in beslag genomen door twee dunne futons, een cadeautje van een klant van Nicole, en de rest door schoenen, bagage en de gitaar die Abie van opa had gekregen. Een microbadkamer en een poppenhuiskeukentje completeerden het appartement van twaalfhonderd dollar per maand. Het was draaglijk geweest, tot Nicoles vriendin Stacy onlangs uit New York was aangekomen. En zo zaten ze nu als sardientjes in hun eigen pekel in zo'n kleine ruimte dat je er nog geen hond zou laten wonen. Ik besefte terdege hoeveel geluk Matt en ik hadden met ons schone, moderne en compacte verblijf. De staat waarin het verkeerde leek althans nog enigszins op wat we thuis gewend waren. Anders was ik allang gek geworden.

Terwijl ik op de vloer een oefening voor de schuine buikspieren voordeed, ging mijn telefoon kort over en werd toen weer stil. Het was een gemiste oproep van Nori, dus belde ik terug en wachtte.

Tring, tring. '*Denwa bango wa...*' Diezelfde verontschuldigende klanken.

Wat bizar. Hij moest in nog geen minuut hebben opgehangen en zijn telefoon hebben uitgezet.

In een allerlaatste poging om een *dohan* te bemachtigen belde ik Goro, de couture-man, maar hij nam ook niet op. Geweldig. Ik zou eruit gegooid worden omdat ik de twee door de club verplichte *dohan*s niet gehaald had en daarnaast mijn zuurverdiende bonus van vijfhonderd dollar kwijtraken. Als Nori besloot om weer op te duiken zou ik niet bepaald blij zijn.

Tring, tring! Deze keer belde Shin, halverwege de Neerwaartse Hond, een oefening die goed is voor de lange dijbeenspieren. 'Hé, Shin, hoe gaat het? Wat ben je aan het doen?'

'Ik breng nu mijn kat naar het huis van mijn vrouw. Mijn kat kan niet alleen in huis blijven. Ik ga pas de zevende naar China, maar vandaag is mijn enige kans.'

Pardon, wat? Had Shin een vrouw? Waarom had ze haar eigen huis? Was ze zijn ex-vrouw? Leefden ze gescheiden? Zijn nonchalante onverschilligheid overrompelde me volkomen. Het was duidelijk geen pijnlijke zaak voor hem, maar toch schrok ik. 'O, eh...' Ik wist niet wat ik moest zeggen.

'Wat ben jij aan het doen?' vroeg hij achterdochtig. 'Hardlopen?'

'Nee, yoga. Ik ben bij Nicole. We doen yoga om niet dik te worden.'

'Geen keus! Dat gebeurt toch wel... Iedereen die naar Roppongi komt wordt dik. Vraag maar aan Karolina. Zij weet het. Trouwens, ze komt morgen, dus zie ik je morgen.'

En daarmee liet Shin me opnieuw grinnikend achter toen hij zelfverzekerd ophing.

Opnieuw mascara aan de binnenkant van de wimpers aanbrengen is een zorgvuldige procedure, zelfs als er níét iemand op de deur bonkt van een kleedkamer die te klein is om een kniebuiging in te doen. Ik wist ternauwernood een onaangename voltreffer met mijn oog te voorkomen toen Tehara opnieuw aanklopte, deze keer sneller. 'Chelsea-san,' zei hij streng, 'Ito-san.'

'Wat doet híj hier?' zei ik witheet terwijl ik de deur openrukte.

'Het is nog geen half tien!' Tehara haalde zijn schouders op en duwde zijn bril omhoog. 'Ooo, niet te geloven, dat leugenachtige onderkruipsel.'

Volgens Nori was hij vergeten zijn telefoon mee naar zijn werk te nemen. Pas om acht uur had hij mijn gemiste oproepen zonder berichten gezien. Zoals hij het uitlegde: 'Ik dacht dat je misschien hulp nodig had, dus ben ik meteen hiernaartoe gekomen.'

'Waarom heb je niet gewoon gebeld? Je wist dat vanavond mijn laatste kans op een *dohan* was. Ik had iemand anders kunnen vragen, maar je had het beloofd! En hoe belde je daarvoor dan, vóór acht uur, toen je zomaar ophing? Je zei toch dat je je telefoon thuis had laten liggen?'

Nori lachte ongemakkelijk. 'Eh... wanneer? Wanneer heb ik gebeld? Ik... ik geloof van niet. Ik kon niet bellen, mijn telefoon lag thuis en ik was in mijn kliniek in Yokohama.'

'Je nummer verscheen op mijn telefoon, rond zes uur,' hield ik vol.

'Nee, eh... Ik... Ik... Eh, ik geloof het niet.' Hij leek te zweten. Ongemakkelijk. 'Ik weet het niet.'

Toen ik verder wilde aandringen kwam Nishi ons storen om een nieuwe Israëlische bij ons aan tafel te zetten. Ik weet niet wie haar komst irritanter vond, Nori of ik. 'Is het goed dat ze bij ons komt zitten?' fluisterde Nori na een hoop buitengewoon onnozele opmerkingen van haar over Japanse mannen die 'hun geld in dit soort tenten verspillen'.

'Natuurlijk,' snauwde ik. 'Wat kan mij dat schelen? Zo gaat dat in een hostessenclub: er komen meisjes bij je zitten.'

Nori was zichtbaar uit het veld geslagen door mijn reactie, maar dat kon me niet schelen. Zijn weigering om te erkennen wat een slechte dienst hij me had bewezen werkte me op de zenuwen. Dat gold ook voor zijn gezang, dat nog moeizamer en irritanter klonk dan anders. Het enige draaglijke aan Nori was dat hij vlak voor zijn vertrek zonder mankeren tienduizend yen in mijn hand drukte, een bijdrage aan het gestaag groeiende saldo op de Bank van Ito.

Hij was zonder meer aanbiddelijk. Met zijn zwarte pak en roze overhemd had Kazuhiro zich opgedoft voor een avondje stappen. Hij was mollig en rond, tot aan zijn heldere, glimmende ogen toe, en zijn vrolijke gezicht werd geaccentueerd door uitgelaten gegiechel en ronduit opmerkelijke gilletjes. Een eekhoorn had niet schattiger kunnen zeggen: 'Noem mij maar Kozy.' Ik kon hem wel plat aan mijn boezem drukken.

Bijna onmiddellijk nadat hij Greengrass was binnengekomen had Kozy me al in zijn appartement uitgenodigd voor een weekendlunch van *o-kono miyake*, zijn specialiteit en toevallig ook het enige gerecht dat hij kon maken (al het andere, verklaarde Kozy, at hij buitenshuis). Als doorgewinterde vrijgezel woonde Kozy alleen in de wijk Setagaya, en hoewel ik zijn aanbod afsloeg, stemde ik toe in een potje duimdrukken om te bepalen of ik met hem naar een film in Shibuya zou gaan. Als ik verloor, moest ik mee. Als ik won, hoefde ik niet. Zijn duim was veel dikker dan de mijne. Hij was in het voordeel.

'Oké, maar het moet op een zondag en ik mag de film kiezen.'

'Heb je papier voor me?'

Ik gaf hem een Post-it uit mijn tasje. 'Pen?' bood ik aan, en Kozy nam hem gretig aan om veel te veel informatie op te schrijven: zijn volledige naam, telefoonnummers (inclusief net- en landnummer), drie verschillende e-mailadressen en zijn sekse – *man*, voor het geval ik daaraan twijfelde. Op de andere kant schreef hij: *Elke zaterdagen en zondagen is vrije dag.*

'Wat voor gezicht vind je leuk?' vroeg hij plotseling, terwijl hij zijn lippen in pruilstand bracht.

'Hoe bedoel je, wat voor gezicht?'

'Wat... voor... gezicht?' herhaalde hij langzaam, alsof ik geen Engels begreep. '*Knap* gezicht,' zei hij terwijl hij zijn kin naar voren stak en overdreven pruilde, 'of *wild* gezicht?' Toen Kozy zijn gelaat geduldig in een masker van 'wilde' razernij hield, begreep ik dat hij het meende. 'Wat voor gezicht?' herhaalde hij. '*Gevaar*-gezicht?'

Ik barstte in lachen uit. 'Gevaargezicht? Wat is in vredesnaam een gevaargezicht?'

'Zoals dit,' deed hij voor. Het enige verschil met 'wild gezicht' was dat zijn ogen minder woest stonden. 'Als Bond.'

Ik moest mijn uiterste best doen om me te beheersen.

'Já! Dat is het! Hoe wist je dat? Nee, echt, een man met een gevaargezicht vind ik het allerleukst!'

Kozy zwol van tevredenheid. Per slot van rekening was hij een man die doorkneed was in gevaargezichten. 'En het lichaam?' vroeg hij. 'Is kort en rond in orde?' Ik moest me inspannen om hem te verstaan. De karaoke-installatie zette juist Bon Jovi in en een overversterkte baslijn overstemde Kozy's woorden. Ik verhief mijn stem om gehoord te worden.

'EH... NEE. DAN KAN IK GEEN HAKKEN AAN. VOOR MIJ IS EEN LANGE MAN JUIST FIJN.'

'KLEIN!' piepte Kozy, en hij maakte met beide handen een neerwaartse karateslag. Ze kwamen neer aan weerszijden van zijn mannelijkheid. 'Welk DEEL wil je klein?'

Ik kwam niet meer bij. Kozy was gewoon te erg.

Tyfoon zoveel-en-twintig

De droom was vredig. Ik dreef gewichtloos rond in zo'n wazige, allesomvattende staat van krankzinnige mogelijkheden toen... *TRRRING!!* Alles werd helder. Mijn oogleden werden zwaar. Mijn lichaam schrok wakker. *Ahum.*

'Hallo?' Ik had geen idee hoe laat het was, maar de dunne laag zonlicht die mijn verduisterde kamer binnensijpelde wees erop dat het nog midden in mijn nacht was.

'Hallo,' klonk een bekende stem. 'Lag je te slapen?' Het was Nori.

'Slapen? Nee, ik slaap niet. Ik was net wakker, maar...' Ik glipte zachtjes de gang op zodat ik niet hoefde te fluisteren. Matt sliep nog. 'Ben je in Yokohama?'

'Nu wel, ik ben in Yokohama. Eh... Wat doe je vanavond?'

'Niets, ik heb geen plannen.' Ik geeuwde hoorbaar.

'Oké, eh... dat is goed. Eh... dan kom ik naar Tokyo en dan kunnen we samen lekker uit eten.'

Kon hij me nooit eens met rust laten? Ik zou natuurlijk nee kunnen zeggen. Maar een gratis maaltijd en een gegarandeerde honderd dollar waren wel een paar uurtjes van mijn tijd waard.

'Prima, ik ben vanaf nu vrij. Hoe laat is het?'

'Het is nu half vier. Wat dacht je van half zes?'

Om 5.23 uur stond ik buiten te wachten onder een afdak, schuilend voor het bijproduct van tyfoon zoveel-en-twintig die westwaarts over de Kanto-vlakte trok. Er zijn jaarlijks zoveel tyfoons dat Japanse meteorologen geen moeite doen ze namen te geven; ze houden het op oplopende nummers.

Hoewel dit niet zo'n zware tyfoon was zaten we in het topseizoen van de cycloonactiviteit, en de noordwestelijke Stille Oceaan produceerde ze uit alle macht; er waren sinds de avond dat Matt en ik hier waren aangekomen al drie grote cyclonen geweest die stortregens, beukende golven en felle rukwinden naar de kwetsbare Japanse kust hadden gebracht.

Dankzij zijn historische regelmaat en gemiddelde snelheid van slechts twintig kilometer per uur is de Japanse *taifu* – grote wind – uitputtend gedocumenteerd. De gehele levensloop van een tyfoon wordt gevolgd door enthousiaste media, die waarschuwingen afgeven over windsnelheid, verwacht traject en gevolgen voor het openbaar vervoer. Verslaggevers in felgekleurde regenjassen staan bij scheefgewaaide bomen en op de kust inbeukende golven in waterdicht gemaakte microfoons te tetteren, waarna de zender naar een satellietbeeld snijdt, of naar onfortuinlijke kantoorwerkers op het moment dat hun paraplu's binnenstebuiten geblazen worden. Het biedt urenlang kijkplezier vol drama. Bedenk eens wat een creatieve ongein ze moeten verzinnen om zo lang in de lucht te kunnen blijven.

'... En terug naar ons tyfoonnieuws: we horen zojuist dat tyfoon 18 vandaag regen van drie kanten tegelijk veroorzaakt. De *shinkansen* kan tijdelijk niet rijden wegens zulke harde windvlagen dat je oogbollen ervan uitdrogen, en die ook dwars door het zwarte jasje blazen dat Nori in Omotesando voor je heeft gekocht, hetzelfde jasje dat je nu draagt als zwak teken van je waardering, wachtend onder een afdak...'

Ik hief mijn blik op en keek exact zeven minuten naar de regen, tot Nori naast me stopte in zijn glimmend witte Mercedes. Zelfs in een tyfoon was hij precies op tijd.

'Hou je van krab?' grijnsde Nori toen ik snel instapte. 'Je zei een keer dat je van krab houdt, dus gaan we naar Ginza, naar een beroemd restaurant.'

Ik had nóóit tegen Nori gezegd dat ik van krab hield. Ik had het nog nooit gegeten. Ik denk dat Nori mijn details begon te verwarren met die van iemand die hem al in de steek had gelaten.

Soms voel ik me net de kwetsbare kust.

'Toen ik nog klein was,' mijmerde Nori 's avonds laat bij een biertje, 'was Japan heel arm. Destijds geloofde één beroemde schrijver dat

Japan een geweldig land zou worden, maar ik kon het niet geloven. Niet veel mensen konden geloven dat het mogelijk was. Maar langzaam, toen ik ouder werd, begon alles te veranderen en dacht ik dat hij misschien... dat hij gelijk heeft. Japan heeft hard gewerkt om succesvol te worden. Vind je ook niet?'

'Nou, Japan bezit half Amerika en de hele staat Hawaï, hè? Dus het lijkt me van wel. Wist je dat sommige mensen Hawaï de achtenveertigste prefectuur van Japan noemen?'

'Ha ha. Dat geloof ik best. En het is fijn daar, op Hawaï.'

'Maar wat vinden de Japanners nou écht van de Amerikanen? Zijn ze boos? Vinden jullie het erg dat ze al sinds de oorlog in jullie land zijn?'

Een eindje verderop zat New Sanno, een militair hotel dat tot Amerikaans grondgebied was uitgeroepen. Jodie had me verteld dat zij op 11 september in een bar vol Japanners was geweest, die juichten bij de beelden van de instortende torens en krijsten: 'Weg met Amerika! Wij haten Bush!' Er moest toch minstens een onderstroom bestaan als een hele bar mensen collectief zoiets riep. Maar als dat zo was, wist Nori er niets van. Of, juister misschien: wilde hij het niet zeggen.

'Als Japan Pearl Harbor niet had aangevallen, denk ik dat we geen oorlog hadden gekregen, maar in die tijd was dat alleen overheidsbeslissing, van soldaten en leger. Het was niet wat de mensen voelden. Het was heel domme regering, en ik denk dat de meeste Japanse mensen dat vinden. Het was vergissing. Oude mensen zijn niet boos... denk ik niet.'

'De Amerikanen wel. Mijn vader had vroeger Duitse, Amerikaanse en Japanse vlaggen op zijn land, maar hij moest de Japanse weghalen omdat er zoveel Amerikanen kwamen klagen. Ze haatten Japanners – daar kwamen ze rond voor uit. Hun vrienden waren dood. Er kwamen piloten uit de lucht vallen. Waarom hadden de Japanners kamikazepiloten?'

'Ik ken de militaire strategie achter zo'n beslissing in die tijd niet, maar ik geloof dat kamikaze niet slecht was. Het is belangrijk om de betekenis van *kamikaze* te kennen voor je het kunt begrijpen. Voor Japanners betekent het niet "zelfmoordpiloot". We noemen ze *tok-*

koutai, en *kamikaze* is "god-wind". Dat komt uit een beroemd verhaal, van toen de beroemde Mongoolse veroveraar Khan zevenhonderd jaar geleden met een groot leger vanuit zee Japan binnenviel. Ze kwamen met een heleboel schepen en duizenden mannen, maar toen ze er bijna waren kwam er een grote tyfoon. Die blies ze terug naar zee en veroorzaakte veel schade, zodat krijger Khan terug moest naar zijn land. Maar de Mongolen wilden niet opgeven en kwamen terug met nog meer schepen. En weer kwam de grote wind van de tyfoon om ze weg te houden, en zij vergingen ook en probeerden het niet opnieuw. Het is Japans geloof dat de goddelijke wind door de zonnegodin en de stormgod gestuurd werd, en dat zij Japan beschermden zodat de Mongolen het grote Japan niet konden veroveren.

Volgens mij vonden kamikazepiloten het om die reden niet zo erg. Ze waren militairen die hun leven aan de keizer wijdden, en hun eer aan hun land, maar hun gedachten waren misschien alleen bij hun moeder en hun vrouw, en ze offerden hun eigen leven op om hun familie te beschermen. Misschien was dit de echte reden dat ze de zelfmoord pleegden, maar...' Nori viel stil en glimlachte mild. Hij nipte van het schuim van zijn bier.

'Eh... dit weekend komt Fumio naar Tokyo en gaan we naar speciale plekken in Asakusa met zijn vriendin, die hostess is. Dan kun je paling eten en gaan we naar Akihabara, want ik weet nog dat je zei dat je een Japanse computer wilde kopen en ik zal je er een cadeau doen, als je wilt. Weet je al iets over je visum voor een werkvakantie?'

'Ja, ik heb het opgezocht op internet. Je moet het aanvragen buiten Japan, dus misschien doe ik dat wel als ik in Vancouver ben,' jokte ik. Ik was absoluut niet van plan terug te komen. 'Het kan wel vier weken duren, en aangezien ik toch met Kerst naar huis ga, zal het visum klaar zijn tegen de tijd dat ik weg wil.'

'Oké, dit is een goed plan voor jou,' glimlachte Nori, en hij hief zijn bier op om te proosten op een denkbeeldige toekomst. Ik wilde mijn glas water heffen, maar hij deinsde snel terug.

'Nee, nee, nee,' siste hij. 'Je moet nooit *kampai* met water doen!'

'Waarom niet?' Ik had dezelfde onverklaarbare reactie eerder bij Greengrass gekregen.

'Dat is nog iets wat ik je niet over kamikaze heb verteld. Omdat de piloten nog veel mijlen naar hun bestemming moesten vliegen, deden ze een *kampai*-toost met water, op het succes van hun laatste vlucht. Het is alleen voor mensen die een zelfmoordverbond sluiten.'

Ik had nog nooit gehoord van een arts die eerst de diagnose stelt en de patiënt vervolgens betaalt om het bijbehorende medisch advies te kunnen opvolgen. Maar toen ik even voor middernacht mijn tasje pakte en door de regen naar de hal van mijn flat wilde rennen, gaf Nori me twee *ichiman*-biljetten. 'Dat is mijn cadeau voor jou. Je hebt me eerder verteld dat je niet dik wilt worden in Japan, dus morgen kun je naar de sportschool,' glimlachte hij. 'Voor je gezondheid.'

Matt en ik besloten dat hij maar in mijn plaats naar de sportschool moest. Hij begon lusteloos te worden van zijn eentonige werk, maar belangrijker nog: hij kon ruimte in zijn leven maken voor een beetje sport. Zolang hij af en toe een nieuw meisje aanbracht werd er verder niet veel van hem verwacht. Matt genoot van Tokyo. Hij had niet allerlei mannen die hem avond na avond onzin in zijn oren fluisterden. Hij had alleen mij, en ik vertelde hem alle details van mijn langlopende drama.

Inmiddels kende Matt de vaste klanten bijna even goed als ik. Hij lachte altijd om de laatste parabels van Shin – die hij de bijnaam Tao Te Shin had gegeven, naar een van de oudste Chinese teksten – en fronste om Nori's groeiende radeloosheid. Hij luisterde actief, liet me de zaak vanuit mannelijk perspectief zien en krulde zich om me heen als we naar bed gingen. Maar toch viel ik nooit direct in slaap. Het plafond begon me veel te vertrouwd te worden.

Breekpunt

Ik trek dit gezeik niet meer. Morgen ga ik. Weg. Ik zeg tegen Nishi dat ik per vanavond ontslag neem, neem mijn verlies en stap in het eerstvolgende vliegtuig. Ik kan het niet meer aan. Hoe kan ik in godsnaam gedacht hebben dat ik in zo'n krankzinnige omgeving kon doen alsof ik normaal was? Niemand zou hier ooit moeten komen.

Gisteravond ontdekte ik dat Greengrass dezelfde club is als waar Lucie Blackman werkte toen ze verdween, nog maar drie jaar geleden. Alsof ik in een vacuüm terecht was gekomen was ik ineens geen Alice meer die vrolijk fluitend in haar hemelsblauwe jurk door een metaforisch Wonderland huppelde. Nee. Ik veranderde in een koud skelet, verkracht en vermoord en in stukken weggesmeten.

Lucie had niets verkeerd gedaan. Ze had gedaan wat ik ook had gedaan: in de auto stappen bij een enigszins excentrieke Japanse zakenman van middelbare leeftijd, die ze stomtoevallig had ontmoet op dezelfde plek als waar ik nu werkte. Het was dezelfde zaal. Met dezelfde karaokeboeken. Dezelfde lage tafeltjes waaraan ze dezelfde belachelijke gesprekken moet hebben gevoerd.

Ze had de man die haar vermoord heeft daar ontmoet, en niemand had de moeite genomen dat aan mij te vertellen. Greengrass was Casablanca onder een nieuwe naam, alsof het zo makkelijk was, als je zaad uitstrooide op een graf zodat er iets groens zou groeien, wat het feit maskeerde dat de dood heeft toegeslagen, dat er moord onder lag.

Nishi had Lucie gekend. Een paar van de klanten van nu moesten haar hebben gekend. Dat kon niet anders. En hoewel ze allemaal beducht waren voor de situatie en nieuwe hostessen waarschuwden voor de gevaren, was het allemaal zo onheilspellend dat het uit pure noodzaak gebagatelliseerd werd.

Ik voelde me net zo'n nerd die tornado's onderzoekt en patsboem midden in zo'n klotewindhoos terechtkomt, alleen dankzij haar eigen overdreven enthousiasme en misrekeningen. Bracht ik mezelf met mijn werk als hostess in dezelfde omstandigheden als die tot het lot van het arme meisje geleid hadden? Of moest ik het zien zoals het was: een op zichzelf staande tragedie die zich waar dan ook kon voordoen?

Ik wist niet wat ik ervan moest denken en kon me alleen staande houden als ik me er helemaal voor afsloot. Maar dat was niet eens waar ik het meeste last van had. Het waren de kleine dingen; de onzichtbare krasjes die ongezien ontstonden en plotseling een diepe, donkere kloof vormden.

Ik huilde tranen met tuiten voor ik naar mijn werk ging, snikkend om mijn totale gebrek aan begrip voor alles wat zo... uit balans was. De misleiding, de leugens, de voortdurende seksuele ondertoon, alles verborgen achter een dun rookgordijn.

Matt voelde met me mee, maar hij hoefde die dingen zelf niet te verdragen. Hij zag alleen de reclamekant van Roppongi. De felle lichten. Het plezier. Ik had te maken met dingen die in een goedkope thriller thuishoorden, niet in mijn dagelijks leven.

Ik maakte me zorgen, schrikbarend veel zorgen. Niet zozeer over het gemak waarmee de Japanse mannen mijn toneelspel accepteerden, maar over het gemak waarmee ik er zo willoos in meeging. Soms dan. Op andere momenten was er niets moeilijkers op de wereld dan de illusie volhouden dat je... Tja, wat was je verdomme eigenlijk? Ik had geen idee.

Als ik dat wist, zou het makkelijk zijn. Dan kon ik misschien mijn emoties indelen in spectraallijnen om tenminste een zichtbare golflengte te vinden. Maar dan nog: hoe onderzoek je microscopische elementen in een experiment dat geheel onder valse voorwendselen is uitgevoerd? Er was geen controlegroep. Er was alleen een oneindige stoet mannen die, zonder het te willen, het leven uit je zogen, je er per uur voor betaalden en later terugkwamen voor meer. Maar wat zou er gebeuren als alles op was? En waar kwam het eigenlijk vandaan? Wat gáf je ze eigenlijk? Waar lag de grens tussen een mens en een slimme oplichter? En op welk punt ga je je eigen verhaal geloven?

Op een bepaald moment, toen ik even niet oplette, begon mijn geest te veranderen, en niet ten goede. Omgeven door een protserig vertoon van rijkdom waarin met honderdduizenden yens werd gesmeten alsof het centen waren, was mijn visie op geld verwrongen geraakt. Ik begon het te verafgoden. Ik had nog niet gemanipuleerd om het los te krijgen, maar had daar wel de kans voor. Het was te makkelijk om het op een presenteerblaadje aangeboden te krijgen, zonder enige reden. Ik had redenen nodig, maar waar ik ook keek zag ik alleen meer vragen.

Nori Ito was gek. Hij was *chirurg*. De man bezat een kliniek. Hij was verantwoordelijk voor honderden werknemers en duizenden patiënten, maar zijn alles verterende prioriteit lag bij een buitenlandse hostess. En niet alleen bij mij. Ik wist dat er anderen voor mij waren geweest, de een na de ander. Hadden zij veel nagedacht over hun invloed op de eenzame zielen om hen heen? Hadden ze daar niet over na móéten denken? Maar anderzijds hadden deze mannen, of velen van hen, ons net zo hard nodig als wij hen.

Nori had me verteld dat hij het spel kende, dat het geen invloed op hem had, maar hij had al laten zien dat dat niet waar was. Nori's gedachten zaten muurvast in dezelfde tredmolen en draaiden rammelend steeds in hetzelfde kringetje rond, elke drie maanden weer, of hoe lang zijn nieuwste hostess het ook volhield. Hij kon er niets aan doen: het patroon was te diep ingesleten.

Wat was dit eigenlijk voor plek? Transseksuelen tegenover ons in de hal. Russen boven ons. *Yakuza* die in Phantoms voorbijreden en Nigerianen die je op straat probeerden te ronselen. *Roppongi* mocht dan 'zes bomen' betekenen, wat mij betreft was dit een betere vertaling: 'drie verticale blokken vol drugs en seks en geld die mensen opslokken, tot pulp kauwen en weer uitspuwen.'

Ik had gedacht dat ik er zomaar binnen kon lopen, maar mijn leven stond volkomen op zijn kop. Ik sliep als de zon opkwam en stond op als die onderging. Ik ademde absurditeit. Verdronk in een gevoel van zinloosheid. Ik was uitgeput. Had de bodem bereikt. *Game over*. En ik kon niet weg. Als ik gewoon een van de meiden was geweest, zou ik het eerstvolgende vliegtuig terug naar de realiteit hebben genomen. Maar ik moest het weten. Als dit een normale reactie was, wat gebeurde er dan daarna?

Matt steunde me volkomen. Als ik dacht dat ik het niet meer trok konden we gaan, zei hij.

'Misschien moet je het gewoon even rustig aan doen,' zei Matt. 'Ga niet zo vaak met ze uit. Kom na het werk naar huis. Je hoeft niet zoveel te doen. Er gebeurt toch al genoeg in je club. Vind je niet?'

Misschien had Matt gelijk. Het was maar een gesprek, holle woorden die in een bodemloze put vielen. Het zou makkelijk moeten zijn. Maar dat was het niet. Ik had genoeg foto's gezien van baby's en vrouwen, fretten en speelhondjes om er misselijk van te worden. Ik kon ze allemaal wel onderkotsen. Ik had meer karaokenummers grijnzend uitgezeten dan iemand zou moeten hoeven doorstaan. En god, de alcohol. Ik dronk niet toen ik hier kwam. Ik zou níét gaan drinken toen ik hier kwam. Maar nu was ik een werkende alcoholist. Was dat even fantastisch.

Superman duikt weer op

Er is bijna een week voorbijgegaan sinds ik als een slap hoopje op de grond ineengezakt ben. Het gaat beter, maar ik heb het nog steeds moeilijk. Elke dag. Het valt niet mee om jezelf gevoelloos genoeg te maken om overtuigend te glimlachen als iemand je luchthartig de hele wereld en de maan belooft, elke dag van de week opnieuw. Maar Nori had in elk geval al vier dagen niet gebeld. Inmiddels zesennegentig uur, en ik telde ze met opluchting.

Iedereen die rond die tijd in Greengrass kwam was fatsoenlijk, intelligent en beleefd, al bleven hun namen niet hangen, als versleten magneetjes die van de koelkastdeur vielen. K.A. Ontbrekende letter. U.O... 'Bedankt voor je komst!' Maar het maakte niet uit. De meesten zou ik niet meer zien.

In die week kwam Taizo twee keer met de grote baas, Misaki, en we zongen onze gebruikelijke nummers. Omdat het me toch allemaal geen bal meer kon schelen schroefde ik mijn volume op van achtergrondzangeres tot gedeelde leadzanger van 'Bohemian Rhapsody', maar Taizo overstemde me nog steeds.

Bij Taizo ben ik altijd vrolijk. We maken lol. Hij probeert nooit aan mijn billen te zitten. Ik hoef hem nooit een tik te geven. Als ik erover nadenk waren de meeste dagen na mijn aankomst gevuld met Japanners als Taizo – hardwerkende, toegewijde mensen met hersenen en een ziel – maar in mijn poging me aan te passen was ik overweldigd geraakt door de gekken.

Jodie verzekerde me dat mijn reactie heel normaal was: iedereen had dit na één maand. Althans degenen die het zo lang uithielden.

In elk geval wilde ik absoluut niet gewend raken aan deze maniakale manier van leven. Dat moest ik onthouden. Het was maar een experiment. Als ik mezelf een dag langer dan drie maanden op dit bestaan moest instellen, zou ik instorten of mezelf kapotmaken – ik weet niet wat eerder zou komen. Ik vind het nog steeds een volslagen raadsel dat Japanse vrouwen dit kunnen beschouwen als een grote roeping, maar zij zijn natuurlijk opgegroeid in deze cultuur. Zij begrijpen de dynamiek. Ik niet. Ik vond het moeilijk om steeds maar te liegen, hoe onschuldig ook, avond na avond, tegen de een na de ander.

Maar toch was er iets veranderd, al kon ik er niet precies de vinger op leggen. Het had niets met Matt te maken. Hij was de E van mijn MC^2, de onfeilbare constante in mijn leven. De enige verandering in Matt was dat hij steeds meer dimensies aannam naarmate ik het moeilijker kreeg: Antistress-Tafelvoetballer, Stand-up Comedian, Anker in een Zilte Zee van Tranen.

Matt was onmisbaar voor mijn geestelijke gezondheid, maar deze recente, vrijwel onmerkbare verandering voltrok zich helemaal buiten hem om. Het was alsof er een dertiende lamp was aangegaan in een hokje met twaalf, en ik de enige was die dat wist. Ik weet het niet, ik kan het niet uitleggen. Er is geen enkele reden waarom dit zwakke 'iets' precies op het moment moest komen dat ik de handdoek in de ring wilde gooien. Het moet op duizenden manieren zijn uitgelokt. Maar wat de oorzaak ook was, ik begon kalmte in de chaos te voelen, een acceptatie van de tweespalt en een rust die een raadsel bleef.

Daarna was alles oké. Zo oké als maar kon.

Nishi had problemen met de fles. Hij kon er niets aan doen – misschien was het probleem onlosmakelijk verbonden met zijn werk – maar naarmate de tijd verstreek raakte Nishi elke avond steeds erger beneveld. Dus was het misschien wel onvermijdelijk dat ik volkomen onthutst de vergadertafel zou verlaten nadat hij me op een avond bij zich had geroepen.

'Je hebt zaken te maken,' begon Nishi schor. 'Chelsea is jong meisje, ik weet... heel jong. Misschien blijf je zes maanden,' peinsde hij, me smekend aankijkend met zijn licht komische gezicht, 'meer zaken maken.'

'Zes maanden is veel te lang, Nishi. Dat overleef ik nooit.'

Nishi's hoofd schommelde in stilte op en neer, en hij lachte. 'Ja, maar vergeet niet, *prease*: privéleven en zaken zijn apart. Heel belangrijk. Je hebt veel Japanse vrienden,' mompelde hij met een scheve glimlach. 'Alsjeblieft, maak meer zaken.'

'Eh...' Oké? Wat bedoelde hij?

Omdat ik niet wist wat ik moest zeggen, schudde ik Nishi's hand en ging weer bij de Israëli's op de bank zitten. Vanavond hadden we een nieuwe aanwinst aan onze hostessenmaffia. Sara, bescheiden en ingetogen, maar goudgelokt en vrolijk, was onlangs gedeserteerd uit een kort dienstverband bij een stripclub in Roppingi, toen haar professionele betrekkingen veel meer bleken voor te stellen dan ze had verwacht. Voor ze naar Tokyo kwam, had Sara nog nooit van haar leven gestript. Maar toen ze na aankomst een baan als hostess zocht, was ze bezweken voor de waanzinnige geldsommen waarmee een Nigeriaan haar had verleid, die haar ook wijsmaakte dat het ging om 'alleen een beetje dansen in je string, zó'. Sara demonstreerde het met een fraaie heupbeweging. Maar onze vriendelijke Nigeriaanse vriend had er niet bij gezegd dat strippen in Japan boven de gordel een pure contactsport is. Drank op je borsten gegoten krijgen die door onbekende Japanse mannen van je tepels gelikt wordt, is net zo gewoon als het gekreun dat je opvangt uit donkere hoekjes waar zich veel meer afspeelt dan privédansen. Aangezien je in zo'n omgeving maar een beperkte tijd bleek te kunnen wegkomen met alleen heupwiegen, had Sara besloten dat ze dát niet liet gebeuren.

Toen Sara eenmaal haar smerige verhaal kwijt was, voelde ze zich thuis in Greengrass; we waren allemaal aardig en aangekleed, en de club was vrij van de achterbakse tactieken om elkaar klanten af te pikken waarvan het barstte in grote clubs als One Eyed Jack, waar kliekjes en stiekeme bitcherigheid te verwachten waren.

Karolina, Shins favoriete hostess, was even terug in Greengrass, en we zaten net Shins eigenaardigheden te bespreken toen hij binnenkwam. Hij bleef staan en stak zijn rechterhand naar ons op, glimlachte sereen en sjokte toen achter Tehara aan naar zijn gebruikelijke tafel bij de muur, tot Karolina en ik naar hem toe werden gebracht.

'Vandaag is mijn laatste kans om Karolina te zien...' begon Shin.

'Want over twee dagen vlieg ik naar huis,' viel Karolina hem in de rede.

'Ja, ik weet het!' Shin keek haar boos aan en blies met kracht uit door zijn neusgaten. Daarna keerde hij zich naar mij en giechelde. 'Ze zal huilen, als een baby, maar ik ga morgen naar China, dus nu is misschien laatste kans. Ik had thuis moeten blijven, en slapen, maar dan is ze misschien boos op me en komt ze me wakker maken en schreeuwen. Ze maakt zoveel herrie!'

Op een bepaald moment riep Shin om een afscheidsnummer, en nadat hij met vochtige ogen en trillende stem de 'Sayonara Song' in het Japans had gezongen, sloeg Karolina terug als wanpresterende Bono met 'With or Without You'. Toen kwam de aardbeving. Zomaar ineens.

Bij de eerste schok zakte het hele gebouw naar links, *beng*, en uit een onnozel menselijk instinct keken we allemaal wie er zo hard geduwd kon hebben. Toen, *beng*, schoot de zaal met geweld naar rechts, en Shin greep mijn hand. Daarna begon het schudden. De toren van beton en staal ging een halve meter heen en weer. Heen en weer. Heen en weer. Sneller en sneller. Ik kneep stevig in Shins hand. *O god, o god, o god.* Ik begon te hyperventileren. Ik kon mijn ogen niet dichtdoen. Sommige mensen konden niet stoppen met zingen, drinken of lachen, alsof er niets bijzonders gebeurde, maar ik stond als versteend te wachten tot de hemel op mijn hoofd zou vallen, heen en weer, heen en weer, tot aan de grond. Tot het ineens ophield. Shin legde mijn handpalmen tegen elkaar en sloot zijn handen over de mijne. 'Alles is in orde,' zei hij zacht. 'Alles is in orde.'

Ik zag Karolina hysterisch lachen aan de volgende tafel. Ze vond het om je te bescheuren, maar ik voelde de tranen bijna komen. Het hielp niet dat Shin zei dat dit de grootste aardbeving was die hij zich kon herinneren.

'Maar alles is in orde. Niet gevaar. Deze aardbeving gaat naar opzíj, dat is goed. Niet omhoog en omlaag. Omhoog en omlaag is gevaarlijk. Misschien was dit er een van kracht 4, maar bij omhoog en omlaag heb je misschien kracht 2 of kracht 3 nodig en dan stort gebouw in. Maar,' voegde hij er met een geruststellende grijns aan toe, 'komt niet zo vaak voor.'

Nishi kwam me zonder enige verklaring verplaatsen. In de donkere hoek zag ik alleen een lege stoel, een aangebroken pakje sigaretten en een groot glas whisky. Op zichzelf zou geen van deze levenloze voorwerpen vooruit kunnen wijzen naar wie er uit het herentoilet kwam aankuieren, in een strak pak, een kraakhelder overhemd en met een stropdas van Armani, maar ik wist al dat hij het zou zijn. Ik kreeg vlinders in mijn buik toen ik hem zag. Het was al drie weken geleden dat we kennisgemaakt hadden, drie weken vol nieuwe ontmoetingen met nieuwe gezichten, maar op de een of andere manier waren zijn koelkastmagneetjes helemaal compleet. Ik zag ze duidelijk voor me. Blauwe Y, oranje O, groene S, gele H, rode I.

'Wat doe jij hier?' blafte hij. 'Ik heb niet om jou gevraagd!'

'Ook leuk om jou te zien, Yoshi.'

Yoshi ging zitten. En Yoshi kookte. Hij weigerde me een hand te geven, stak zijn eigen sigaretten aan en trok de pin uit een explosief van woedende klachten over mijn lef om niet met hem uit eten te gaan, die paar weken geleden. Ik was met stomheid geslagen.

'Ik ben al twee weken terug uit Chicago. Vanavond was ik op zakenfeest, met vijftienhonderd mensen. Ik háát dat. Gelul praten, ja, fucking dit, fucking dat. Wat kan mij dat schelen? "Ga weg!" zeg ik. Ik geef niks om hen.'

Zo ging het twee whisky's lang door, tot Yoshi zijn klachten onverwachts omsmeedde tot een keiharde veroveringspoging van mijn affectie op lange termijn.

'Jij wordt mijn vriendin. Ik ben een smeerlap, dat heb ik gezegd. Op werk ben ik helemaal zakelijk: fucking "Hoe gaat het?" Bla bla bla. Ik ben een professionele ouwehoer. In mijn eigen tijd ben ik stoute jongen. Maar voor jou,' knipoogde hij, 'zal ik braaf zijn.'

Yoshi wuifde mijn poging om nog een sigaret voor hem op te steken weg en ging over op Frans. 'O, god, ik ben dol op kort haar. De eerste keer dat ik je zag, wauw! Nishi zei: "Ik weet het, jouw type meisje." S'il vous plaît, ma chérie. Vertel me, als ik een brave jongen ben, maak ik dan een kans?'

'*On ne sait jamais*,' antwoordde ik dubbelzinnig – je weet nooit – en Yoshi vatte dat op zoals hij wilde.

'Ah, oké,' glimlachte hij. 'Ik ben blij. We gaan naar klein eiland, en dan, in privéhotel voor leden...' Terwijl hij het Italiaanse restaurant aan de jachthaven beschreef boog ik me naar hem toe om zijn boord recht te trekken, en plotseling kon hij geen woord meer uitbrengen. 'Ik ben vergeten wat ik wou zeggen.'

'Je had het over een klein eiland,' zei ik zacht.

'O ja,' grijnsde hij. 'Klein eiland. *Party time*. Waar wil je verder nog heen? Europa? Daar gaan we heen. Ik neem je mee naar de Côte d'Azur, Venetië, we varen in een gondel, en dan moet je wel verliefd op mij worden. Het zal onmogelijk zijn van niet, en als je terugkomt ben je mijn vriendin, dat zul je zien. Ik zal mijn best doen. Dus wat wil je voor op het kleine eiland? Ganga? Coke? Ik kan alles krijgen, wat je maar wilt. Wat wil je?'

'Ik wil mijn eigen bed,' zei ik streng. 'Ik ga met je mee naar je kleine eiland, oké, en dan maken we een beschááfd uitstapje, maar ik slaap niet met je. Dat zal niet gebeuren. Begrijp je?'

'O, ik weet het,' kirde Yoshi. 'Jij bent geen makkelijke. Ik kan makkelijke meisjes krijgen, maar daar is niets aan. Ik ga gewoon naar de bar. Oekraïense. Russische. Letse. Ze zijn allemaal zo verdomd makkelijk. Maar ze willen alleen geld. Dat is mijn stijl niet. Ik ben je suikeroompje niet.'

'Dat weet ik. Je hebt me geen diamanten gegeven.'

'Pff. Diamanten. Ben ik soms zomaar een klant? Een klant!'

Yoshi zat zich op te winden en ik probeerde hem af te leiden door te vragen: 'Je houdt van jazz, hè?' Maar dat ergerde hem nog meer.

'Natuurlijk! Kom nou, de vorige keer hebben we het verdomme over B.B. King gehad, maar dat ben jij verdomme alweer vergeten! Rot op.' Yoshi sloeg zijn armen over elkaar en begon inwendig weer te koken.

'Oké, mij best.' Ik leunde achterover en wachtte rustig af tot hij stoom afgeblazen zou hebben. Er verstreken een paar minuten in stilte, tot Yoshi schaapachtig naar me keek. Ik keek kil terug en zijn blik werd opstandig. 'Wat nou?' snauwde hij.

'Je werd helemaal gek.'

'Ik zei toch dat ik niet om je verzocht had? Ik ging naar het toilet en toen hebben ze je hier zomaar neergezet. Ik wilde je verdomme niet eens zien. Nóóit meer. Maar toen kwam ik terug van het toilet en zag ik jou hier zitten, en toen ben ik van gedachten veranderd. Ik ben op zoek naar een vrouw als jij. Duur en elegant, maar ook met een beetje dít.' Yoshi stak zijn neus in de lucht. 'Als een snob. Dat ben jij. "O, o! Ik lig te slapen,"' spotte hij. 'Eén keer vraag ik het. Nooit twee keer. Oké, rot op. Twee keer! "Morgen slapen, o, ik heb het zo druk." Kom nou! Hou me niet voor de gek. Als iemand dat doet zeg ik: bekijk het maar, zonde van mijn tijd.'

'Het spijt me. Het was echt waar, Yoshi. Het was mijn eerste week hier en ik was helemaal kapot. Denk je dat dit makkelijk went?'

Yoshi zocht in mijn ogen naar het antwoord. Het was de waarheid.

Hij liet zijn gevouwen armen weer vallen. 'Kan ik je morgen bellen?'

'Hoe laat?' vroeg ik koket. Ik kon het niet laten om hem op de kast te jagen.

'WEET IK NIET! Jij bent degene die slaapt! Een uur?'

'Liever om twee uur dan,' grijnsde ik.

'Oké, drie uur. Ik maak reserveringen om zondag naar het kleine eiland te gaan. Ken je Odaiba? We vertrekken vanaf daar, om tien uur. Nee, beter om negen. Ik kijk naar de zee. Ik kijk naar de zeekaarten. Ik zorg voor alles, geen probleem. Ik zeg gewoon tegen mijn waardeloze secretaresse wat ze verdomme moet doen.'

'Je bent echt te erg, Yoshi. Dat weet je, hè? Je moet me even excuseren. Ik moet even naar achteren.' En daarmee ontsnapte ik.

In de kleedkamer was het licht feller, en toen ik bij Yoshi vandaan was, kon ik lang genoeg op adem komen om mijn hoofd weer helder te krijgen. Had ik er zojuist in toegestemd twee dagen met hem naar een privé-eiland voor leden te gaan? Belachelijk. Hoeveel had ik gedronken? Meende hij het? God, waar was mijn oogpotlood?

Net toen ik in mijn tasje naar de zwarte kohl zocht, belde Nori vanuit zijn huis in Yokohama. Hij wilde graag weten of alles goed met me was na de aardbeving.

'Ik was in mijn kliniek toen het gebeurde,' zei hij, zwaar ademend, 'en ik dacht dat jij misschien bang was, maar ik kon je nu pas bellen, het spijt me. Weet je zeker dat alles goed is? Ik denk misschien niet, dus kom ik nu naar Tokyo om je op te zoeken.'

Geweldig. Het laatste waar ik op zat te wachten was wel dat Nori dacht dat hij mijn beschermer was of in welke vorm dan ook verantwoordelijk zou zijn voor mijn emotionele welzijn. Dat zou rampzalig zijn. Ik moest hem ervan overtuigen dat hij niet moest komen – het duurde te lang om hier te komen; het was al ver na middernacht – maar Nori was al bijna de deur uit voor ik hem eindelijk wist te overtuigen. Ik schudde mijn hoofd en bracht met mijn vinger opnieuw een veeg langs mijn ooglid aan.

Toen ik eindelijk weer naar Yoshi ging, zag ik geamuseerd dat mijn plaats was ingenomen door niemand minder dan mama-san zelf, op een van haar sporadische bezoekjes. Gewoonlijk zat ze stoïcijns aan de bar, maar naast Yoshi was ze veranderd in een meisjesachtige hostess. Ik dacht dat hij me nog niet gezien had en begon me langs te tafel te wringen, toen... *pets!* Ik hoorde het geluid bijna eerder dan ik de klap voelde. Zonder zijn gesprek zelfs maar te onderbreken had Yoshi me hard op mijn kont geslagen. Hij keek niet eens. Mama-san vertrok geen spier. Maar ik wel.

'Yoshi! Wat doe je verdomme? Waag het niet om te denken dat je mij zoiets kunt flikken, begrepen? Waarom deed je dat?' Ik was zo laaiend dat ik mijn stem niet eens gedempt hield. Een Japanse klant draaide zich met een ruk om en staarde me aan. Barst maar met je fatsoen.

'Chelsea!' Yoshi haalde charmant zijn schouders op en keek verbaasd. 'Omdat ik je leuk vind.'

'Rot toch op. Waarom sla je me dan op mijn kont?'

'Ik dacht dat je dat lekker zou vinden.'

'Dat vind ik níét. Als je het nog een keer doet, praat ik nooit meer tegen je.'

Yoshi lachte gekrenkt en ik veranderde abrupt van onderwerp. 'Heb je daarnet de aardbeving gevoeld?'

'O, kom nou,' zei hij lijzig. 'Welke aardbeving? En wat dan nog?'

Toen giechelde mama-san om iets wat hij zei, en ze keken me allebei vol verwachting aan. '*Wakatta*, hè?'

Mijn Japans was niet zo goed, dus antwoordde ik koeltjes: '*Waka-rimasen.*' Ik begrijp het niet. Dat ontlokte mama-san een verrukte lach en Yoshi een scherpe zucht, en hij beduidde haar abrupt dat ze kon gaan door te vragen of ze nog wat te drinken voor me wilde halen.

'Zo, juffrouw Chelsea, wanneer heb je het uitgemaakt met je laatste vriendje?'

'Welke?' speelde ik mee. Matt had de titel 'vriendje' drie jaar geleden al achter zich gelaten.

'Je laatste. Dat weet ik verdomme toch niet? Wanneer was je in Australië?'

'Twee maanden geleden. Mag ik een slokje proeven?' Ik wees naar Yoshi's whisky en hij schoof me het glas toe. Ik nam een slok en trok een vies gezicht. Hij goot de helft in mijn waterglas, en plotseling was dat wat ik dronk.

'Hmpf. Toen ik jou leerde kennen, had ik het net uitgemaakt met mijn Australische vriendin. We waren vijftien maanden samen. Ik ga nooit vreemd. Maar het verleden is het verleden. Het kan mij geen reet schelen,' grijnsde Yoshi terwijl hij een grote slok whisky nam. 'Alleen het heden, en de toekomst zal komen.' Wat een romantisch denker. Ik rolde met mijn ogen en Yoshi streek een lok van mijn haar glad. 'Mag ik je iets vragen? Hou je van seks?'

'Yoshi,' zei ik vlak, 'dat heb je me de vorige keer al gevraagd. Zie ik eruit als een non? Wat is dat voor vraag?' Ik kruiste onbewust mijn armen.

'Oké, oké. Ik wist niet of je toevallig celibatair was of zo.'

'Nee, ik ben niet celibatair, maar ik ga niet met jou naar bed. Nooit. Je beledigt me.'

Yoshi kneep zijn ogen tot spleetjes tot ze haast niet meer te zien waren. 'Dat weet ik,' antwoordde hij ijzig. 'Ik zei toch: ik kan Russinnen krijgen?'

Zes of zeven whisky's en een oneindige tijd later smeten Yoshi en ik elkaar nog steeds beledigingen in het gezicht, tot hij plotseling besloot te vertrekken, maar niet voordat hij zijn zwarte creditcard nonchalant maar veelbetekenend acte de présence had laten geven.

143

Hij haalde hem lang genoeg uit zijn portemonnee om door mij te worden gezien, maar stopte hem weer terug ten gunste van een Visa. Wat zeggen ze ook alweer over echt rijke mannen, die het er nooit over hebben maar het uitsluitend laten zien? Zo was Yoshi. Even later tilde hij me dronken op en zwierde me rond voor de lift. Toen ik weer op de grond stond, zei ik dat hij me maar moest bellen, hoewel hij misschien te veel aandacht had voor de drie onberispelijk geklede Japanse dames die giechelend de ladyboyclub aan de overkant binnengingen om het te horen. Ik was opgelucht toen de liftdeuren eindelijk dichtgingen.

Mijn god. Waar begon ik aan? Belachelijke tripjes naar een klein privé-eiland voor leden. De Côte d'Azur. Venetië. Diners. Het was redelijk standaard dat klanten buitensporige dingen aanboden, maar Yoshi liet het veel echter klinken dan bij het gebruikelijke toneelspel.

Met Yoshi kon je niet achteloos omgaan. Niet alleen was hij veel te leuk, ook was hij zo aantrekkelijk als de zwaartekracht zelf – en o, dan was er nog dat andere. Zie je, iemand als Yoshi nodigt je heus niet gedachteloos uit voor een tocht op zijn boot naar een privé-eiland, maar aan de andere kant is het ook niet bijzonder voor hem. Niet als hij een Lear Jet kan kopen, met een zwarte creditcard die ooit alleen Michael Jackson had voordat het een heel gewone, uitsluitend op uitnodiging te krijgen verworvenheid werd onder de jongens van de ziljonairsclub. Een dergelijk accessoire verandert soms de zaken. Fundamentele zaken. Zoals je oordeel. Vertrouwen. De omvang van het kleine rode mannetje op je schouder. Maar vaak verandert er ook helemaal niets.

O, en Nishi bevestigde het. Yoshi had wel degelijk een verzoek om me gedaan. Heel nadrukkelijk. Hij had 295 dollar betaald om me mee uit te vragen.

Dohan met Yoshi

De volgende dag werd ik om tien voor zes, net toen de moleculaire structuur van mijn instantkoffie in de magnetron gewijzigd werd, gebeld door Yoshi. 'Je zou me drie uur geleden bellen,' berispte ik hem mild.

'Hal-lo, *ma chérie*! Hoe gaat het? Drie uur geleden sliep je nog en ik ben een aardige jongen, dus heb ik je laten slapen. Ik heb alle reserveringen rond – voor het kleine eiland. Ik heb zelfs speciaal een suite voor je geboekt, omdat je je eigen bed nodig hebt, hè?'

'Ja. Maar die tyfoon dan die eraan komt?'

'Tyfoon? Nee, maak je geen zorgen. Tegen zondag is die wel voorbij. We kunnen zonder problemen mijn boot vanuit Odaiba nemen, en dan kun jij heldere lucht krijgen. Maar anders, als het op de oceaan nog stormt, kunnen we een uur met de auto en daarna met de pont naar het eiland gaan, want je wilt niet jong sterven, toch? We zien wel wat er gebeurt. Waar woon je?'

'Hiroo.'

'Oké, dan pik ik je op voor de Hiroo Citibank. Ken je die? Naast de Meidi-ya-supermarkt. Ik bel je zondag om kwart over negen, misschien negen uur. En zorg dat je dan niet slaapt, want anders maak ik je helemaal dood. Halló-o, met Yoshi... WAKKER WORDEN!'

Matt keek me van terzijde aan toen ik ongelovig ophing. Aanstaande zondag. Dat was over drie dagen.

'Wat is er?'

'Yoshi meent het van die trip naar het eiland. Hij wil deze zondag gaan. We gaan met zijn boot vanuit Odaiba. Hij heeft vandaag gereserveerd en een suite geboekt, zodat ik een eigen kamer heb en alles.' Ik moest lachen van de schrik. 'Dat geloof je toch niet?'

'Volgens mij moet je niet gaan,' zei Matt meteen. 'Jij hebt die situatie niet in de hand. Ik wil niet hoeven zeggen: "Ik zei het toch?" Dat heeft toch geen zin? Dan zou ik een Jap moeten vermoorden...' Hij zweeg even '... en dan moeten we weg uit Japan.'

'Pfff, kom nou.' Ik rolde met mijn ogen en deed na de *ping* de magnetron open. 'Dit is goed voor mijn boek. Je hoeft je geen zorgen te maken.'

'Ik maak me ook geen zorgen over jóú,' wierp Matt tegen, en dat was het einde van het gesprek.

Ach ja. Het kleine eiland was maar een weekendje weg, en Yoshi deed gewoon aan grootspraak. Dát zou heus niet gebeuren.

Drieëntwintig uur later hoorde ik mijn telefoon zwak rinkelen onder de constant neerbeukende regen op mijn doorzichtige plastic paraplu. Ik nam op.

'Hallo, hoe gaat het?' kirde Yoshi. 'Ik ben net klaar op kantoor en ben vanavond vrij. Dus ga je mee uit eten? Ik haal je op waar je maar wilt.'

Een uur later parkeerde Yoshi voor het Grand Hyatt, en ik rende door een muur van regen om weg te zinken in de passagiersstoel van een luxe, zilverkleurige Mercedes. Yoshi liet me een glimp van zijn Rolex zien. 'Sorry.' Hij haalde verontschuldigend zijn schouders op. 'Dat vervloekte verkeer. De tyfoon. *Whatta can I do? Vous êtes très belle ce soir.* Goed, *ma chérie,* wat wil je eten?'

'Als het maar geen Chinees is. Of Japans,' voegde ik er snel aan toe.

Yoshi wierp me een blik toe en schoot in de lach. 'Oké, later misschien. Je bent een gekke vrouw, maar ik weet het, ik weet het,' en hij klopte me op de knie. 'Nu alleen vrienden. Wat dacht je van Italiaans?'

'Klinkt heerlijk.'

'Ik weet een goed restaurant. Klein, maar goed. Mijn favoriet.'

Vanavond was Yoshi in Prada. Hij was gladgeschoren en zo zoetvloeiend als martini met zijn sprankelende donkere ogen, fris als de campari-grapefruit tussen mijn vingers. *Kling!* 'Op onze eerste date.'

146

Als hij het zo wilde noemen. Ik zou het eerder een professioneel kat-en-muisspelletje noemen, maar waarom zou ik tegenspreken als het toch op hetzelfde neerkwam? Ongrijpbaar blijven was makkelijker als je weinig zei en nog minder liet zien, en nog makkelijker als je Yoshi gewoon liet praten. Het was alleen moeilijk om de hitte van zijn blik te negeren. Zelfs met een eettafel tussen ons in was die veel te intiem.

Sinds de eerste keer dat Yoshi in dit Italiaanse restaurantje was geweest, twintig jaar geleden met zijn vader, had hij altijd precies hetzelfde besteld. Ik was nog een eenjarig luierkind toen de obers hem voor het eerst een voor een de hoofdgerechten hadden beschreven. Destijds had Yoshi moeilijk met me over Vivaldi en Chopin kunnen praten of kunnen beweren dat iedereen jaloers op hem was vanwege mijn schoonheid. Maar hij zou waarschijnlijk even weinig aandacht hebben besteed aan mijn verzoek iets voor mij te kiezen, zónder vlees: zijn eerste keus was carpaccio.

Yoshi mocht dan een beetje onnadenkend omgaan met anderen – hij bracht voetgangers in levensgevaar met zijn u-bochten, riep oude vrouwtjes op het zebrapad toe of ze soms jong wilden sterven en parkeerde met alarmlichten aan op een paar meter voor de deur – maar voor zichzelf was hij een perfectionist. Zelfs zijn naam betekende 'de beste', 'nummer 1' of 'de grootste'. Allemaal betekenissen die Yoshi met zorg had belichaamd in zijn ruim veertig levensjaren door een indrukwekkende culturele vernislaag en een ongelooflijke intelligentie te cultiveren. Achter deze bekoorlijke façade was Yoshi ook een scherp zakenman. Hij was directeur van het internationale familie-imperium of, zoals hij het graag uitdrukte, 'de Baas', en tegelijk met zijn verantwoordelijkheden als *chonan* had hij ook de plicht geërfd in Tokyo te wonen en de miljoenen te beheren, terwijl zijn jongere broer lekker in Huntington Beach mocht wonen om een nevenvestiging te leiden bij de ruisende branding van de Stille Oceaan.

Het was moeilijk niet te vallen voor Yoshi's magnetische persoonlijkheid. Ik vond zelfs zijn onachtzaamheid vreemd charmant, omdat die voortkwam uit een behoefte zichzelf op de eerste plaats te stellen terwijl zo'n groot deel van zijn identiteit juist ter wille van anderen gevormd leek. Door die kloof vatte je sympathie voor Yoshi op. Hij liep over van charisma, dat een zekere droefheid echter niet kon verbergen. Mijn hart ging daardoor naar hem uit.

Terwijl we Chianti Classico zaten te drinken, verklaarde hij: '*Au futur. Ik heb mijn ster gevonden, mon étoile.*' Hij wist me voor zich te winnen. Hij maakte me aan het lachen. Hij behandelde me als een prinses, en hoewel de meesten van mijn klanten dat deden, leken Yoshi's intenties oprecht. Er lag te veel gewicht in zijn woorden. Hij was te bereisd, te goed ontwikkeld en – als ik het mag zeggen – te on-Japans om het allemaal licht op te vatten. Bij de andere mannen hield juist hun Japansheid de absurditeit van de bedrieglijke hostessenclub in leven. Als Yoshi en ik in New York uit eten waren geweest, had ik misschien heel anders op zijn verleidingen gereageerd, maar hier in Tokyo moest ik mezelf welbewust voorhouden dat hij gewoon een klant was, en ik alleen zijn hostess.

Toen het dessert kwam, was het half negen en had Yoshi me nog geen enkel teken gegeven of dit een *dohan* zou worden.

'Hebben we nog tijd om ergens iets te drinken?'

'Ik weet niet, het hangt ervan af. Ga je nog mee naar de club?'

'Natuurlijk, *ma chérie*,' kirde hij, alsof er op de hele wereld niets vanzelfsprekender was dan dat. De niet-suikeroom, de niet-klant.

'Dan hebben we tot half tien. Ik moet Nishi even bellen.'

Tring, tring! Tring, tring! 'Hallo Nishi? Met Chelsea. Ik ben er vanavond om half tien, oké? Ik heb een *dohan*,' legde ik uit, 'met Yoshi.'

Nishi hijgde van verbazing. '*Yoshi?*' Maar Yoshi onderbrak ons door de telefoon te grijpen.

'Hij gelooft je niet. Nishi-san! *Hai hai, Yoshi desu*,' en ze babbelden even met elkaar tot de telefoon weer in mijn schoot werd gegooid. 'Ha! Meneer Nishi kan het niet geloven. Nooit eerder *dohan* voor mij. Jij bent zo bijzonder, *ma chérie*. Het is eerste keer voor jou.'

Vast wel. Yoshi's marketingstrategie was vlekkeloos. Hij wist precies hoe hij het moest spelen, wat hij moest zeggen en wanneer. Het was om gek van te worden. Hoe kon je bezwaar maken tegen een tripje naar een privé-eiland dat Grand xiv, Marine & Thalasso Resort heette? Yoshi had de op zwaar papier uitgevoerde brochure voor me meegenomen – een en al weelderige suites, exquise maaltijden en een schoonheidssalon waarin hij al een behandeling van een halve dag voor me had geboekt. De foto's toonden uitzicht op de Fuji, de weidse oceaan en kleine jachten die witte penseelstreken op het saffierblauwe water achterlieten. Alles was volmaakt, maar je kon het gewoon niet geloven.

Yoshi liet zijn Mercedes achter in een lichte motregen en rende voor me uit om de deur van de Hobgoblin open te houden, een kroeg in Roppongi die barstensvol zat met een uitgaanspubliek van bijna uitsluitend *gaijin*. 'Wat drink je, baby? Melk?' plaagde hij terwijl ik een tafeltje zocht onder de wellustige blik van een stel Britten, waardoor Yoshi trotser ging lopen dan ooit.

'Ja, goed idee, Yosh. Baileys met melk graag.'

'Hmpf. Jij hebt ook overal antwoord op,' pufte Yoshi, en terwijl hij als een pauw naar de bar liep keek ik op mijn telefoon. Ik had twee gemiste oproepen van Nori. Shit. Ik had een week niets van hem gehoord en nu moest hij uitgerekend vanavond uitkiezen. Het was al negen uur en hij zou waarschijnlijk naar de club komen, zich afvragend waar ik was. Ik moest hem bellen, anders werd hij boos. Dus toen Yoshi terugkwam met onze drankjes en in het herentoilet verdween, belde ik snel zijn nummer. Laat Nori alsjeblieft niet in Greengrass zijn, dacht ik. Gelukkig was hij dat niet, maar hij wilde weten waarom ik dat wilde weten.

'Ben je op *dohan*?' Nori haalde scherp adem.

'Ja, dat klopt, maar...'

'O, ik... eh, ik begrijp het.' Nori klonk alsof hij bedrogen werd. 'En daarom ben je niet op de club, omdat je met een andere klant op *dohan* bent. Waar ben je?' vroeg hij.

'Hoor eens, Nori, dat doet er niet toe. Je weet dat het gewoon bij mijn werk hoort. Het betekent niets, ik moet op *dohan* om punten te halen, weet je nog? Ik weet dat je dat weet, dus wees alsjeblieft niet boos op me.' Er viel een lange stilte aan Nori's kant van de lijn.

'Oké,' zuchtte hij zwaar. 'Dan kom ik nu misschien naar de club, om je te zien.'

'Misschien? Eh... oké, maar kun je dan later komen, over een uur of zo? Ik ben nog steeds op *dohan*. Hij moet me naar Greengrass brengen en ik wil niet... Het is misschien moeilijk...'

'Oké, ik kom,' herhaalde Nori. Ik zag zijn pruilende gezicht en dat stomme opgekamde haar voor me.

'Ja, maar later. Beloof je me dat?'

'Eh... ja, dat beloof ik.' Nori's stem klonk een beetje vreemd. 'Later, als je vrij bent. Ik begrijp het.' Net toen Yoshi terugkeerde hing hij op.

'Ha ha. Kijk eens, *ma chérie*. Iedereen kijkt naar mij omdat ze zich afvragen waarom ik zo'n bloedmooie meid kan krijgen. Ik ga nooit op zo'n stomme *dohan*, maar voor jou vind ik het niet erg. Alles voor jou. Wat je maar wilt. Ik wil geen anderen en ik ben niet nieuwsgierig. Morgen ga ik alleen maar slapen. Niets anders te doen dan jou zien. Ik ben verliefd. Dit gevoel heb ik zo lang niet gehad. Je bent zo charmant,' fluisterde hij zachtjes.

Snap je wat ik bedoel? Yoshi had zijn tekst geoefend.

Twintig minuten later had Nishi me amper met Yoshi aan een tafeltje naast de drankkast gezet of Nori draafde al naar binnen met zijn dokterstas – duidelijk eerder dan beloofd. Nori wierp een uitdagende blik de zaal door naar Yoshi. Hij bleef ongemerkt naar hem kijken tot hij Nishi met tegenzin toestond hem een tafeltje om de hoek te geven, uit het zicht. Maar niet voor lang. Al snel stond Nori op en danste hij met Abie, wat hij zelden deed, en niet veel later plaatste Soh, de Birmese ober, me over naar zijn tafeltje. Nori was zelfvoldaan toen ik naast hem ging zitten. 'Is dat je *dohan*?' vroeg hij.

'Dat is mijn vriend, Nori, en het gaat je niet aan. Waarom ben je zo vroeg?'

'Eh... ik wil jou zien. Ik heb de computer, in mijn auto,' glimlachte Nori terwijl hij me blij om mijn knie klopte. Dus dit was omkoperij. Wat kinderachtig en achterbaks. 'Ik ben zo blij om je te zien. Deze zondag gaat Fumio met ons naar Asakusa, dan gaan we naar het palingrestaurant en kun je veel plekken zien, in Tokyo...'

'Eh... ik kan zondag niet naar Asakusa, Nori. Ik heb al andere plannen. Het spijt me. Ik heb de hele week niets van je gehoord, dus ik dacht dat we niet zouden gaan.'

Bij dat onverwachte nieuws viel Nori's mond open. Zijn schouders zakten in – in een karaokesongtekst zou je zeggen dat 'zijn hart verscheurd werd' – maar voor ik de onvermijdelijke reactie kon incasseren bracht Soh me alweer terug naar Yoshi. Toen ik daarna weer naar Nori gebracht werd, gaf hij stijfjes te kennen dat hij moest gaan, betaalde zijn rekening van vijfhonderd dollar en stond me nors toe hem uit te laten, vrijwel zonder een woord.

Alleen achtergebleven in de hal werd ik onverwachts overspoeld door berouw dat ik Nori's verwachtingen de bodem had ingeslagen. Hij was mijn vaste, goedbetalende klant, en ondanks de duistere eigenaardigheden die zo nu en dan naar de oppervlakte dreven, konden we het goed met elkaar vinden. En bovendien had Nori inderdaad de laptop gekocht waar ik om had gevraagd, al had hij me die vanavond om voor de hand liggende redenen niet gegeven. Ik had niet zozeer om de laptop gevraagd omdat ik die zo graag wilde hebben, als wel om te zien of hij hem echt zou geven, en daar voelde ik me schuldig onder. Nori had kinderachtige fouten, maar hij was een intelligente, gulle man. Zat ik fout, of was onze korte aanvaring gewoon een misverstand? Dat was de vraag, en misschien zou ik er langer over nagedacht hebben als ik niet zo ondersteboven was geraakt door wat Yoshi toen deed.

Zodra ik weer bij Yoshi in de buurt was, vroeg hij om een karaokenummer. Ik dacht dat hij een grapje maakte. Yoshi leek me niet bepaald iemand om zich in te laten met zo'n belachelijke frivoliteit als karaoke. Maar toen liet hij zich op een knie zakken. Ik zei dat hij moest ophouden. Hij nam de microfoon in zijn ene hand en de mijne in de andere. Ik lachte nog steeds toen hij begon te zingen, en toen werd ik stil.

Vierenhalve minuut lang liet Yoshi's blik de mijne niet los. Hij hield mijn hand vast en zong me elk woord van 'Right Here Waiting' toe alsof het zijn eigen lied was. Hij was sexy, hij was teder, en ik was volkomen van mijn stuk. Richard Marx kon niet in Yoshi's schaduw staan.

'Ik zal op je wachten,' vervolgde Yoshi toen hij de laatste noot had gezongen. 'Maar niet te lang, oké? Ik ben man, weet je. Twee jaar maximaal, maar misschien zes maanden als ik een brave jongen ben. Ik kan het niet verdragen als je weggaat naar Canada, om een oceaan tussen ons te hebben. Dan kom ik ook. Vraag je ouders maar of je een spleetogenvriendje mag hebben. Ik meen het, alles voor jou, maar alleen één vraag. Ik heb de grootste suite geboekt, zodat je aan de andere kant van de kamer kunt slapen, maar als we naar het hotel gaan, mag ik dan zeggen dat je mijn *chérie* bent?'

'Oké,' lachte ik. 'Goed, Yoshi. Dat mag je zeggen.' Dat kon ik hem dan toch geven.

'Als je terugkomt uit Canada ben ik zo trots, ik stel je voor aan al mijn vrienden. Je bent moeilijk, daarom vind ik je leuk, maar ik weet het: over zes maanden ben jij mijn vriendin. Ik heb geen verzoek om je gedaan toen ik terugkwam,' loog hij gladjes, 'maar je zat daar gewoon. Het is voorbestemd voor mij. Liefde is goed. Zelfs onbeantwoorde liefde. Toen ik naar Chicago ging, dacht ik alleen aan jou. Ik dacht: wauw, ik vind haar echt leuk, maar zij vindt mij niet leuk. Vanavond was duur, 380 dollar eten, 490 dollar Greengrass, maar geen probleem. Ik ga nooit op stomme *dohan*. Nishi zei tegen mij: "Yoshi, gaat het wel goed met je?" Ja! Ik ben zo blij! Hiervoor dacht ik dat je me nooit leuk kon vinden, maar nu gaan we naar het kleine eiland. Het hotel is heel druk, want alleen voor leden, maar het eiland is rustig. We kunnen wandelen...'

'Neem je digitale camera mee,' onderbrak ik hem.

'Ik moet er een uit kantoor halen.'

'Ik heb er geen.'

'Oké, maak je geen zorgen, schatje. Je krijgt er een van mij, natuurlijk. Alles voor jou.'

Dat waren grote woorden voor iemand die zo driftig ontkende dat hij een suikeroompje was. Iemand wiens moeder hem in het weekend wakker maakte en zijn was deed.

Om één uur 's nachts liet ik Yoshi uit. Na zes uur samen beweerde hij dat ik hem afgepeigerd had en dat hij moest slapen, maar het was wel vrijdagavond; misschien was het gewoon tijd voor Yoshi om naar de volgende club te gaan. In elk geval zou ik liever denken dat hij achter de makkelijke Russinnen aan ging dan dat zijn genegenheid oprecht was. Dat kon mijn hart niet aan.

Aan de vergadertafel zat Karolina te worstelen met het feit dat ze de volgende dag naar huis zou vliegen om in Polen haar opleiding af te ronden. Ik was benieuwd of ze Yoshi kende. Het kostte maar drie woorden om vast te stellen wie we bedoelden. *Rijke stinkerd* en *Superman.* 'O god, Yoshi, hè? Klein brilletje, stijlvol, met Gucci en alles? Hij is knap, vind je niet? En sexy. En ongelooflijk arrogant. Was hij vanavond hier? Ik heb hem niet gezien.'

'Ja.' Ik negeerde haar vragen. 'Wat weet je van hem?'

'Yoshi was klant van mijn vriendin Minka voor we naar Thailand gingen, en hij is hartstikke verslaafd. Aan hostessen, bedoel ik. We hebben hem een keer betrapt in de lift nadat hij al in Greengrass geweest was om Minka te zien. Hij was op weg naar Republika, die Russische club, maar hij deed alsof hij alleen iets vergeten was.' Aha. Precies wat ik dacht.

Je weet dat je leven nooit meer hetzelfde zal zijn als je meest romantische moment ooit heeft plaatsgevonden in een hostessenclub in Tokyo. Ik haatte Yoshi erom. Het was een meisjesdroom, à la barbies en prinsessen, en dat wíst ik. Maar al kon ik hem niet geloven, al wilde ik het niet als realiteit accepteren, ik had tegen mijn tranen moeten vechten toen Yoshi dat lied voor me zong. Als een grote, goedgelovige baby. Ik was misschien dronken van de vintage rode wijn en ten prooi gevallen aan de al te smakelijke propaganda van een volleerde casanova, maar toen Yoshi mijn hand pakte en op de vloer knielde in zijn Prada-pantalon was zijn stem zo mooi, was híj zo mooi, dat de wereld om ons heen leek stil te staan. In Hollywood-films is dit het moment waarop het onnozele jonge meisje verliefd wordt op de onweerstaanbaar onvolmaakte miljonair. Maar daar kende ik mezelf te goed voor.

Als mijn leven zo'n sprookje had kunnen zijn, zou ik dat op dit moment met beide handen hebben aangegrepen. Ik zou van het klif zijn gesprongen zonder achterom te kijken. Maar het sprookje bestond niet. De belofte was er niet.

Dit merkwaardige culturele fenomeen berustte geheel op list en bedrog – de 'relatie' tussen hostess en klant was een fabeltje van onwaarschijnlijke mogelijkheden. We waren toverwezens die luchtkastelen bouwden die nooit werkelijkheid zouden worden.

En weet je? Het woord 'teleurstelling' schiet tekort om te beschrijven hoe het voelt om te weten dat dergelijke omstandigheden tot niets waarachtigs kunnen leiden, maar mijn geloof in het menselijk vermogen om liefde te geven kreeg op dit moment een nieuwe impuls. Hoe verpest een leven ook is, de menselijke ziel kan pure liefde geven, al is het maar één kort moment. Deze herinnering zal me redden, steeds opnieuw. Het heeft me sterk conflicterende gevoelens gebracht – iets wat ik niet wil voelen – maar ook iets wat ik altijd zal blijven koesteren. Dit leven is ontzettend paradoxaal.

En steeds als ik dat nummer hoor, zal mijn hart huilen.

De lul.

Toen ik om half vier 's morgens eindelijk thuiskwam, nat, dronken en uitgeput, was Matt er nog niet. Hij zou wel tot laat moeten werken, maar nam zijn telefoon niet op. Geweldig. Ik moest hem echt zien. Ik moest hem zien, voelen, vasthouden wat écht was. Vanavond was een tikje te heftig geweest.

Ik wilde teruglopen via de route die we normaal gesproken samen naar huis nemen om te zien of ik hem ergens zag, maar voor ik een paraplu vond belde Nori uit Yokohama, chagrijnig en boos.

'Nu gaat het niet goed en heb ik geen goede gevoelens, en ik bel niet naar jou,' gromde hij duister. Ik trok mijn schoenen uit en zette de tv op de weerzender. Een verslaggever in een felgele regenjas vocht tegen de hogesnelheidswind en liet op een kaart van Kyushu het traject van een naderende tyfoon zien.

'Waarom? Wat is er dan?' vroeg ik onnozel. 'Ik begrijp het niet.'

'Je begrijpt het niet?' snauwde Nori. 'Zondag! Ik kwam naar Tokyo om plannen voor zondag met je te maken. Dat is alles.' Zijn stem zakte in. 'Ik wilde je zondag zien.'

'Hoor eens, Nori, je kunt niet verwachten dat ik alles voor je laat vallen als je een hele week niet belt. Ik heb je al verteld dat ik al plannen heb en die kan ik niet afzeggen. Het spijt me.'

De verslaggever keek even uitgeput als ik me voelde. Hij schreeuwde maar: '*Tsunami desu yo!*' terwijl op golvenkaarten cijfers boven de kust van Kanto weergegeven werden: 0,4 - 4 meter, 7 - 10 meter.

'Ja maar, die kun je toch veranderen,' hield Nori vol. 'Voor mij.'

'Nee, dat kan niet. Ik ga ergens heen.' 5,4 - 7 meter.

'Wat?!' riep Nori boos.

'Ik zei dat ik al plannen had, hoorde je me niet?' Ik keek uit het raam en zag dat de wind net opgestoken was. De rode cirkel op de weerkaart lag vlak voor de kust.

'Maar...'

'Geen gemaar, Nori. Ik heb iets anders te doen.' Er viel een stilte. De *shinkansen* reed niet meer. Japan Airlines had alle vluchten uitgesteld. Het waren geen goede vooruitzichten voor een boottochtje naar een klein eiland over dertig uur. 'Gaat het?' vroeg ik.

'Nee! Het gaat níét!'

'Kun je geen vriendin van Fumio meenemen?'

'Nee! Alleen jóú!' ging hij wanhopig door. 'Waarom begrijp je dat nou niet?'

Er víél niets te begrijpen. Dit gedrag was echt zielig, en juist Nori zou dat moeten weten. Ik had nooit iets gezegd om zijn berg aan verwachtingen te voeden. Ik speelde gewoon mijn rol, meer niet. Híj was degene die het hele scenario om zeep hielp.

Kyoto a go-go

Het was een druilerige, kleurloze ochtend, alweer een zondag, toen Yoshi te laat stopte voor de Hiroo Citibank. Toen ik hem zag sprong ik van de grote bloembak af. Mijn naaldhakken tikten op het natte asfalt terwijl hij door het verkeer over straat wenkte, zodat ik voor in zijn auto kon stappen. 'Goedemorgen, *ma chérie*! Hoe is het?' Hij straalde toen ik mijn tas naast zijn Louis Vuitton-koffers op de achterbank van zijn onberispelijke Mercedes gooide.

'Breng mij maar naar het kuuroord,' lachte ik. 'Ik heb maar één uur geslapen en ik ben een wrak.' Maar Yoshi niet. Hij was helemaal wakker, in zwart Gucci en Prada. Hij zette Norah Jones harder. Hij keek op zijn horloge. En toen, terwijl we door de verlaten straten van Roppongi raceten, deed Yoshi nonchalant zijn onthulling. 'We moeten voor tien uur op het treinstation zijn. De tyfoon heeft het kleine eiland verwoest, dus gaan we naar Kyoto.'

'Hou je kóp, Yoshi,' protesteerde ik slap. 'We gaan toch niet echt naar Kyoto?' Maar hij grijnsde woest en ik schoot recht overeind in mijn zachte leren stoel. 'Wat?! Meen je dat? Nee, niet waar. Echt? O mijn god. Kyoto? Yoshi! Je houdt me voor de gek! Hoe is dit van een uitstapje naar een klein eiland in Kyoto veranderd?'

Yoshi's glimlach werd breder. 'Omdat het hotel mij gisteravond laat belde: "Klein eiland is erg beschadigd, dus alle reserveringen worden geannuleerd." Ik heb mijn vriend in Kyoto gebeld en hij heeft alles voor mij geregeld.'

'Maar het is een lang weekend. Kyoto zit stampvol!'

'Ik weet het, maar maak je geen zorgen. Jij bent een bofkont. Mijn vriend heeft manieren om dingen te krijgen – goed hotel, goed diner – dus leun maar achterover. Ontspan je! *You will luuhv it*. Ga maar slapen, *ma chérie*, je ziet er moe uit. Ik maak je wakker bij station.'

Ik besef dat veel mensen op zo'n moment zouden eisen dat Yoshi ze uit de auto zou laten, maar ik vond het een verschrikkelijk opwindend idee om in een opwelling naar Kyoto te gaan. Het was de stad van de Japanse dromen, de spirituele ziel van het land, en hoe kon ik die beter ervaren dan met Yoshi? O ja. Hoe kon ik nee zeggen?

Het platonische nachtje weg met de miljonair was een volkomen acceptabel onderdeel van de hostess-klantrelatie. Abie was met opa naar Kyoto geweest. Karolina was verschillende malen met Shin naar Hakone en Chiba geweest, en ik had er geen problemen meer mee. Vier weken geleden deed ik het al in mijn broek bij het idee om bij een klant in de auto te stappen, maar er was sindsdien iets veranderd. Het was dat dertiende lampje. Maar er was nog iets. Ik vertrouwde Yoshi. Hij was bekend.

Zoals de man van wie ik zoveel hield. Zoals Matt.

Niet toevallig had ik Matt leren kennen op een moment in mijn leven dat ik niet veel weerstand had. Ik was zeventien en zat in een hedonistische spiraal waarin ik volop experimenteerde met drugs, veel dronk en nachtenlang niet sliep. De ultieme *party girl*. Matt sloeg mij heel stevig aan de haak – omdat hij duidelijk de alfaman in mijn omgeving was, of mij dat althans liet denken. Geld. Naamsbekendheid. Hij overstelpte me met verwennerijen en attenties die ik niet gekend had in het kleinsteedse British Columbia, of zelfs in Tokyo, Parijs, Cascais of de andere plaatsen waar ik mezelf in een vlaag van roekeloze overgave naartoe had gesleept.

Daarna stabileerde ik enigszins en groeiden we samen. Omdat we zo'n sterke band hadden ontwikkeld, wist ik dat met Yoshi naar Kyoto gaan die niet in gevaar zou brengen. Maar tegelijkertijd gleed ik, al wilde ik het niet erkennen, opnieuw af naar een roekeloze levensstijl, niet veel anders dan uit de tijd dat Matt slinkse tactieken had moeten toepassen om mijn materialistische aandacht te trekken. Ik dacht dat ik daaroverheen was, maar de duistere kant kan ontzettend aantrekkelijk zijn als die je opnieuw overspoelt met al zijn charmes – of, misschien, als je de eerste keer de les nog niet helemaal begrepen hebt.

Je zou kunnen zeggen dat ik me de afgelopen paar weken heb

vastgeklampt aan een vals gevoel van zekerheid. Ik koos ervoor om mezelf weer om te vormen tot de archetypische nachtvlinder, althans voor zover een getrouwde vrouw daarmee weg kon komen, en zes dagen per week werd ik bewonderd, op een voetstuk gezet, begeerd en gecomplimenteerd. Eerst vond ik het verachtelijk. Toen kreeg ik er een ongemakkelijk gevoel van. Al snel genoot ik ervan, daarna zwolg ik erin, en niet lang daarna begon ik, net als alle andere meiden in hostessenclubs in Tokyo, te denken dat ik het verdiende. Bingo! Weerstand weg.

En toen kwam er iemand als Yoshi voorbij, die me overstelpte met aandacht terwijl ik omgeven werd door mannen met wie ik niets had. Yoshi zond dat alfamannetjesferomoon uit; hij stonk ernaar, en in mijn verzwakte toestand pikte ik het op. Op elke andere plek of tijd had ik hem makkelijk kunnen afwijzen, maar Yoshi was het echte werk; hij kon morgen binnenlopen bij Jets-R-Us en er eentje kopen, met een afwerking naar eigen smaak. Hij had miljoenen tot zijn beschikking, en bood mij alles op een presenteerblaadje aan. En dan bedoel ik álles, hypothetisch of niet. Omdat hij verdomme precies wist wat hij moest zeggen.

Als je met 257 kilometer per uur in de eerste klas dwars door het land naar Kyoto scheurt, moeten je ogen zich aan de ongelooflijke snelheid aanpassen, anders zie je het landschap niet eens scherp. Tel tot elf en je bent bijna een kilometer verder. Blijf geduldig tellen en Yoshi wijst in de verte zijn geliefde kleine eiland aan en bestelt daarna een kop koffie voor je terwijl hij sandwiches eet. *Achttienhonderd*, jij slurpt van de sterke koffie. *Achttienhonderdeen*, hij slikt het laatste stuk korst door... Honderddertig kilometer later ligt Yoshi luid in je oor te snurken. Zijn Gucci-schoenen voor in de auto heeft hij omgeruild voor zwarte suède loafers. Je wilt slapen, maar dit is te surrealistisch om je ogen dicht te doen – misschien ontwaak je wel uit deze droom en dat wil je absoluut niet. Je oogleden vallen misschien een beetje dicht, maar je zult wakker zijn als de *shinkansen* zachtjes de weelderige groene bergen afdaalt naar de vallei van Kyoto.

Buiten het station is het dertig graden en zonnig. De vogels zingen. Zweet parelt. Er staat een lange rij taxi's, maar Yoshi trekt je aan de hand mee tot voor in de rij, waar een zwarte Mercedes staat te wachten. Deze man neemt niet eens een gewone taxi.

Hier voel je je rijk en beroemd tegelijk, door de manier waarop de mensen naar je kijken als je bij hem bent en de galante manier waarop hij met je omgaat. In het langzame verkeer wijst Yoshi verschillende hotels aan: het duurste, het hotel waar hij de vorige keer heeft gelogeerd, het hotel waar hij nu heen wilde, maar dat vol was. Hij wilde een goede indruk maken – jij bent zijn *chérie*. Hypothetisch.

Waar staat de teller nu? *Eenentachtighonderd, Eenentachtighonderdeen*. Hij babbelt met de chauffeur in een taal die jou nog steeds vreemd is, en je kijkt uit het raam naar nog een voorbijglijdende betonnen stad.

Ik kon mijn glimlach niet verbergen toen er een piccolo aansnelde die het portier van de taxi opende en me een gehandschoende hand ter ondersteuning bood. Ik lachte nog breder toen Yoshi mijn arm greep en we aristocratisch, met zonnebrillen op en rechte rug, de lobby van Hotel Nikko Princess Kyoto binnenschreden onder een overvloed van starende blikken en gefluister. Terwijl Yoshi een smak geld betaalde voor een suite op de vijftiende verdieping hield ik me op de achtergrond. Ik keek rond in de cadeauwinkel en bewonderde de volmaakt gastvrije receptionisten. Ik bleef zwijgen toen we de piccolo de lift in en de gang door volgden en barstte pas in lachen uit toen onze suitedeur veilig dichtzat.

'O mijn god. Deze suite is enorm! Ik dacht dat je zei dat deze kamer pas op het laatste moment geboekt was?'

'Bah, hij is niet goed genoeg,' klaagde Yoshi, terwijl hij de deuren tussen de zitkamer en de slaapkamer opengooide. 'Mijn stijl niet, maar *whatta can I do*? In elk geval heb jij je eigen bed, *ma chérie*.'

Dat had ik zeker, plus een badkamer groter dan onze flat in Hiroo – de flat waarin Matt nu lag te slapen, waarschijnlijk boven op mijn kussen. Ik moest hem snel bellen. Ik moest hem laten weten dat ik in Kyoto zat, in plaats van op een eiland, maar ik wilde hem niet wakker maken. Matt had zijn slaap nodig, het watje, en het had geen zin om hem eerder bezorgd te maken dan nodig was. Tot het laatste moment had hij liever gewild dat ik niet ging. Hij had die ochtend in stilte gedoucht en lag in bed terwijl ik schone kleren en noodzakelijke spullen inpakte. Ik vond het treurig om mijn tandenborstel naast de zijne weg te halen, maar waarschijnlijk zou hij zoiets kleins niet opmerken.

Ik was op de rand van het matras gaan zitten en had hem gedag gekust, en hij had me doordringend aangekeken met die ogen van hem. 'Pas goed op jezelf. Ik hou van je.'

Ik lachte en zei: 'Maak je geen zorgen. Ik bel je vanaf het eiland. Ik hou van je, *bubsteroo.*' Nu zou ik hem uit Kyoto bellen, maar niet voor vijf uur, als ik wist dat hij wakker was en naar zijn werk in Roppongi liep.

'Chelsea... hé, Chel-sea.' Ik keek naar Yoshi aan de andere kant van de kamer. 'Laat me even iets minder stijfs aantrekken, dan gaan we naar Ogura, een prachtige heuvel met veel heiligdommen en tempels ten noordwesten van Kyoto. De eerste van veel plekken voor jou. *You will luuhv it,*' kirde Yoshi, en toen hij de dubbele deuren achter zich had dichtgetrokken plofte ik op de bank neer om NHK-televisie te kijken tot reisleider Yoshi klaar was.

In Japan zit God in de details, zegt men wel. Het is iets wat ik enorm kan waarderen in de Japanners. Hoewel ze de snelst ontwikkelende, technologisch meest geavanceerde natie ter wereld zijn hebben ze gevoel gehouden voor de spirituele krachten van de natuur. Het is hun gelukt het dagelijks leven in de eenentwintigste eeuw te laten versmelten met eerbied voor het goddelijke. Het is een heel poëtische manier van leven.

Toen ik achter Yoshi aan de trappen van de Nenbutsu-ji-tempel beklom, kon ik zeggen: 'God zit in het zonlicht dat uitgegoten wordt over de achtduizend stenen boeddha's', en dan zou ik gelijk hebben. Of ik kon concreter zijn en zeggen: 'God zit in de ingewikkelde eenvoud van de Ghi-ohji-tempel', waar we daarna heen gingen, en dan zou ik nog steeds gelijk hebben.

Schoonheid is iets wat je gewoon in je opneemt. Op sommige plekken op aarde is dat moeilijker dan op andere, maar in Kyoto is het wel bijzonder makkelijk. Zodra je de tempels en heiligdommen in loopt, voel je een rust door elke balk en elke steen vloeien, tot elke stap een wandelende, ademende meditatie is.

Hoewel Kyoto nog maar een fractie is van zijn vroegere zelf, is makkelijk te begrijpen waarom de geallieerde bommenwerpers deze prachtige stad tijdens de Tweede Wereldoorlog besloten te sparen: zelfs zijn vijanden respecteerden hem.

En ik had een nieuw respect voor Yoshi. Het begon toen we door het bamboebos en over de oevers van de Oi wandelden. Telkens als ik naar hem keek, werd ik verrast door een nieuw licht dat zijn prisma wierp. Hier, tussen de geschiedenis van zijn voorouders, de geesten van zijn goden en de koninklijke schoonheid van zijn land, was het makkelijk te zien: voor één keer leek Yoshi vrede te hebben.

'Hé, *bubs*, met mij. Ja, alles is in orde. Ik zit in Kyoto. Niet vloeken. Het kleine eiland was beschadigd door de tyfoon van gisteren, dus heeft Yoshi de plannen veranderd. We zijn met de *shinkansen*. Mm-mm. Ja, weet ik. Kom op, volgens mij weet ik wat ik doe. Oké. Heb je een pen? We logeren in Hotel Nikko Princess Kyoto in kamer 1015, en het telefoonnummer is 75-342-2111. Ja, ik pas op. Ik weet het. Ja, dat weet ik ook. Oké, ik hou ook van jou. Mm-mm. Oké, smák... Ik bel je morgenochtend.'

'O god, dit ga ik níét eten. Is dit zee-egel? Ja, hè?'

'Geef maar aan mij, *ma chérie*, verwend nest. Het is een delicatesse in Japan.' Yoshi wees me met een blik op het eten subtiel terecht toen ik hem de schotel toeschoof. Nou, dan mocht hij het opeten. Mij best. Zee-egel was ontegenzeggelijk smerig, en ik had al te veel culinaire kunststukjes heerlijk door mijn keel laten glijden om dat nu te laten verpesten door één klein zeebeest. De wijn had het slijmerige geval wel kunnen maskeren, maar daar had ik ook al te veel van gehad. Het kostte me moeite om op mijn naaldhakken de trap op te komen, waar ik mezelf streng toesprak in de spiegel van het damestoilet. *Geen wijn meer. Hoor je me? Je kunt haast niet meer lopen, stomme idioot.* Maar toen ik terugkeerde naar ons tafeltje in de hoek had de ober mijn glas alweer bijgeschonken.

Ik was diep onder de indruk van Yoshi. Het kwam niet door alle extravagantie – dat was slechts rijkeluisplezier en betekende niets voor hem. Het was het subtiele effect van zijn galante gedrag. Niet eenmaal drong Yoshi ergens op aan, of insinueerde, viste of eiste hij. Niet één keer overschreed hij de grens tussen klant en hostess. Hij vroeg zelfs niets rechtstreeks. Sterker nog: sinds we elkaar kenden had Yoshi me nog nooit iets persoonlijks gevraagd, en op mijn beurt had ik niet de moeite genomen hem iets te vragen. We genoten gewoon van elkaars gezelschap zonder de details te kennen die een gewone relatie hecht maken. Misschien was dat het geheim om hostess te zijn zonder je te laten opslokken: als de langsflitsende lichtjes van de stad Kyoto te zijn – mooi maar wazig, vervaagd door te snel door een donkere uitgestrekte nacht te bewegen. Nooit echt bekend.

'Godverdomme, wat een goed diner was dat. Sorry, zei ik dat echt? Ik hou niet van vloeken.'

'Doe godverdomme wat je wilt,' zei Yoshi. 'Doe alles wat je wilt. O gód...' Hij stond stil voor het Princess Nikko en staarde omhoog naar de lucht. 'Wat ben ik dronken.'

Ik ook, dacht ik bij mezelf, maar ik zei niets.

We stonden genoeglijk tegenover elkaar in de lift. Ik ving mijn eigen beeld in de spiegel op. Ik zag er gelukkig uit. Voldaan. En niet in de betekenis van 'niet hongerig'.

Vijftien verdiepingen hoger gingen de liftdeuren open. We slenterden door de weelderige gang. Ik bleef even staan om aan een boeket verse bloemen op een bijzettafeltje te ruiken. Yoshi keek niet om. Hij draaide voor me de sleutel om en zachtjes sloot ik de kluisdeur achter ons.

Terug naar Tokyo

Achter twee smalle spleetjes kon ik zijn donkere ogen zien. Zelfs onder de felle lamp waren ze mat. Alles was mat. De tafel tussen ons. Zijn overhemd. Mijn shirt. Zelfs de lucht was bedompt.

Ik sloeg mijn ogen neer naar een grote schaal versmade sushi en toen naar een tweede, gebracht door een serveerster in stijve *tabi*-sokken die kiekeboe speelden achter de brede zoom van haar kimono. *Schuifel schuifel,* deden haar zwarte houten sandalen. *Schuifel schuifel* deden haar witte ninja-tenen. Ik keek haar niet één keer aan. Schonk haar niet één glimlach. Mijn enige zorg was de kop *ocha* niet om te gooien en langzaam van de dampende groene thee te drinken.

Toen we alleen achterbleven in het vertrekje zeiden we geen van beiden iets. Of hooguit dat we zo'n slaap hadden. Ik staarde in de ocha. Ik had het gevoel dat er geen toekomst was, geen verleden, alleen een sombere leegte waarin mijn tanden gewichtloos leken.

Natuurlijk was er een verhaal over de ochtend die net vergleden was, een ochtend waarin ik me bevond en hij zich bevond, maar die was verweven met vage beelden van korrelige vergezichten, als in een stomme film die slecht geconserveerd en veel te vaak vertoond is.

Yoshi en ik waren vroeg opgestaan nadat ik uren in de duisternis had liggen staren. Ik had liggen luisteren naar zijn onrustige slaap en dacht dat hij misschien doodging. Er lag een doormidden gebroken valiumtablet onaangeroerd op mijn nachtkastje. Ik had kunnen slapen als ik die had ingenomen, maar ik was bang. Plotseling kinderachtig bang om pillen van een vreemde aan te nemen.

Ik had roerloos onder de dekens gelegen en me herhaaldelijk Matts gezicht voor de geest gehaald om te mediteren op wat me al drie jaar lang zo geliefd en bekend was. Ik hield me eraan vast, zodat ik niet in dat gat zou vallen waarvan ik de diepten liever niet kende. Mijn borstkas voelde gespannen. Ik kon nog steeds geen adem krijgen. Althans niet op een normale manier. Ik had geen gedachten, geen gevoelens, geen angst, geen pijn, geen gewaarwordingen, afgezien van één licht dat de bodemloze duisternis verlichtte die mijn ziel langzaam probeerde leeg te zuigen: ik hield van hem. Van Matt. En dat was groter dan wat ik ooit gevoeld had. Het was het enige. De waarheid.

En toen kwam de terugslag en moest ik alles wat ik had gebruiken om me weer naar hem toe te trekken, naar het centrum, naar de vuurtoren die zorgde dat ik niet meegesleurd en tegen de kliffen gesmeten werd. En het was moeilijk, het was zo moeilijk, en het was zo verleidelijk om te bezwijken onder het gewicht van de donkere golf die me belaagde, om me naar beneden te laten trekken en eronder gehouden te worden en te verdrinken in zijn kracht. Maar ik hield hem van me af met liefde en bleef hem van me af houden met liefde, en intussen stonden er chemische herinneringen in mijn aderen gegrift, nog nagloeiend nadat het vuur plotseling gedoofd was.

Er was een creditcard geweest. Niet de zwarte, maar een stoffige creditcard die hij later had schoongelikt. Er waren twee lijntjes. Een opgerold briefje van duizend yen. Hij nam de zijne. Ik nam de mijne. Het benam me de adem. Bekortte mijn adem en veranderde de zuurstof in een beperkte reddingslijn waarvan ik maar net genoeg kreeg. Dat was ongewoon, vond hij. Mijn ademloosheid. Hij haalde iets te drinken voor me. We dronken de minibar leeg. Maar dat was mijn enige probleem. Mijn énige probleem. Godallemachtig, was ik even vrij van problemen.

Toen kwam er een tweede dikke lijn, een grotere verzameling van eindige deeltjes $C_{17}H_{21}NO_4$, zo wiskundig van samenstelling, zo duidelijk zwevend, zo waanzinnig lekker in je bloed. *Cocaïne.*

Het tevoorschijn halen van nog een pretzakje. Toen een derde. Yoshi geloofde niet meer dat het mijn eerste keer was.

Toen de wekker ging, deed ik alsof ik al die uren geslapen had, al kon ik eigenlijk zelf niet zeggen waar ik was geweest. Ik deed alsof ik ver-

kwikt was, alsof alles in orde was en ik van vredige velden vol bloeiende diazepam-bloemen had gedroomd, maar ik was helemaal leeg
vanbinnen. Mijn ogen voelden uitgezogen. Dat gold ook voor mijn
tanden, maar ik ontblootte ze in een nieuw soort glimlach toen
Yoshi fluitend de gordijnen opende.

Yoshi ging douchen. Toen ging ik douchen. Hij hield de deur
open en dacht er pas op het allerlaatste moment aan om terug te
gaan en de tafel schoon te vegen. We dronken koffie als zombies in
de lobby en namen toen een taxi naar Kiyomizudera, de eeuwen-
oude Tempel van het Heldere Water die spectaculair hoog in de
heuvels rond Kyoto lag.

Toen de mensenmassa's ons allebei begonnen te irriteren, verdwenen we in de leegte van smalle achterafstraatjes en de beschutting van houten gebouwtjes, en Yoshi vertaalde in het voorbijgaan
de discrete penseelstreken van onopvallende restaurants en taveer-
nes.

De kronkelende straatjes met kinderkopjes hadden iets, een
troostende rust die voortkwam uit een geschiedenis van talloze
eeuwen voor ons. We voelden het allebei. Yoshi zei dat ik eruitzag
alsof ik thuishoorde in Japan, en ik vroeg me niet af wat hij bedoelde. Ik bevond me ineens weer in een film. Onder de lange rode *torii*
van een oud shinto-heiligdom, achter het raam van een kleermaker
en in elke nieuwe steeg zocht ik naar een geisha, een vrouw die meer
illusie was dan vlees en bloed. Maar waar ik ook keek, ze bleef even
ongrijpbaar als haar koopwaar. Misschien hoefde ik maar een
glimp van mijn eigen spiegelbeeld op te vangen, gebarend met aan-
geleerde maniertjes die ik twee maanden geleden nog niet had, tevreden in de luwte van een man die ik Yoshi noemde, met wie ik gelach deelde, en stilte en blikken die een geheel eigen betekenis
hadden.

'Waar in Hiroo?' vroeg Yoshi toen hij ons door de indrukwekkende
doolhof van station Tokyo leidde. Wáár in Hiroo? Die vraag had ik
verwacht. En gevreesd. Ik wilde niet dat Yoshi wist waar ik woonde
– die fout had ik met Nori al gemaakt. Ik zou de supermarkt kunnen zeggen en bij wijze van uitleg verzinnen dat ik nog waspoeder

moest kopen voordat ik thuis in elkaar kon storten. Het klonk stom en gezocht, en ik wist dat Yoshi het zou weten als ik iets verzon. Maar wat moest ik dan zeggen? Hij bracht me naar huis; ik moest toch ergens afgezet worden.

'Ken je National...' begon ik, maar Yoshi onderbrak me onmiddellijk.

'National Supermarket, vlak bij station Hiroo, die ken ik. Oké.' En dat was alles.

Ik reed door Roppongi met mijn ogen dicht en mijn handen voor mijn oren, en Yoshi lachte hartelijk. 'Ik ben dit niet,' wilde ik zeggen, maar woorden waren overbodig. Yoshi was dit ook niet. Toen hij zijn hand op de mijne legde, deed ik niets om die weg te halen. Hij lag er gewoon. Ik was er gewoon. En de regen viel zachtjes op de voorruit.

Een paar minuten later kropen we langs de bossen van Arusigawa Park in de richting van National Supermarket. 'Oké, waar wil je eruit?' vroeg hij.

'Maakt niet uit.' Het licht stond op rood en Yoshi had zijn beide handen op het stuur. Ik boog me naar hem toe om hem op zijn wang te kussen en hij sloot zijn ogen weer. 'Oké, tot ziens, Yosh. Ik bel je.'

Ik greep mijn tas en stapte aan de verkeerde kant van het verkeer uit. Ik scheerde langs de reling naar de stoep en zwaaide toen ik me omdraaide en weg wilde lopen, maar Yoshi keek niet. Zijn ogen waren dicht en zijn handen lagen nog steeds op het stuur. Een gentleman of een terneergeslagen man? Ik wist het niet. En het treurige was dat het er niet echt toe deed.

No sleep till Brooklyn

Hmm. Fajita of taco's? Ik kon niet kiezen. Ik had gewoon geen honger. Er speelde Spaanse muziek op de achtergrond. Veeltalig gebabbel dreef op de bedwelmende geuren rond. Ik zou moeten glimlachen in zo'n sfeervolle omgeving, maar in plaats daarvan was cynisme de stemming *du jour* geworden. Dat komt ervan als je al twee dagen niet geslapen hebt en in plaats van in je bed te liggen dromen aan tafel gaat met drie Israëlische hostessen en een Japanse chirurg.

Ik was amper van Yoshi's Mercedes over de top van de heuvel gelopen en langs de supermarkt gekomen, toen Nori belde om me voor een etentje uit te nodigen in het ondergrondse Mexicaanse restaurant in Harajuku. En trouwens, zei hij uiterst nonchalant: 'Ik heb je computer bij me. Eh... wat ben je aan het doen? Heb je het druk?'

'Nee. Ik... ben van de supermarkt op weg naar huis.' Ik onderdrukte een geeuw en probeerde wat wakkerder te klinken. Waarom moest Nori altijd op de meest ongeschikte momenten bellen? Nou ja. Deze keer zou ik echt mijn best voor hem moeten doen. 'Hoe laat wil je me komen ophalen?'

'Over een half uur?' stelde Nori gretig voor.

'O. Oké.'

En dus zat ik een half uur later weer in de passagiersstoel van een geïmporteerde Mercedes. Maar natuurlijk pas nadat ik thuis was geweest om mijn echtgenoot te zien.

Ik was een tikje nerveus toen ik de gang in liep. Niet dat ik daar reden toe had, maar de ietwat – oké, misschien *uiterst* – ongebruikelijke omstandigheden tijdens mijn afwezigheid gaven een ongemakkelijke spanning aan mijn thuiskomst, althans in mijn eigen ogen. Misschien had ik moeten repeteren wat ik zou zeggen, maar ik was zo oververmoeid dat je vrijwel geen van mijn cognitieve processen nog denken kon noemen. Zo ver was ik heen.

Dus wat deed ik? Ik maakte alles zo normaal mogelijk.

'Hoi maatje!' riep ik. 'Ik ben er weer.' Ik liet mijn weekendtas vallen en slaakte een geanimeerde zucht van opluchting. Het appartement rook naar vers roerei.

'Hé!' riep Matt terug, en hij dook op vanachter een muur. Hij glimlachte naar me, maar met zijn lippen op elkaar.

Ik schoof met mijn voeten over het tapijt tot ik binnen knuffelafstand was en liet me in zijn armen vallen. Híj rook naar vers roerei.

'En, hoe was het?' vroeg hij, alsof ik gewoon naar het museum of de vismarkt was geweest. Hij liet me los en ging aan tafel zitten om te eten.

'Het was geweldig, maar ik ben kapot. We zijn vanochtend naar een krankzinnige tempel boven Kyoto geweest. Als je aan de ene kant naar beneden kijkt, zie je in de diepte allemaal stenen. Het zijn gedenktekens voor alle mensen die eraf gesprongen zijn, die naar de tempel zijn gekomen om zelfmoord te plegen. Dat was een beetje te veel voor me. Ik vond het vreselijk om niet bij jou te zijn.'

Ik stond vlak naast Matt, die naar zijn eieren keek, en ik haalde mijn hand over zijn nieuwe stekeltjeskapsel. 'Eh... en verder? Ik heb de Gouden Tempel gezien en tig miljoen andere heiligdommen en zo – ik heb foto's voor je, maar Yoshi moet ze nog afdrukken. Ze staan op zijn camera. O verdorie, en Nori komt me zo ophalen omdat hij de laptop komt brengen, en waarschijnlijk wil hij uit eten. Hij belde toen ik naar huis liep en ik kon niet echt nee zeggen. Dat had ik wel moeten doen – ik ben kapot en zo godvergeten moe, en het laatste wat ik wil is met Nori op stap gaan – maar hij weet niet eens dat ik in Kyoto ben geweest; hij denkt dat ik vandaag de hele dag heb geslapen. Misschien moet ik afzeggen. Vind jij dat ik moet gaan?'

'Ja, nou, hij komt toch al hierheen? Waarom niet?' zei Matt.

Ik liep naar de andere kant van de tafel en begon mijn tas uit te pakken. Ik hing een shirt op dat ik niet gedragen had. Gooide sokken op de berg vuile was. Toen keek ik naar Matt en hij keek me recht aan. Hij kauwde op zijn eieren. Eén keer. Twee keer. Drie keer.

'We hebben coke gebruikt, in het hotel,' zei ik ineens.

'Hmm,' bromde hij. 'Wanneer?'

Ik keek toe terwijl hij nog een hap in zijn mond stak en voelde de barometerdruk tussen ons dalen, maar niet veel. Ik wíst dat hij voelde dat er iets aan de hand was. En hoewel ik het evengoed nooit had kunnen vertellen, biechtte ik veel liever op dat ik voor de *erythroxylon coca* was bezweken dan voor de soapserie-achtige, relatieverwoestende verleiding achter deur nummer 2.

'Na het diner. In het hotel. Het wordt nogal overschat, vind ik.'

'Weet ik.'

'Ik kreeg bijna een hartaanval. Maar je weet het... soms moet je iets verkeerd doen om te weten wat goed is.' Ik toonde een heel flauw glimlachje.

'Ja,' grinnikte hij. 'Dat weet ik.'

'Hoe dan ook, ik vond dat je het moest weten. Want ik ga hier verder niet alle details van de hele trip uit de doeken doen, want die doen er volgens mij echt niet toe. Er is niets veranderd sinds twee dagen geleden.'

'Natuurlijk niet.' Matt kauwde, maar hij hield zijn ogen op mij gericht. Ik dacht dat ik een glimp neerbuigende geamuseerdheid onder de oppervlakte zag, maar wat dan nog? Als die er echt was, mij best. 'Wanneer komt Nori?'

Ik keek op mijn telefoon. 'Over een kwartier.'

'Dan kun je maar beter even douchen, stinkerd.'

'Waarom?' wierp ik tegen. 'Het gaat best. Ik hoef niet te douchen. Ik trek alleen even een schoon shirt aan.'

Matt sloeg zijn ogen ten hemel en wees met zijn vork naar me. Toen glimlachte hij, maar deze keer kreeg ik zijn tanden te zien. Hij wees met de vork naar de deur van de douche.

Ik ging de douche in.

Precies halverwege

Ik voelde dat er een vochtophoping onder mijn linkeroog zat toen de geluiden zich aaneenregen tot harde en snelle woorden. Mijn hoofd kwam met een schok bij kennis toen de muziek zich vermengde met de lage zoem van een elektrisch scheerapparaat en het scherpe bonken in mijn hersenschors. O god. 50 Cent, hou je kop. Ik vind je geweldig, maar dit is echt niet het goede moment. Mijn lichaam lag als uitgegoten cement tegen het matras geplakt. Niet lang daarna lebberde Matt mijn gezicht af en zei dat ik moest opstaan om zijn hoofd te scheren. 'Kom op, ik moet zo naar mijn werk.'

'Nog een minuutje, alsjeblieft. *Chotto matte kudasai!*' Geef me een tel om mezelf bijeen te rapen tot iets dat op een levend organisme lijkt.

Dus zette hij het geluid harder, ging op de rand van de badkuip zitten en praatte over de speciaal gemaakte velgen die hij ergens op een of de andere auto had gezien. Ik weet het niet. Ik luisterde niet. Het enige waaraan ik kon denken was terug naar bed gaan. Ik bedoel: vijftien uur slaap? Het was niet genoeg.

Zodra hij de deur sloot vielen mijn ogen dicht.

Ik vraag me af wat Yoshi nu doet. Vanochtend zou hij wel verplicht naar kantoor moeten, in een pak van Valentino en een stropdas van Armani. Ik durf te wedden dat hij zich ontzettend rot voelt en iets inneemt, maar hij ziet er vast onberispelijk uit. Die krankzinnige eikel. Ik vroeg me af wanneer hij weer zou bellen. Hij had een brede variatie aan mogelijkheden opengehouden tijdens de lunch in Kyoto. Iets over een heel drukke week die eraan kwam. Nee, hij zei: *ongelooflijk* druk. Een verlieslijdende golfbaan in de buurt van Barcelona had grote problemen met het personeel, en nadat hij er drie maanden geleden geweest was om het glad te strijken was het alleen maar erger geworden. Yoshi vond het hele gedoe verschrikkelijk, maar hij was het aan zijn vader verplicht om het te gaan oplossen, als een plichtsgetrouwe zoon. Natuurlijk weet hij de problemen op de golfbaan aan de Spanjaarden en hun luiheid, maar hij kwam zijn familieverplichtingen na. Yoshi was een brave jongen die veel van zijn mama hield.

De telefoon ging. 'Hé, ben je wakker?' Het was Matt. 'Hoe ziet Yoshi eruit? Volgens mij zit hij hier naast me. Hij draagt Armani, hè?'

'Ja, maar dat doen veel Japanners. Wat is dat nou voor criterium?'

'Ik weet niet. Mijn zesde zintuig zegt dat hij het is. Klein brilletje?'

'Ja, hij heeft kleine ogen, een kleine bril, een wijkende haargrens, maar mooi haar. Zijn horloge is een Rolex GMT Master II, met van die rode en blauwe gleufjes. Kun je dat zien? Wat nog meer? Even denken... perfecte schoenen? Heeft hij een klein telefoontje?'

'Een wat? Klein telefoontje? Nee, het is niet klein. Ja, ik denk dat hij het is. Hij is samen met een Japans meisje in Starbucks, maar hij zit binnen en ik buiten.'

'Ik denk niet dat hij het is. Ik betwijfel of Yoshi in Japanse vrouwen geïnteresseerd is, of met ze naar Starbucks zou gaan. Waarschijnlijk zit hij nog op kantoor. Het blijft een Japanner.'

'Hmm, hij is een beetje bruin, als een donkere Japanner, met een klein brilletje met een bruin montuur...'

'Ja, misschien. Hij heeft tig verschillende brillen...'

'En hij heeft een bepaalde houding. Hij is een beetje arrogant, hè?'

'Ja. Nou, dat klinkt wel alsof hij het is. Misschien is dat zijn secretaresse, die bij hem is. Hij zei dat hij ergens in de buurt een kantoor heeft.'

'Ik weet niet waarom, ik heb gewoon echt het gevoel dat hij het is.'

'En hij probeert je niet te vermoorden?'

'Wat? Hij probeert niet om wat?'

'Laat maar. Oké, dag.'

Ik weet dat de Japanse mannen die ik ken Matt onmogelijk kunnen herkennen, maar desondanks beginnen er alarmbellen af te gaan als de ene speler in het spel de andere tegenkomt. Misschien moet ik alleen naar huis lopen in plaats van met Matt afspreken na het werk. Dat zou veiliger zijn. Stel dat Nori ons door een duister toeval samen zou zien en 'heel boos' zou worden, zoals die irrationele maniakken in zijn geliefde verhalen over onbeantwoorde liefde? Misschien hield hij onze flat wel in de gaten. Wie zou het zeggen? De man beschouwde Hitler en allerlei andere psychopaten als een held. Maar wat zei ik nu eigenlijk? Matt is mijn *echtgenoot*. Niemand vermoedt zelfs maar dat hij bestaat. Waarom zouden ze ook? Ik zou hier niet eens aan moeten denken. En erger nog: ik zou ook niet aan een flinke borrel moeten denken, nu ik pas een half uur wakker ben.

Geflipt. Geflipt. Geflipt. Ik ga nog eens kapot aan deze plek.

Matt zat voor de Food Magazine van een literpak groentesap te slurpen toen ik voorbijkwam. Ik was op weg naar het internetcafé voor ik ging werken.

'Wat is er met je ogen?' Hij kneep de zijne een stukje dicht, alsof hij me scherper wilde krijgen. 'Ze lijken helemaal dik.'

'Dik? Ik weet niet. Hoe zou dat nou komen?' Ik sperde ze wijd open en ging zitten.

Matt bestudeerde me grondig. Ik vroeg me af of hij de microscopische trilling kon zien die sinds kort in mijn vingertoppen zat. In twee ervan had ik geen gevoel gehad toen ik wakker werd. Ik moest koffie hebben, maar dan zou ik te laat op mijn werk komen. Dus voordat Matt me verder kon analyseren nam ik een grote slok van zijn sap en kuste hem gedag.

Abie en Nicole zaten nog in het internetcafé toen ik binnenkwam. 'Je weet dat we over tien minuten op ons werk moeten zijn,' waarschuwde Abie. Ze tuurde naar me terwijl ik op Hotmail inlogde. Wat was er met mijn ogen? Geen wonder dat mensen zonnebrillen dragen.

'Ik weet het, maar ik moet echt even iets controleren. Twee minuten maar.'

Ik had twee e-mails. Een van mijn moeder – iets verfrissend normaals maar tegelijkertijd krankzinnig over pluchen Popples die voor twintig dollar verkocht werden op eBay – en deze, van Matt:

Verzonden: Zaterdag 9 oktober 19:33:22
Onderwerp: Ik hou van jou

Tortelduifje, ik hou van jou
dat is wat ik weet
ik wil dat de zon, de maan,
de sterren laten zien aan jou
dat mijn liefde het zuiverst is
onderdeel van de weg gewoon
bij regen, hagel, zonneschijn
en vandaag zelfs een tyfoon!

We zullen een oude huid krijgen
maar wij blijven jong, voor altijd
ware liefde is genoeg
voor een heel goede tijd.
De tyfoon is verdwenen
de misvattingen weggegaan
ware liefde heeft overwonnen
onze liefde blijft bestaan.

Aan jouw zijde voor altijd dynamische zielen
met onze gezamenlijke mogelijkheden
volg ik een gouden pad door het leven met jou
Tortelduifjes
Man en vrouw

O nee. Wat mooi. Mijn eerste opwelling was om te gaan huilen. Dit was helemaal niets voor hem. Matt had geen greintje romantiek in zich. Hij schreef geen liefdesgedichten. Zelfs geen schattige onzin-gedichten. Waarom begon hij nu, op dit moment? Twijfelde hij aan me? Dat was een heel moeilijke gedachte. Twijfelde hij aan mij?

Toen zag ik de datum. Matt had me de mail al gestuurd voor ik naar Kyoto ging. Het is mijn schuld dat hij dit liefdesgedicht voor me schreef. Het is mijn schuld.

Ik vind het fijn om een deel van mijn 'wij' te zijn. Maar ik kan niet ontkennen dat ik hier in Tokyo vaker wel dan niet vanuit mijn en- kelvoudige zelf denk. Misschien is het een overlevingsmechanisme in deze omgeving, maar ik ga lange delen van elke dag alleen door het leven. Pas als het tijd is om naar huis te gaan glipt hij mijn leven weer binnen en wordt 'ik' weer 'wij', maar dan kouder en afstande- lijker. Ik weet dat hij kan voelen dat ik afstand neem. Ik voel zelf ook dat ik afstand neem.

En nu stuurt hij me liefdesgedichten. Waar ben ik mee bezig?

Langzaam gek... Gek langzaam

Yoshi belde zodra hij wist dat ik op mijn werk zou zijn. Hij had drie dagen laten verstrijken sinds we terug waren uit Kyoto, maar het was duidelijk dat hij met opzet gewacht had.

'Hé! *Ma chérie*, hoe gaat het? Ha! Met mij gaat het goed, het gaat héél *goeoed*. Waar ben je?' Hij klonk een beetje dolgedraaid, maar toch was ik blij dat hij eindelijk belde.

'Ik ben op mijn werk, Yoshi. Er zijn hier al mensen.'

'Mensen!' schreeuwde hij. 'Wat voor mensen?'

'Klanten, wat dacht je dan?'

'O, oké dan, geniet ervan,' spotte hij hautain. 'Veel plezier.'

'Nee, wacht even.' Ik ging de kleedkamer in en deed de deur achter me dicht. 'Wat doe jij nu?'

'Ik ben net klaar met werken. Ik heb gewerkt tot nú! Ik heb geen makkelijk leventje, zoals jij,' zei hij met een nadrukkelijk gespeeld beschuldigend toontje dat overging in gelach.

'Waarom lach je?'

'Omdat ik met jóú praat!'

'O-ké. En ga je nu naar huis, of ga je uit met een van je vriendinnen?'

'Wát? Wat zei je daar?'

'Je hebt me wel gehoord. Ik zei: ga je nu uit me je vriendin?'

'Mijn vriendin? Nee, die werkt nu.'

'O, is dat zo?'

'Ja, dat is zo. Dus ga ik naar huis. Alleen.'

'O, dat is jammer.'

'Ja, heel jammer. Oké, ga jij maar aan het werk dan. Tot ziens. *Hai-bye.*'

De rest van de avond kon ik me niet concentreren. Mijn gedachten bleven maar in dolle kringetjes ronddraaien. Ik had het gevoel dat ik iets nodig had, maar wist niet precies wat. Ik had alleen een overweldigend gevoel van een leegte die gevuld moest worden.

Abie vroeg hoe het me gelukt was om een laptop van Nori te krijgen, maar ik wist het niet meer. Misschien had ik hem verteld dat schrijven mijn abjecte eenzaamheid zou helpen verlichten. Toen vroeg Dickla of ik via Nori de anticonceptiepil voor haar kon krijgen. Ze wilde het verplichte honorarium van honderd dollar voor de dokter niet betalen, maar hoe moest ik zo'n onderwerp precies aansnijden? Jodie had ten minste een eenvoudiger verzoek: 'Hé, wanneer zie je je vriend de dokter weer? Ik moet echt slaappillen hebben.'

'Nooit, hoop ik,' gromde ik, en op dat moment zag ze het. Ze wenkte me naar de vergadertafel en eiste dat ik vertelde wat er aan de hand was.

'Ik wil gewoon weg, gewoon mijn geld pakken en ervandoor gaan. Ik kan er niet meer tegen.'

'Waarom, vanwege die chirurg? Wat dan nog?'

'Het ligt iets ingewikkelder.'

'Nee hoor. Je bent hier gewoon voor een baan. De Japanners zijn gek, stuk voor stuk, en dat geldt ook voor dit hostessengedoe. Natuurlijk word je gek... áls je het serieus neemt. Zíj doen dat niet, geloof me maar. Ze komen omdat ze weten dat ze je nooit kunnen krijgen. Jij doet er niet toe. Je speelt toevallig even een rol. Als jij het niet bent, is zij het wel, of zij, of zij. En als jij weggaat, gaan ze gewoon verder met iemand anders. En dat blijven ze doen, twintig, dertig jaar lang.

Ik begrijp de oude mannen wel, die kennen het klappen van de zweep, maar de jonge niet. Mijn vriend is twee keer naar een hostessenclub geweest. Hij moest van zijn baas. Hij is Japans, maar hij vindt het vreselijk. De tweede keer zei ik dat hij niemand zijn telefoonnummer moest geven, zijn naam, niets. Hij begreep het niet. Weet je wat hij tegen me zei? "Maar de vorige keer vonden de meiden me zo leuk." Natuurlijk, idioot! Doe niet zo stom! Maar hier zijn ze gewoon stom in. Ze snappen het niet.'

'Maar volgens mij menen sommigen het echt,' wierp ik tegen. 'Nori, oké, dat is een mafketel, maar Yoshi... Volgens mij meent hij in elk geval een *deel* van wat hij zegt. Hij is volgens mij anders. Ik geloof zijn argumenten, al kan dat eigenlijk niet... Ik weet niet hoe ik hem nog kan zien zonder me een ontzettende bedrieger te voelen omdat ik de hele tijd lieg. Het is vreselijk!'

'Mag ik je iets vragen? Heb je Charlie ontmoet, dit weekend?' Jodie keek me ernstig aan en ik knikte. 'En hoe was hij?'

'Hij was verdomme geweldig.' Ik glimlachte ondanks mezelf.

'Oké, dat compliceert de dingen meestal. Maar luister eens, je bent geen bedrieger. Je gaat gewoon zover tot je het niet meer kunt uitstellen, en dan komt het ultimatum vanzelf. Zíj stellen het, maak je maar geen zorgen. Zo gaat het gewoon. Ze raken het zat om te wachten. Ik had een man die wilde weten of hij een kans maakte, dus zei ik: "Wie weet, maar ik moet je eerst leren kennen." Van die onzin. Na drie etentjes vroeg hij of ik wilde afspreken in Shibuya. Hij at toen heel snel, slurpte zijn *soba* gewoon naar binnen. En daarna trok hij me mee naar het hoerenhotel aan de overkant van de straat en zei: "Nu of nooit." Dus ik zei: "Nooit, tot ziens." En hij ging waarschijnlijk met een volgend meisje verder.

Ze blijven maar komen, ze zeggen dezelfde dingen en praten over dezelfde shit. Ze verwachten en krijgen dezelfde antwoorden. Ze hebben geen leven. Jij en ik, wij hebben een leven, we hebben vrienden. Zij niet. Ze spelen met macht. Het enige wat ze hebben is hun werk en de hostessenclub. Dat is hun cultuur en zo overleven ze.'

'Maar ze geven zoveel geld uit dat ik wel het gevoel moet krijgen dat ik alleen maar misbruik van ze maak. Weet je hoeveel dat uitstapje naar Kyoto met Yoshi gekost heeft? Voor ik het niet meer bij kon houden moet het al over de zevenduizend dollar zijn geweest. Voor zesendertig uur!'

Jodies uitdrukking veranderde niet. 'Dat is hun keuze, Chelsea. Jij dwingt ze niet om hier te komen en honderden dollars uit geven. Zeg je soms: neem me mee uit eten, koop nieuwe kleren voor me? Nee, ze doen het uit eigen vrije wil, en ze zijn geschíft. Luister naar me. Ze zijn dol op de spanning van de jacht. Ik ben hier al heel lang en ik zie ze telkens terugkomen. Ze houden nooit op. Toen ik hier net was, dacht ik: wat is dit verdomme voor werk? Die eerste nacht heb ik doorgebracht met mijn kop boven de plee in die kloterige mini-wc omdat ik zoveel gedronken had. Ik huilde, en toen lachte ik, en toen kon ik het wel uitgillen. En dan begin je te begrijpen dat hun hoofd heel anders werkt dan het onze. Pieker er niet over, word lekker dronken, lach ze uit en maak plezier. Ze kunnen de boom in. Ze zijn gek.'

Maar mijn gedachten bleven in krankzinnige cirkeltjes ronddraaien.

Ik denk veel aan Yoshi.

Hij is een enorm zwart gat dat mij ongewild opzuigt, heel plotseling en op Warp-snelheid. Ik lijk wel een opgeblazen versie van mezelf in zijn nabijheid, en dat zou ik verschrikkelijk moeten vinden – ik weet dat ik het verschrikkelijk hoor te vinden – maar om een of andere reden vind ik het heerlijk. Ik zou Yoshi moeten mijden als de pest, maar er lijkt een probleem te zijn: ik ken zijn coördinaten, ik heb ze genoteerd, en ik kan het niet helpen dat ik in mijn kleine ruimtescheepje steeds dichter bij hem kom vliegen. *Alfa Omega Six, we naderen. We naderen snel.* En dan ben ik binnen. Alle deuren gaan dicht. Alle uitgangen. Maar ik zit niet in de val. Ik word niet bedreigd. Ik ben... *betoverd.* Door een vreemd sterrenstelsel dat is afgezet met fluwelen koorden. Met duizend sterren. Die stuk voor stuk voor mij persoonlijk zijn aangestoken. Althans, zo voelt het. Zo'n sfeer hangt er in dit sterrenstelsel.

Maar hij is zo raadselachtig, Yoshi. Hij is in zoveel opzichten heel gesloten. En toch is hij heel open. Komt dat door mij? Ben ik degene die hem kan ontsluiten?

Soms denk ik aan Yoshi vlak voor ik in slaap val. In het duister, in de stilte, denk ik aan miljoenen mogelijkheden die nooit in mijn hoofd zouden moeten opkomen. Ik vraag me in alle objectiviteit af hoe het zou zijn om in de echte wereld bij hem te horen. Hoe zou het zijn in een 'wij' met iemand als Yoshi? Spectaculair, denk ik. Maar zou ik ook gelukkig zijn? Of wat dacht je van 'transparant', wat je zult moeten zijn als je wilt proberen te belichamen wat voor hem misschien altijd een droombeeld zal blijven? Hij zou nooit zeker weten waarvan jij echt houdt: van hem of van de levensstijl die hij je geschonken heeft. Hij zou steeds opnieuw uitleg moeten krijgen, steeds opnieuw gerustgesteld moeten worden – je leven als voortdurend bewijs van aankoop. Ik vraag me af hoe het zou zijn om dat te moeten doen in een relatie. Ik vraag me af *of ik dat zou kunnen.*

Ik denk ook aan Matt, vlak voor ik in slaap val. Per slot van rekening ligt hij vlak naast me. Het zou zijn hart breken als hij deze ontaarde, grillige gedachten door mijn zenuwstelsel zag gaan, langzaam maar zeker inslijpend tot vaste patronen, versterkt door opdringerige nieuwe chemicaliën en de verlokkingen van hebzucht, macht en lust.

Die dingen horen niet bij mij. Dat weet ik zeker. Ik kijk naar Matt. Ik zie zijn ademhaling. Ik voel zijn huid. Híj weet het zo zeker. En ik ook. Ik weet het zo zeker, maar...

Daar zit het probleem, in die vier lettertjes.

MAAR.

Land van de rijzende zon

Op dagen als deze vraag ik me echt af wat ik in Japan doe. Als ik 's ochtends naar bed ga, vind ik het altijd een vreselijk idee dat de mannen die ik van 's nachts ken bedrijven gaan leiden of ziekenhuizen besturen. Het zit me dwars dat ze dat tien uur later nog steeds aan het doen zijn, gestaag strevend naar uitmuntendheid, terwijl ik dagelijks gewekt word door het muziekje dat de buurtkinderen van Minato-ku waarschuwt om voor het eten naar huis te rennen en te vliegen. Ik haat dat subtiele openbare signaal. Het is een heel vrolijk geluidje dat tot een droevige, deprimerende herinnering gereduceerd wordt als ik niet uit bed kan komen.

Zo staat mijn leven ervoor.

De laatste tijd heb ik geen zin om uit te gaan. Ik wil niet sporten. Of wandelen. Ik ga niet naar de Starbucks. Ik ben zo lethargisch dat ik niet eens kan lezen, al probeer ik het elke dag. Mijn ogen glijden steeds opnieuw over dezelfde drie regels tot ik Murakami weer op de plank zet, naast *Een geschiedenis van Japan*, *Creatief visualiseren* en *Trump: de kunst van het zaken doen*. Allemaal beduimeld en geen van alle compleet. Dan maak ik goedkope oploskoffie met te veel sojamelk, en meestal gaat rond die tijd de telefoon. Vandaag was het 'Shin THUIS'. Ik was blij met het telefoontje. Ik had hem niet meer gezien sinds hij naar China ging.

Gisteravond laat had Shin een bericht ingesproken met die nonchalante, vertederend vreemde cadans die ik zo leuk vond: '*Hallo. Ik ben Shin. Eh. Net thuis en heb e-mail gecheckt. Hoe gaat het? Eh... Oké. Eh... Ik bel later. Dag.*'

Maar het was al na middernacht geweest, dus uit wellevendheid had ik hem niet teruggebeld. Ik wist dat hij de volgende dag zou bellen.

Het was een opluchting om zijn stem te horen. Ik moest iemand spreken die alles luchtig kon opnemen. Of bíjna alles dan. China niet.

'Chinese mensen zien er allemaal hetzelfde uit!' riep hij ongelovig. 'Zelfde lengte, zelfde haar. Zelfde gezicht. Zelfde kleren! En geen kleur. Ik zag nergens kleur! Iedereen staarde me aan. Zagen ze dat ik Japans was? Ik weet niet. Ze houden niet van Japanners.'

Shin keek uit naar ons uitstapje aanstaande zondag, naar de hete bronnen van Hakone, maar hij was bezorgd over me. 'Je moet twee handdoeken meenemen, een grote en een kleine, en... *niets*. Begrijp je?'

Ik grinnikte. Shin probeerde uit te leggen dat baden in de vulkanische wateren van de Japanse *onsen* een strikt nudistische aangelegenheid was, maar ik maakte me niet veel zorgen. Ik moest me ontspannen, met of zonder badpak, en kuisheid... ach, een handdoek was prima. Ik zei tegen Shin dat hij zich geen zorgen hoefde te maken, dat ik de regels van de *onsen* kende, en hij beloofde me morgen te bellen.

'Morgen moet ik golfen,' klaagde hij. 'Ik háát het. Daarna, als ik niet moe ben, kunnen we misschien naar tempura-restaurant,' stelde hij voor. 'Maar ik zal je bellen als ik een kaartje gekocht heb.'

'Prima, Shin. Ik verheug me erop. Rust lekker uit.'

'Oké.' Hij zuchtte voor hij ophing. 'En dag.'

Wat heerlijk dat Shin er ook nog was. Mijn neutrale terrein. Nu hoefde ik me alleen nog te bekommeren om een afleidingsstrategie voor Nori op zaterdag, want zelfs na de driftbui van afgelopen week dacht hij nog dat mijn zondagen voor hem waren. Ha! Wat dacht hij wel? Maar hij had me de avond dat ik terugkwam uit Kyoto wel de laptop gegeven, en in zijn ogen waren we weer 'vrienden'. Ik wilde hem nog een kans geven om zich beschaafd te gedragen. En ja, als iemand recht had op mijn vrije dag was het Matt wel, maar aangezien hij de hele dag zou slapen leek het mij niet uit te maken of ik naast hem in bed lag of uren ver weg op het Japanse platteland zat.

Zo zat dat. Alweer een weekend zo goed als voorbij zonder dat ik had afgerekend met de prins die op me af kwam galopperen op zijn glanzende witte hengst. Ik hoopte de hele tijd dat Yoshi werd weggeroepen naar Barcelona, naar zijn vaders golfbaan. Dat zou mijn leven een stuk makkelijker maken.

O MY GOD I LOVE TOKYO. Dat is de kreet op mijn hypothetische T-shirt. Niet alleen heb ik een exclusieve uitnodiging om Tom Cruise te ontmoeten bij de Japanse première van Michael Manns *Collateral* in handen, maar ook – belangrijker nog – de vele visitekaartjes van Fujimoto-san, met wie ik vanavond tot mijn grote genoegen heb kennisgemaakt.

Fujimoto-san was een druk en getalenteerd man: hij was directeur van een productiebedrijf, adviseur filmdistributie en marketing/verkoopcoördinator voor Japanse vestigingen van grote filmstudio's uit Hollywood, en ook nog directeur van een eigen amusementsbedrijf. Dat was allemaal heel indrukwekkend, maar afgezien van de promotiepraatjes viel ik binnen tien seconden als een blok voor Fujimoto-sans *joie de vivre*.

Zijn timing had niet beter kunnen zijn – hij was een frisse wind op precies het moment dat ik uitgekeken begon te raken, en hij bracht me stimulerend in herinnering dat je direct affiniteit met iemand kunt hebben, zelfs onder de vreemdste omstandigheden.

'Chelsea-san! Jij bent geen typische *gaijin*,' liet Fujimoto-san zich ontvallen, vijf minuten nadat we onze glazen in *kampai* geheven hadden. 'Het is het eerste wat me aan je opviel!'

Het eerste wat mij aan hém opviel was zijn sprankelende energie. Hij spatte er bijna van uit elkaar. Hij was achter in de vijftig, met een baard die fraai doorspikkeld was met grijs, maar met inktzwart haar. Hij zei losjes en ontspannen, met charmante schaamteloosheid, dat hij 'heel beroemd' was in zijn industrie – de filmindustrie. Als internationaal bekend filmproducent had Fujimoto-san meer dan tienduizend films in de bioscoop gebracht. Films waren de passie van zijn leven en 'het belangrijkst van alles, behalve gezondheid en nieuwsgierigheid'.

Ik werd aangetrokken door Fujimoto-sans ongeremde plezier. Het leek wel of elk feit en elke mening die hij verwoordde een aanstekelijk, veelkleurig gelach losmaakte.

Hij zei dat hij op een bepaald moment een levensbedreigende

ziekte had gehad, die hem bijna had gedwongen de film voorgoed vaarwel te zeggen. Toen hij ziek werd, had Fujimoto-san al *zevenendertig jaar* geen vakantie gehad, maar toch schrok hij enorm toen bleek dat hij een slechte lever had, en te veel cholesterol in zijn bloed. De volgende negen maanden bestonden zijn dagen slechts uit onderzocht worden, niet meer dan 1500 calorieën eten, vrienden bezoeken en acupunctuur ondergaan, wat resulteerde in een triomfantelijke terugkeer naar het werk en een koortsachtig hernieuwde uitbundigheid. Fujimoto-sans enige kwelling was dat hij haast nooit meer *toro* kon eten – het vetste stuk uit de onderbuik van de tonijn – omdat hij zich om medische redenen moest beperken tot voedsel met een laag cholesterolgehalte.

Toen Fujimoto-san voldoende over zijn gezondheid had verteld, besloot hij de mijne te onderzoeken. Na een handlezing vroeg hij of hij mijn enkel mocht aanraken. Ik liet me gespannen door hem onderzoeken en hij stelde vast dat ik een goede botstructuur had, waarna hij de exacte details noemde – actrice, filmtitel, jaar, regisseur en studio – van een van zijn favoriete scènes waarin een vrouwenenkel een lange trap afdaalt. Het was Fujimoto-sans enige eigenaardigheid, dus gaf ik hem zijn zin toen hij vroeg of ik zo kon gaan staan dat hij mijn enkel uit een andere hoek kon bekijken.

En toen, zoals op alle reünies die die naam waardig zijn (want dit was een avondje uit met Fujimoto-sans voormalige collega's), was het tijd voor karaoke – met een paar eenvoudige regels. 'Chelsea-san, je moet altijd twee nummers kiezen voor karaoke!' riep Fujimoto-san half boven de muziek uit. 'Eén om op te warmen,' hij gaf me een joviale elleboogstoot in de ribben, 'twee om te genieten! Ik heb deze heel belangrijke les over karaoke geleerd in de vele jaren dat ik beroemde filmsterren in Tokyo moest begeleiden,' grijnsde hij. Maar toen, misschien omdat hij mijn protest al voelde aankomen, trok Fujimoto-san zijn lippen tot een smalle streep. 'Dat is een plicht,' zei hij ernstig. 'Geen onderhandeling mogelijk. Je kunt de Beatles proberen, als je een verlegen zangeres bent. Tom Hanks zong de Beatles. Maar Robin Williams... *wauw!* Hij veel plezier, want hij is een goed... hoe zeg je dat in het Engels?' Iemand stelde 'acteur' voor, maar nee, dat was het niet. 'Hij gebruikte veel stemmen,' legde Fujimoto-san uit.

'O, imitator,' concludeerde ik, en de drie mannen lieten het nieuwe woord rondgaan.

'Chelsea-san. Deze maand heb ik het heel druk. Volgende week komt Tom Cruise. Michael Mann komt, voor *Collateral* – samenwerking tussen DreamWorks en Paramount Pictures – en dan komt Tom Hanks weer, voor *The Polar Express* – animatiefilm voor kinderen van Warner Brothers – maar volgende maand, als je kunt, wil ik graag uit eten.'

'Jeetje.' De onverwachte uitnodiging verbaasde me van een man die het grootste deel van zijn tijd doorbracht met het consumeren van een beperkt aantal calorieën in het gezelschap van supersterren, en ik zei iets dergelijks.

'Nee, nee, Chelsea-san. Begrijp het alsjeblieft niet verkeerd. Dit is mijn plicht. Het is mijn werk! Ik moet het rooster regelen voor elke filmster die een grote film komt promoten, naar premières gaan, en iedereen de hele avond vermaken en zorgen dat ze weer veilig in hun hotel komen. Het is een geweldige baan *desu yo*, maar soms natuurlijk vreselijk,' lachte hij, 'en ik net een babysitter! Maar geen zorgen. Vanavond, ben je dan beschikbaar om met ons iets te eten? Kun je drinken? Rode wijn?' zei hij, wijzend naar mijn oolongthee.

'Rode wijn? Ik weet het niet, ik ben nog een beetje ziek...' protesteerde ik, gebarend naar mijn schorre keel.

'Het is heel erg goede rode wijn,' drong Fujimoto-san aan, dus stemde ik toe terwijl hij Nishi riep om te vragen of ik al kon gaan. Nishi grijnsde zwijgend en schudde toen zijn hoofd in een pijnlijke weigering. Dus stak Fujimoto-san een sigaret op en praatten ze wat. Daarna maakte Nishi een diepe buiging en liep weg.

'Wat gebeurde er?' vroeg ik ongeduldig.

'Nishi-san zei dat hij je al tot één uur ingeklokt heeft, maar ik betaal een klein bedrag zodat je kunt gaan.' Ik begon op Nishi's afzetterige leugen af te geven, maar Fujimoto-san haalde zijn schouders op. 'Onderhandelen,' grinnikte hij, terwijl hij een hand onder tafel liet glijden. 'Dat is mijn werk.'

Na een korte wandeling door Roppongi's drukke straten kwamen we bij een tamelijk laag flatgebouw dat stilletjes verstopt lag naast Gas Panic, een bar die een trefpunt was voor budgettoeristen vanwege de goedkope drank. Eenmaal uit de lift wees Fujimoto-san naar een koperen plaatje waar PETITS POIS op stond.

'Wat betekent dat, *petits pois*?' vroeg zijn collega.

'Doperwtjes,' zei ik. 'Je weet wel, van die kleine, ronde groene groente?'

'Ah! *Kirei* groente!' riep Fujimoto-san uit: mooie groente. 'Maar dit is geen groente! Nee! Het is privéclub, en ik ben lid,' glimlachte hij terwijl hij de zware houten deur opende. 'Het is alleen voor mannen, maar jij bent mijn gast. Na jou.'

Binnen waren we de enige klanten in de Frans-koloniale salon, waar een aristocratische sfeer hing. Het was verbazend dat zo'n enclave op een plek als Roppongi kon bestaan. Hoge banken, bezaaid met rijkbewerkte kussens, stonden om grote eiken tafels opgesteld. Het balkon was omgetoverd tot een verborgen tuin en een kleine keuken achter een gordijn produceerde verfijnde gerechten. Toen verscheen Master, de korte, ronde, oude Japanse man die de club dreef. Masters twee jonge assistentes, met spillebenen en vooruitstekende tanden, brachten vier kolossale wijnglazen en, zoals Fujimoto-san beloofd had, een fles erg goede wijn.

'Dit is heel exclusieve wijn,' schepte hij op met schitterende ogen. 'Er is maar een beperkt aantal flessen geïmporteerd. In een bar kost deze honderdduizend yen. Als je het geluk hebt hem bij de distributeur te vinden, is het vijfentwintigduizend yen, maar Master heeft hem voor vijftigduizend – halve prijs.' Master had ook kaas, want: 'Natuurlijk wil je kaas bij je wijn – je bent *gaijin*!'

'Nou,' protesteerde ik speels, meer om geen cultureel stereotype te worden dan om zijn aanname te ontkrachten, 'eigenlijk hou ik juist van Japans eten. Vooral *natto*,' daagde ik uit. Dat was een gerecht van gegiste sojabonen waarmee je de meeste *gaijin* op de vlucht kon jagen.

'O, eet geen natto, alsjeblieft.' Fujimoto-san trok een vies gezicht.

'Waarom niet? Ik vind het lekker, net als *o-kono miyake*. Het is heerlijk.'

Fujimoto-san keek me ongelovig aan. 'Jij bent vreemde *gaijin*,' riep hij uit. Terwijl we wachtten tot de rode wijn gedecanteerd werd, ging hij verder: 'Nooit heb ik zo'n vreemde *gaijin* als jij ontmoet. Nu zingen alsjeblieft!'

'Nu meteen? Maar ik...'

'Je durft niet!' grinnikte Fujimoto-san. 'Ik weet het. Dus drink eerst maar en kies dan je lied.' Een van de Japanse serveersters overhandigde me een karaokeboek, en terwijl Fujimoto 'Greenfields' zong en zijn vrienden Bob Dylan, dronk ik mijn wijn op, plus drie Kahlua met melk, voordat ik ten slotte Tom Hanks navolgde en verlegen 'In My Life' van de Beatles zong.

Dat lied leverde me acht verbruikte calorieën op. Dat was een van de pluspunten van Petits Pois: Masters karaoke-installatie was een heel speciale versie die de verbruikte calorieën direct afleidde uit je klankproductie. De nauwkeurigheid was dubieus, natuurlijk, en mijn score erg teleurstellend, maar evengoed kreeg ik een uitbundig applaus met kreten en gefluit.

'Heel goeoeoed! Ik vergeet je gezicht!' riep Fujimoto-san uit en ik staarde hem blanco aan. 'Ik bedoel: ik kan je gezicht niet vergeten! Zo *kirei*. En je ogen, heel Duits, denk ik. Hier is heel goed.'

Fujimoto-san zette zijn *shochu* neer en bedekte de onderste helft van mijn gezicht. 'Ah! Prachtig! Op bioscoopscherm moet het publiek alleen dit zien. Ik heb veel actrices ontmoet, omdat ik de hele tijd met ze uit eten ga, maar jij zit helemaal hier.' Hij hief woest zijn arm op. 'Veel beter. Ik ben gek op je ogen.'

Terwijl Fujimoto-san doorpraatte, verwonderde ik me wazig over zijn oneindige enthousiasme, maar nog meer over de puur krankzinnige lol die ik had. Ik zweer dat de glimlach geen moment van mijn gezicht week. De karaokecalorieën liepen langzaam op. De drank vloeide. Het eten bleef komen. En de nacht verstreek.

Excursie naar Hakone

Anderhalf uur woelen in bed. Meer kreeg ik na zaterdagavond niet voor elkaar voordat ik zondagochtend weer moest opstaan en me snuffend en hoestend douchte, waarna ik de slapende Matt gedag kuste. Ik voelde me beroerd, maar vandaag zou ik met Shin naar de hete bronnen in Hakone gaan, en ik keek ernaar uit. Slapen kon later wel.

Net toen ik op weg naar het station naar buiten glipte, belde Yoshi. 'Hallo, *ma chérie*,' kirde hij vrolijk. 'Slaap je?'

'Nee, ik slaap niet. Ik sta op het punt naar Hakone te gaan. Wat ben jij aan het doen?'

'Ik ga vissen, op mijn boot. Ik ben om zeven uur terug, dus misschien kunnen we uit eten. Hoe laat kom je terug uit Hakone?'

'Ik weet het niet precies. Acht uur misschien?'

'Oké, dan bel ik. En... *ma chérie*?'

'Ja?'

'Wees een braaf meisje, alsjeblieft. Ik ben een brave jongen voor jou, de hele dag. Ik ga in mijn eentje vissen!'

Shin wierp één blik op mijn snipverkouden persoontje en leidde me regelrecht naar een sapbar in het souterrain van een winkeltoren in Shinjuku. Hij liep er weer bij als een zwerver, maar zijn zwarte baret, verwassen joggingbroek en merkloos T-shirt werden deze keer gecompleteerd met een grijs sweatshirt met capuchon rond zijn middel, dat stijf en muf was van het drogen in de zon. Volgens mij twijfelde de kassabediende er misschien even aan of er wel geld in zijn gele vinyl portemonnee zou zitten. Maar met vers citrussap in de hand gingen we regelrecht naar een apotheek waar hij neusspray, extra sterke keelpastilles en een grootverpakking eenpersoonspakjes Kleenex voor me kocht. 'Nog meer?' vroeg hij met een van bezorgdheid gerimpeld gezicht. Nou nee, Shin. Volgens mij heb je het belangrijkste zo wel. Dank je.

'Oké, we moeten deze kant uit. Dit is een toeristenfolder, maar misschien niet in Engels. Je kunt naar foto's kijken... En dit is Freepass – kaartje voor trein, en kleinere trein, en kabelbaan. Je weet zeker dat het wel gaat?' vroeg hij, en hij gaf me de parafernalia.

Ik haalde bij wijze van antwoord mijn neus op en met een afkeurende frons ging hij me voor naar de Odakyu-lijn richting Hakone. Wachtend op het drukke perron spoot ik de eerste dosis neusspray in. Ik gilde het van schrik uit bij de samentrekkende pijn die dwars door mijn traanbuisjes brandde.

Shin was niet onder de indruk. 'Waarom huil je?' vroeg hij. 'Dat is geen sterke! Dat weet ik! Ik heb hem gekocht. Ik kan toch Japans lezen!'

Maar mijn zicht werd wazig, Shin veranderde in een mistige gedaante en mijn ogen knipperden in een te hoge versnelling. 'Gaat het?' hoorde ik hem vragen. 'Hier, neem dit.' Hij vond mijn hand. 'Is zakdoekje! Gaat het?'

'Natuurlijk, het gaat zo wel weer.' Ik bette nutteloos mijn ogen terwijl de massa begon in te stappen. Toen de trein wegreed, liet Shin de gordijnen neer om het zonlicht buiten te sluiten en zei dat ik moest gaan slapen. Hij legde zijn muffe trui zorgzaam over mijn knieën. Ik sloot mijn ogen en zakte snel weg.

Historisch gezien is Hakone in de Edo-periode beroemd geworden als toegang tot de regio Kanto, een rustplaats op de lange reis van het Tokyo van de shoguns naar het Kyoto van de keizer. In de moderne tijd is het het populairste recreatiegebied van Japan geworden, gelegen in het schilderachtige Nationale Park Fuji Hakone Izu.

Op slechts tachtig kilometer van Tokyo trekken Hakones vulkanische hete bronnen, grand hotels en fraaie natuur twintig miljoen bezoekers per jaar naar een stadje met vijftienduizend inwoners. En als het aan mij lag, werd dat vijftienduizend plus één. Hakone was liefde op het eerste gezicht. Maar ik kon het alleen vastleggen met een gek cameraatje vermomd als Asahi-bierblikje dat Shin me in de trein had gegeven. Volgens mij genoot hij ervan om mij de hele dag in Hakone te zien rondlopen als dronken *gaijin* en oude Japanse dames afkeurende blikken ontlokken.

Al kon ik het niet vastleggen, het ongerepte landschap was onweerstaanbaar romantisch. Ik bewonderde de wagonnetjes van de Hakone Tozan-spoorweg waarin we over een rivier, door tunnels en door bossen naar station Chokoku-no-mori slingerden. Daar vonden we het prachtige openluchtmuseum van Hakone: zeventigduizend vierkante meter natuur bezaaid met meer dan honderd buitensculpturen. Het museum bezit een van de grootste collecties van Henry Moore ter wereld en een spectaculaire installatie reuzen van Rodin, maar de gedeelde eerste prijs voor het beste kunstwerk ging voor mij naar een bronzen naakte man die op zijn buik in het gras lag, en *De hand van God*, een dynamische sculptuur uit 1954 van een man die de hemel ondervraagt, van de Zweeds-Amerikaanse Carl Milles.

Na meer dan een uur volgden we de bordjes naar de uitgang en gingen terug naar de spoorlijn. Onder aan een steile roltrap passeerden we nog een installatie: een pulserend rood licht, gevangen in een gigantische *alien* van groen plastic. Shin stapte voor mij de roltrap op en was al half boven voor hij zich omdraaide en naar beneden riep: 'Jij bent ook een alien in Japan.' Ik lachte en bleef even staan om een foto te maken met mijn bierblikjescamera. Hij wist niet hoezeer hij gelijk had.

Nekken werden verwachtingsvol gerekt toen de kabelbaan langzaam de berg op kroop. Maar toen we over de eerste richel heen waren ging mijn aandacht niet naar de dampende kloof met bubbelende poelen onder ons, maar naar het bonte slipje dat uit mijn tas moest zijn gevallen toen ik er eerder een sweater uit had gehaald. Ik zou door de grond gegaan zijn als iedereen niet tegen het raam geplakt had gestaan om te kijken of de Fuji vandaag te zien was. Toen we de volgende richel naderden, wist ik mijn bloemetjeslingerie ongemerkt weg te graaien.

Hoe dichter we bij de top kwamen, hoe sterker de stank van zwavel werd. Het stonk erg genoeg om iedereen giechelend zijn neus dicht te laten knijpen, tot we het helemaal vergaten bij het zeldzame schouwspel van de Fuji in zijn geheel. De grote Fuji-san was prachtig, als een vage aquarel in de verte die misschien verdween als je te hard zou turen. Iedereen hapte in aanbidding naar adem, en de camera's klikten om het uitzonderlijke uitzicht te vereeuwigen. We stapten uit op de top van Owakudani, de Grote Kokende Vallei. Zoals je kunt verwachten van een weekendbestemming zo dicht bij Tokyo was het hier stampvol met toeristenbussen, maar er waren opmerkelijk weinig buitenlanders.

Shin was een uitzonderlijk grondige gids en hij liet me voor alles poseren: kleurrijke heiligdommen, steile hellingen met toefjes stoom die ontsnapten uit de diepten van de berg, zelfs heel gewone hekken en stenen naambordjes. Bepaalde gebieden waren afgesloten vanwege de hoge concentraties zwavelzuurgas en waterstofsulfide, maar we bleven op het hoofdpad, tot we een van de vreemdste en meest innovatieve toeristische attracties bereikten die er bestaan: hardgekookte zwarte eieren. Tijdens het koken in het vulkanische water werden de poreuze schalen zwart van de geabsorbeerde mineralen. Ze waren heerlijk, maar de geestdrift waarmee mensen ze pelden en opaten met zout en een spectaculair uitzicht op de Fuji, werd waarschijnlijk vooral verklaard door de mythe dat elk ei je leven met zeven jaar verlengde.

We struinden de cadeauwinkels af, proefden zoetebonencake en allerlei producten met groene thee, en Shin liet me kennismaken met wasabi-ijs – het allerbeste wat mijn smaakpapillen ooit gekend hebben. Ik kocht een tube wasabi en Shin voegde een schattige sleutelhanger met een zwart ei toe aan mijn *goody bag*. Als ik hem in het licht hield en door een klein gaatje keek, doemde er een met sneeuw bekroonde Fuji op vanachter een wolk stoom.

Rond de schemering waren we terug in de vallei en reden we per taxi van het hoofdstation langs een rivier naar een paar *onsen* die je per uur kon bezoeken. Shin koos het duurste badhuis omdat dat meer rust en 'een betere ervaring' zou bieden, maar hij was nog steeds bezorgd dat ik niet zou weten wat ik moest doen. Aangezien hij noch de eigenaar het me wilde vertellen, wezen ze maar naar een foto en zeiden ze dat ik het aan een vrouw in het vrouwengedeelte moest vragen. Het vrouwengedeelte? Ja, natuurlijk, deze *onsen* waren gescheiden naar sekse (ik leerde later dat dat voor alle *onsen* gold, behalve ver weg op het platteland). En hoewel ik me er al op ingesteld had om naakt met Shin en een stelletje onbekenden naar binnen te gaan, slaakte ik een zucht van verlichting. Onze wegen scheidden in de gang. Ik ging een terrasvormige houten zaal binnen die vol damp stond. De ruimte was open naar buiten, waar drie rotspoelen op verschillende hoogte onder een magnifieke bergwaterval lagen. Het was betoverend. Ik kleedde me snel uit, legde mijn kleren in een gevlochten mandje en stond te bibberen in een handdoek zo groot als een washandje terwijl ik discreet om me heen probeerde te kijken om te zien wat ik nu moest doen. Bij een rij lage kraantjes zat een Japanse op een krukje rigoureus elke vierkante centimeter van haar huid in te zepen, dus wachtte ik tot ze haar bezigheden afrondde door zich met een houten emmer af te spoelen. Toen huppelde ik snel over de koude stenen vloer om de procedure na te doen.

Er waren maar een paar vrouwen in de *onsen*, dus koos ik een onbezette, ondiepe poel en stak mijn teen erin. Het water was loeiheet, maar stukje bij beetje liet ik me in het vulkanische vocht zakken tot het draaglijk werd, en ineens was de spanning van duizenden klachten vervlogen in de koele avondlucht. Ik vergat dat dit mijn vierentwintigste uur zonder slaap was en herinnerde me weer hoe het voelde om helemaal wakker, rustig en misschien zelfs gezond te zijn. Ik lag op de bodem van de poel en keek omhoog naar de donkere avondlucht tot het verzachtende water mijn huid soepel en glad had gemaakt. Na een kwartier voelde ik me alsof ik een jaar geslapen had, en nog een half uur later was ik volkomen verjongd. Geen wonder dat de Japanners zoveel eerbied hebben voor de *onsen*.

Shin glom en glansde toen ik hem een uur later in de gang zijn sokken zag aantrekken. 'Ging het goed?' vroeg hij, duidelijk nog steeds bezorgd over mijn buitenlandse reactie op naakt baden en scrubben. 'Goed?' Ik lachte. 'Het ging geweldig!'

'Oké, goed,' grijnsde Shin. 'Bij mij ook. Maar laten we iets te eten halen voor de trein terug naar Tokyo. Dan kun je slapen.'

Mag ik alsjeblieft een 'Ga naar de gevangenis'-kaartje? Ik weet dat daar op me ligt te wachten. GA DIRECT NAAR DE GEVANGENIS. GA NIET LANGS START. U ONTVANGT GEEN 20.000. Ik wil dat kaartje, en wel nú. Ik wil niet wachten tot het over een paar beurten ineens vanzelf boven op de stapel ligt. Ik wil mezelf naar de gevangenis sturen, en wel nu. Ik kan niet stoppen met stuiteren. Ik ben verslaafd aan aandacht. Ik ben verslaafd aan alcohol. Telkens als ik de dobbelstenen gooi, krijg ik een twee, en nu ben ik bang dat het allemaal nog veel erger kan worden.

Ergens in de trein tussen Hakone en Tokyo, toen Shin vredig zat te lezen, ging mijn telefoon. Ik liep naar voren in de wagon om hem niet te storen en sprak met Yoshi af zodra ik op station Shinjuku was.

Yoshi-cola

Yoshi pikte me om kwart voor negen met zijn Mercedes op aan de andere kant van station Shinjuku. Ik was slaperig en kalm nu ik net afscheid van Shin had genomen op het perron naar Yamanote, maar Yoshi was rusteloos en hyper. Die ochtend waren de golven te hoog geweest om bij Odaiba te gaan varen, zoals hij van plan was, dus was hij omgekeerd en weer naar huis gegaan.

Hij moest de dag hebben doorgebracht met nietsdoen, want hij reed als een dolle door de neonverlichte straten naar een ondergrondse parkeergarage en racete vervolgens naar een lift die ons naar de bovenste verdieping van een wolkenkrabber in Shinjuku bracht. In een druk restaurant deden we ons te goed aan tempura en middelmatige wijn, terwijl Yoshi steeds onrustiger en chagrijniger werd en klaagde over alles op aarde behalve mij. Normaal gesproken zou ik hem aanspreken op zijn pessimistische getier, maar ik was oververmoeid en zweefde rond in een toestand waarin ik niet kon bedenken of ik bij hem wilde zijn of niet. Emotioneel was het antwoord een klinkend ja – ik voelde me veilig en gewaardeerd en heerlijk bijzonder in zijn kielzog – maar logisch gezien leverden de grijstinten bij elkaar opgeteld een kleur op die dichter bij zwart lag. Toen we niets meer konden eten en ik zo dronken was dat ik me aan zijn arm moest vasthouden, betaalde Yoshi de torenhoge rekening met zijn American Express *noir* en wendde zich tot mij toen hij het *noren*-gordijn opzijschoof. 'Naar huis of nog één drankje?' vroeg hij elegant.

Ik antwoordde zonder aarzelen. 'Nog één drankje.'

De *Yakuza* hier zitten niet in Charlie. Speed. Dat is hun ding. Althans, volgens Yoshi. Het is het enige wat ze echt in handen hadden. Van al het andere namen ze gewoon hun percentage: cocaïne, crack, heroïne, pillen. Dat kwam allemaal via Roemenië of Iran. Yoshi gaf de voorkeur aan de Roemenen. Die schenen een heel goede bron te hebben, en het was de moeite waard om dat te weten. Er deed een gerucht de ronde in de clubs dat er deze week tien mensen, onder wie een aantal buitenlanders, waren gestorven aan cocaïne die met heroïne was versneden. Niemand wist waar die vandaan kwam, maar wie kon zorgde dat hij zich er verre van hield, althans tot het gerucht was overgewaaid, wat vrij snel gebeurde. Slecht nieuws houdt nooit lang stand in Japan. Vooral niet als er buitenlanders bij betrokken zijn.

Toen we het tempurarestaurant verlieten, reed Yoshi direct Shinjuku uit en parkeerde zijn Mercedes voor een gebouw aan de hoofdstraat van Roppongi. Zelfs na verschillende drankjes bleef hij geïrriteerd. 'Ik háát dat klote-Roppongi,' vuilbekte hij wrokkig, 'maar af en toe moet ik hier gewoon komen.' Ik hoefde geen uitleg en vroeg er dus ook niet om. Ik bleef in de passagiersstoel zitten zoals me opgedragen werd. Hij wierp me een duivelse glimlach toe voor hij uit de auto stapte en in de hal verdween. Een paar minuten later stapte hij weer in, enkele grammen zwaarder dan voordat hij naar binnen was gegaan.

Niet veel later zaten we op een elegante bank in de Compass Rose Skylounge op de twintigste verdieping van het Westin Hotel in Ebisu. We dronken en luisterden naar een zangeres die jazz speelde op een kamervleugel. Achter het raam vormden de wolkenkrabbers van Tokyo een netwerk van knipperende rode puntjes. Door dronkenschap en vermoeidheid was ik weinig toeschietelijk. Ik onderdrukte een geeuw en Yoshi keek mijn kant uit. 'Wat is er, *ma chérie*? Slaap? Verveel ik je?'

'Doe niet zo belachelijk, Yoshi. Maar ik heb vannacht helemaal niet geslapen. Ik ben kapot.'

'Geeft niet. Ik heb wel iets,' zei Yoshi snel. 'Een koningsmiddel. Wil je?'

Ik keek in zijn ogen. Klein en scherp. 'Ja, prima.'

'Laten we gaan.' Yoshi pakte mijn hand en we lieten onze glazen op tafel achter. Buiten bleven we in de gang rondhangen tot de portier uit het zicht verdween. 'Oké, wacht hier. Ik kijk even.' Tien seconden later wenkte hij me naar binnen.

'Maar dat is de heren-wc!' fluisterde ik toen hij me aan mijn arm naar binnen trok.

'Nou en? Geen probleem. Schiet op.'

Ik volgde hem het achterste hokje in en hij deed de deur achter ons op slot.

Hij maakte zijn portemonnee open, haalde er een klein hersluitbaar plastic zakje uit en legde twee grillige lijntjes op een zilveren schaaltje. Hij gaf me een creditcard en zei: 'Hier, maak maar mooi. Ik ben te dronken.' Dus gebruikte ik Yoshi's plastic miljoenen om de lijntjes strak te trekken terwijl hij een briefje van tienduizend yen oprolde en tussen mijn vingers stak. 'Jij mag kiezen,' fleemde hij. 'Ik ben een heer.' En zijn ogen twinkelden voor het eerst die avond. 'Dames altijd eerst.'

Ik wierp Yoshi een lange blik toe en hij begon heen en weer te wippen. Het is een afschuwelijk gevoel om iets te willen waarvan je weet dat het je kapotmaakt. Maar wat kan het schelen? Ik boog me voorover en snoof de cocaïne op. Ik gaf Yoshi het bankbiljet en stapte met tikkende hakken opzij. Ik drukte me tegen de wand van het hokje aan en keek naar hem; de manier waarop hij zijn lijntje snoof had iets wanhopigs. Hij probeerde zich in te houden, maar ik kon het effect zien, vlak voordat hij me de rug toekeerde om zijn neus op te halen en zijn keel te schrapen.

Toen hoorden we een deur opengaan, en Yoshi draaide zich om met een vinger op zijn lippen. We hoorden het geluid van een rits, een stilte en toen het lange, aanhoudende geklater van een urinerende man. Ik vond het onweerstaanbaar grappig en stikte bijna van het ingehouden lachen. Yoshi zette me op de wc-bril en gebaarde dat ik moest blijven zitten terwijl hij het hokje uit liep. Ik hoorde hem zijn handen wassen en een praatje maken in het Japans. Alsof alles heel normaal was. Ik giechelde als een gek. Onhoorbaar. Ik had de tijd van mijn leven, in een wc-hokje. Yoshi klopte en we schuifelden stap voor stap de toiletten uit, alsof we in een slechte James Bond-film zaten. Ik moest diep ademhalen om met een beheerste houding de zaal weer in te kunnen lopen. Ik was hyperalert en veel te gevoelig, en ik moest het gevoel onderdrukken dat iedereen naar ons keek terwijl we onschuldig met een halve meter tussen ons in op de bank bij de muur zaten.

'Ah, nu *genki*,' blies Yoshi uit. 'En jij? Oké?'

'Geweldig. Ik krijg alleen weer geen adem.' Ik legde mijn hand op mijn borstbeen.

Yoshi fronste. 'Alweer niet?' Ik knikte en hij schoof me mijn daiquiri toe. 'Drink iets.'

'Het geeft niet, het komt zo wel goed. Maak je geen zorgen,' glimlachte ik. Yoshi schitterde. Hij was zijn aanlokkelijk zelfverzekerde, vertederend arrogante zelf weer en ik was volkomen ondersteboven. Het was moeilijk om mijn evenwicht te bewaren toen hij begon te klagen dat hij met Kerst naar Oahu moest, naar zijn vaders appartement in Waikiki. Het was moeilijk om naar zijn gezicht te kijken zonder in paniek te raken.

'Waarom moet ik verdomme met Kerst naar Hawaï? Binnen twee dagen verveel ik me daar kapot. Er is niets te doen. Maar niet als jij er bent,' hengelde hij gretig.

'Ik ga naar huis met Kerst, Yoshi.'

'Oké, oké. Waarom ben je zo moeilijk? Ik geef je een vliegticket als kerstcadeau. Dan kun je in januari in Tokyo terugkomen, in Greengrass werken...'

'Wat? Maar ik wil geen hostess meer zijn. Ben je gek?'

'O, wat wil je dan doen? Modellenwerk?' vroeg hij losjes, en plotseling drong de krankzinnige realiteit van de situatie waarin ik mezelf had gewerkt tot me door. Zelfs voor Yoshi was werken als hostess niets bijzonders. Het was gewoon een baan voor een vrouw en gewoon een onderdeel van zijn cultuur, maar ik voelde me pijnlijk verraden dat het Yoshi niets kon schelen of zijn hypothetische vriendin nog in een hostessenbar werkte. Sterker nog: ik was er kapot van. Matt had er weliswaar ook geen probleem mee dat ik in Greengrass werkte, maar dat was maar tijdelijk en bovendien zaten we hier samen in, zolang ik mezelf in de hand kon houden.

Maar Yoshi zat nog in de wanhoopsfase van zijn pogingen om mij te veroveren. En op dit moment werd het me zomaar ineens glashelder. De eikel.

Yoshi zat een tijdje te draaien terwijl hij me vertelde hoe mooi ik was en hoe leuk het zou zijn om ons voor de opera te kleden. Als ik zijn vriendin was, zei hij, zou hij heel trots zijn en zou mijn leven vol oneindige verrassingen zitten, maar de enige verrassing die ik hem ooit hoefde te geven was een nieuwe string. Zijn moeder zou natuurlijk verbaasd zijn als ze die in de was vond, maar dan zou Yoshi zeggen dat ze zich met haar eigen zaken moest bemoeien. Ik zou er goed uitzien in Valentino en al zijn vrienden zouden jaloers zijn. Ik moest van hem een beetje aankomen, maar verder was ik perfect. Hij hield niet van magere meisjes.

'Hoe dan ook, *ma chérie*, ik wil nog wat. Jij nog?'

'Nee, dank je. Ik krijg nog steeds haast geen adem. Volgens mij was het te veel.'

'Oké, ik ben zo terug.' En zo ging Yoshi solo naar het herentoilet, terwijl ik stijfjes op de bank zat en zowel zijn als mijn waterglas leegdronk. Ik nipte van mijn tweede daiquiri toen hij weer als een pauw de zaal binnenstapte, en ik moest nog meer van zijn levendige beloftes aanhoren, tot ik nadrukkelijk op zijn Rolex keek. Yoshi keek in mijn ogen.

'Zullen we een kamer nemen?' vroeg hij brutaal. Het was de eerste keer dat Yoshi zo direct was, en ik voelde me verhit en beschaamd en verschrikkelijk omdat zelfs mijn aanwezigheid hier bij hem een leugen was.

'Nee,' zei ik botweg en hij haalde zijn schouders op alsof het hem helemaal niets uitmaakte. Toen had ik er genoeg van, dus zei ik: 'Ik wil naar huis, Yoshi. Ik ben moe.'

Yoshi perste zijn lippen op elkaar en glimlachte. 'Natuurlijk, *ma chérie*, alles voor jou.'

We waren allebei zo dronken dat hij niet had moeten rijden en ik hem dat niet had moeten toestaan, maar Yoshi reed door de verlaten straten van de vroege ochtend tot boven aan de mijne. Hij stopte op de plek waar ik dat vroeg en draaide zich naar me toe. 'Ik meen het serieus met jou,' biechtte hij op. 'Ik heb besloten.'

'Echt?' wierp ik tegen. 'Ben ik dan het soort persoon dat je aan je moeder zou voorstellen?'

'Dat weet ik nog niet,' zei hij zachtjes.

'Nou, dan meen je het duidelijk niet serieus,' zei ik effen. 'Want ik weet dat jij weet dat je dat niet zou doen, Yoshi, en dat dit maar een spelletje voor je is.'

'Nee, *ma chérie*, ik geef heel veel om jou, maar jij...'

'Kom nou, Yoshi.' Ik legde twee vingers op zijn lippen en hij kuste ze zacht. 'Zeg maar niets meer. Bedankt voor vanavond,' zei ik zachtjes. 'Ik zie je.'

Ik stapte uit op de verlaten straat, deed het portier dicht en keek niet meer om. Ik was gewoon iemand die de rol moest spelen. Een understudy die de rol pas mocht vertolken als de laatste ster was opgebrand. Waarschijnlijk was zijn vorige vriendin om die reden vertrokken: ze had genoeg gekregen van de drugs, de verkooppraatjes en de slingerbeweging tussen Yoshi's aantrekkingskracht, de teleurstellingen en het feit dat hij je niet echt kende, eigenlijk niet wílde kennen, maar alleen iemand zocht met wie hij kon doen alsof alles oké was.

Als ik er niet was, zou een ander de hele nacht met Yoshi high zitten worden. Een ander zou hem met haar gezelschap vermaken. Een ander zou luisteren naar zijn volmaakte uitspraken over een volmaakte relatie in een volmaakte toekomst die nooit kon bestaan. Wat kon hij zich nog meer wensen zolang ze jong, mooi en elegant was?

Ik had naar Karolina moeten luisteren toen ze zei: 'Wij meiden denken dat wij met hen spelen, maar in feite spelen zij juist met ons. Als je niets gelooft van wat ze zeggen en niet bij ze betrokken raakt, kun je een hoop lol hebben.' Nou, ik had nu géén lol. Fuck Yoshi. En fuck dit stomme oord.

Roppongi is een koud, hard stadsgebied vol betonnen woningblokken die stuk voor stuk aan de duivel zijn onderverhuurd met een contract dat tot in het oneindige kan worden verlengd. Als autonome wetteloze entiteit biedt Roppongi alle denkbare verlokkingen, bijbehorende rechtvaardigingen en afleiding op een presenteerblaadje. Als je even niet oplet, stopt het je van alles in je hand. Het volgt je op de voet en fluistert in je oor. Ik weet dat omdat ik het kon horen. Ik kon het voelen. Als ik ooit zou instorten, volkomen zou doordraaien, zou dat in Tokyo gebeuren.

Zonder mijn lieve Matt zou ik allang gek zijn geworden. Dat is het enige wat ik weet. Als hij niet over fysiologie en fitnesstijdschriften zou praten wanneer ik op de gekste tijden aangeschoten binnen kom vallen, als hij niet zou luisteren wanneer ik de details ophoest van de twintig uur die ik zonder hem geleefd heb, als hij niet naar de winkel zou gaan om het wasmiddel te kopen waar ik nooit aan denk, zou ik reddeloos verloren zijn. Misschien lijkt het tegenovergestelde waar, maar elke dag die ik in deze verdwazing doorbreng maakt de waarde van wat wij hebben voor mij alleen maar groter.

Ik heb er genoeg van. Ik weet niet meer wat ik aan het doen ben. Ik ben uitgeput. Twaalf uur terug voelde ik me compleet in de vulkanische hete bronnen van Hakone, maar ik ben amper terug in Tokyo en ben alweer leeggezogen.

Ik wil stoppen. Nog zes weken. Kan ik dit echt overleven? Ik wil alleen maar slapen, maar mijn pupillen zijn groter dan zou moeten. Ik vind het vreselijk om het felle daglicht te zien als ik overdag wakker word. Mijn leven staat op zijn kop. Ik kijk in elke witte of zilverkleurige Mercedes die ons op straat voorbijrijdt. Ken ik die man? Herkent hij mij? Ik heb het gevoel dat ik in het openbaar niet hand in hand met mijn echtgenoot kan lopen. Ik heb honger, maar geen zin in eten. Ik ben in de war; ik voel me zwaar beproefd. Ik heb in te weinig tijd te veel symptomen verzameld om zelfs maar een voorzichtige diagnose van mijn toestand te stellen. Ik ben gelukkig en vrolijk. Ik ben verdrietig en eenzaam. En hoe zit het met paranoia? Zet ook maar op mijn lijstje... wéér een hokje aangekruist met een vette haal van het rode krijtje. Dit is misschien wel het krankzinnigste wat ik ooit heb gedaan. Misschien.

God helpe me als dat niet zo is.

Spiegeltje, spiegeltje

Abies ogen lagen diep toen ik op de valreep voor negenen op mijn werk verscheen. Zonder een spoor van make-up leek ze een klein meisje, huiverend in de airconditioning ondanks het verboden vest dat ze om haar schouders had. Ik was dit verslonsde uiterlijk met de dag meer van haar gaan verwachten, maar vanwege haar warrige, geklitte bos haar vroeg ik: 'Abie, is alles goed met je?'

'Nee. Ik dacht dat ik dit weekend niet meer terug zou komen. Het was zo ontzettend ruig...'

Het was allemaal begonnen met een roekeloos besluit – om harddrugs te nemen in een nachtclub. Een afterparty bracht haar naar het huis van Benny de Israëlische cokedealer, waar ze in afwachting van een akelige ontnuchtering een lift naar huis afsloeg van een man wiens naam ze niet bekend wilde maken om redenen die ze niet wilde onthullen. In plaats van haar geld aan een taxi te besteden liep ze in haar eentje door de onbekende straten met de Tokyo Tower als oriëntatiepunt, en daarna lag ze urenlang in bed tegen een zakspiegeltje te praten, zichzelf aanstarend en denkend dat ze doodging.

O jee. Had Abie pasgeleden niet ook al zoiets gedaan en was het toen niet net zo afschuwelijk geweest? De vorige keer was het LSD geweest op een rave in Roppongi, maar ze had dezelfde klachten: 'Ik haat Tokyo. Ik haat de Japanners. Ik wil hier weg. Wat doe ik hier? Wie ben ik?'

'Abie, je moet me beloven dat je geen drugs meer...'

'Nooit meer?' vroeg ze cynisch, en ik keek naar haar. Abie was binnen een paar weken levenloos, uiterst somber en vadsig geworden. Wat was er met haar gebeurd?

'Abie, zorg alsjeblieft voor jezelf,' smeekte ik, en ze huilde toen ik mijn armen om haar heen sloeg.

'Ik weet het,' fluisterde ze. 'Ik heb mezelf al zo laten schrikken. Het is oké.' Maar nog geen vierentwintig uur later zou Abie me vertellen dat ze niets liever wilde dan nog meer drugs roken en haar ellende uitslapen. Soms zijn woorden zinloos.

En soms zijn menselijke patronen moeilijk te doorbreken.

Ik had al zoveel verhalen gehoord over meisjes die op zaterdagavond in Roppongi in een sterke roes doken om zichzelf in een chemische adempauze te verliezen. Meisjes die nooit drugs zouden kopen, betaalden er ineens voor als ze ze niet gratis kregen, en meisjes die nooit zouden gebruiken deden dat ineens wel. En stuk voor stuk stortten ze in en ontdekten ze dat ze verdwaald waren in een betonnen jungle.

Het was ontnuchterend om overdag door de straten van een functionerende samenleving te lopen, als een verlopen blank meisje dat haar weg naar huis probeert te vinden na een nacht werken en feesten. Je kon het de Japanners die onder de middagzon een *gaijin* op tikkende hakken en in cocktailjurk door hun keurige straten zagen lopen niet kwalijk nemen als ze dachten dat ze écht een buitenlandse duivel was, al zouden ze dat nooit laten merken.

En dat was een deel van het probleem. De Japanners leken haar niet eens op te merken. Maar zij zag hen wel, in hun gewone huizen, tussen de gewone dingen, terwijl ze hun gewone levens leefden. Daglicht zou mild moeten zijn, maar voor haar, alleen in zo'n situatie, vergroot de zon het omineuze gevoel van holle isolatie alleen maar uit. Ze was ver van huis. Ver van wat bekend was. Een vliegticket, een paspoort, de beloftes van makkelijk geld en het avontuur van je leven hadden haar hier gebracht. Maar met haar slechte voorbereiding was ze overweldigd en ontheemd geëindigd, en nu verachtte én verafgoodde ze de dingen die haar naar deze stad en dit werk hadden gelokt. Ze had niemand nodig om haar te bestempelen als wat ook; ze voelde zich al *gaijin* in elke zin van het woord. Het liet haar achter met een vreselijk eenzaam gevoel en een leegte die erom smeekte gevuld te worden, desnoods kunstmatig.

Je mag natuurlijk niet generaliseren, maar dit was te vaak de realiteit waarin meisjes als Abie in hun hondenhokken van appartementen verkeerden, in de late ochtenduren van een willekeurige zondag, tranen met tuiten huilend in hun met mascara besmeurde kussens.

Trek een nummertje

In reactie op een wijdlopig bericht over mijn verslechterende gezondheidstoestand belde Nori en zei dat hij mij op woensdag móést zien. 'Ik wil weten hoe je over mij denkt.'

'Wát? Wat bedoel je?' vroeg ik scherp, in de hoop dat Nori te beschaamd zou zijn om het te herhalen, maar dat deed hij wel, woord voor woord, en ik was gedwongen de vraag slap te ontwijken. 'Eh... best. Zei je woensdag? Ja, oké, het is prima om woensdag af te spreken. We kunnen uit eten gaan en een tijdje samen zijn. Dat zou fijn zijn.'

'Oké,' zuchtte Nori. 'Ik geloof je.'

Wat betekende dat nou weer? Ik had helemaal niets gezegd wat hij wel of niet kon geloven.

'Trouwens,' zei hij met geforceerd vrolijke stem, 'heb ik je dat verteld? Gisteren is mijn vriendin die vroeger hostess in Roppongi was naar Yokohama gekomen om me op te zoeken. Ze is de hele dag bij mij thuis geweest,' lachte hij gemaakt, 'en we hebben veel plezier gehad.'

'Wat heerlijk,' zei ik, en ik begon te klagen over mijn voorhoofdsholtes. Wat dacht Nori? Dat ik jaloers zou zijn op een verzonnen verhaal omdat ik er stiekem naar verlangde om bij hem te zijn? God! Ik wist dat ik maar een leeg scherm was waarop hij zijn vreemde films vol waandenkbeelden projecteerde, maar wanneer waren de ondertitels zo vreselijk uit de bocht gevlogen? 'Hé, misschien weet jij wat voor medicijnen ik moet nemen,' ratelde ik verder. 'Ik kan 's nachts amper adem krijgen en...'

'Ik wil horen wat je echt van me vindt,' viel Nori me in de rede. Ik betwijfelde of hij dat werkelijk zou willen horen, dus gebruikte ik de smoes dat ik me niet lekker voelde, zei dat ik hem later nog zou spreken en hing op voor hij kon protesteren.

Shin belt mijn nummer elke twee of drie dagen. Goro doet het sporadisch. Nori dagelijks, soms twee, maar meestal drie keer of meer. Dan heb je Yoshi. Die belt als hij zin heeft, en altijd met een bepaalde toon, alsof hij al een eeuwigheid aan mij liep te denken en het gewoon niet langer meer uithoudt. 'Ik wilde je stem even horen, *ma chérie*,' zegt hij dan.

Ik merk dat mijn stem elke keer dat ik de telefoon opneem weer anders klinkt. Het is dezelfde automatische aanpassing die plaatsvindt als ik in de club naast iemand ga zitten. Je verandert iets in je houding. Je meet de afstand tussen zijn heup en de jouwe. Je anticipeert op bepaalde reacties. Manipuleert de uitkomst. Maar laat het duidelijk zijn: ik flirt nóóit met klanten. Ik ben een causeur. Zo eenvoudig is het.

Maar er is één uitzondering. Ik kan Yoshi maar niet in een hokje krijgen en hem daar houden. Hoe hard ik ook probeer het deksel dicht te houden, hij springt er telkens uit. Ik denk meestal niet aan de gevolgen hiervan voor mijn leven, want ik beschouw dit niet als mijn leven. Mijn nachten en dagen zijn niet van mij. Ik ben het nog, maar op de een of andere manier ook niet. Ik weet niet of ik het duidelijker kan uitleggen. Er zijn te veel vragen, met te veel variabelen. Meestal laat ik ze gewoon onbeantwoord. Toch is er een vraag waarop ik antwoord weet zonder dat ik het hoef te vragen. Als ik een ongebonden vrouw was en Yoshi gewoon zichzelf, zou ik het dan overwegen? *Ja.* Ziezo. Ik heb het gezegd.

Dit soort onzin maalt maar door mijn hoofd. Ik weet dat ik het niet zou moeten denken, maar ik vertrouw erop dat Yoshi de waarheid spreekt, hoe onlogisch dat ook is. Ik denk dat hij misschien van me houdt. Wie weet waarom? Maar misschien is het mijn eigen opgeblazen ego maar. En dat maakt me bang. Ik ken de gevolgen. Ik ken de uitkomsten. Maar de demonen. De demonen zijn niet makkelijk te verslaan.

Ik was nog maar een paar bladzijden gevorderd in *Een geschiedenis van Japan* toen de telefoon ging. Ik wist dat het Yoshi was, nog voor ik zijn nummer zag – maar het was gewoon weer zo'n onbenullig telefoontje van kantoor waarin hij slijmde en ik overdreven lachte.

Toen Yoshi ophing en ik de telefoon wegsmeet, drong in één klap tot me door dat ik niet eens zijn achternaam wist. Evenmin als zijn bedrijf, zijn beroep, zijn leeftijd... níéts. En toch was ik met hem naar Kyoto gegaan met niet meer dan veertig dollar op zak. Ik had twee keer coke met hem gesnoven in een situatie waarin ik alleen met hem in een hotel zat. Als je mij vroeg wat het nummer van de Japanse politie was, zou ik je met een lege blik aanstaren. Domme meid. Het zou iets zijn om over na te denken, als ik niet zoveel behoefte aan slaap had.

Ik zette de wekker om kwart over zeven en kroop weer onder de dekens. Toen ik ze in de kunstmatige duisternis optrok tot aan mijn kin begon mijn lip onwillekeurig te trillen, maar ik deed mijn ogen dicht voordat de tranen konden komen. Soms ben ik overdag heel gedeprimeerd. Rauw, uitgeput en veel te kwetsbaar.

Zo voel ik mij.

Yoshi's achternaam

Vanavond was Abie ontspannener dan ik haar de laatste tijd heb gezien, maar waarschijnlijk was dat maar een bijwerking van de buitensporige hoeveelheid THC in haar bloed. Ze blowde elke dag sinds ze besloten had haar ware aard te volgen en de griezelig voorspelbare missie van zoveel jonge Israëli's te gaan uitvoeren: de onversaagde trektocht door India. Tot ze over vier weken zou vertrekken maakte Abie zich geen zorgen meer over geld; ze zag opa maar af en toe, nam nooit de moeite om te gaan flessen en ging elke avond gewoon naar huis om hasj te roken en te dromen over Goa. Toen ik toekeek hoe zij rookte, vond ze dat ik er verdrietig uitzag. 'Je hebt altijd zo'n grote glimlach op je gezicht, maar ik kijk naar je ogen, en die staan verdrietig,' mijmerde ze. 'Wat is er aan de hand?'

'Ik heb gewoon last van verwarring. Ik ben er helemaal stuk van.' Ik rolde met mijn ogen in een poging te overdrijven hoe stom ik me voelde. Of misschien de zwaarte ervan te maskeren.

'Yoshi?' vroeg ze fluisterend.

'Yoshi,' herhaalde ik, en het dilemma kwam los. 'Ik denk echt dat hij het serieus meent. Weet je? Stel dat hij het écht serieus meent? Moet je je eens voorstellen wat ik...' Maar Abie onderbrak me met kracht.

'Hij meent het níét serieus. Dit is zijn spelletje, Chelsea, en je kunt hem niet geloven. Hij is verdomme je klant. Hij komt hier en hij is je klant. Jij houdt van Matt en Matt houdt van jou en dat is jóúw leven. Je hoeft hem niet alles te vertellen. Ze weten dat het allemaal nep is! Je bent gek om iets anders te denken.'

'Ik weet het. Ik had alleen nooit gedacht dat ik er zo diep bij betrokken zou raken. Ik bedoel: ik sta heus niet op het punt ervandoor te gaan met een rijke Japanner wiens achternaam ik niet eens weet.

Ik ben nog niet zo verdwaasd als zij. Maar ik kan niet helpen dat ik...'

'... besef dat hij je vader had kunnen zijn?' probeerde Abie.

'Ik wilde zeggen: medelijden met hem heb.'

'Zie jij jezelf echt een relatie hebben met iemand die drugsverslaafd is? Wees eerlijk, Chelsea, dat is hij. Weet je wat dat met iemand doet?' Vanaf een punt hoog boven haar muizige klithaar liet ze haar hand neervallen. 'Misschien begin je hier, maar je eindigt in de goot.'

'Dat weet ik. Ik zou alleen willen... O, ik weet het eigenlijk niet. Het is gewoon een heel aantrekkelijke dagdroom, maar als ik er echt over nadenk, zou ik nooit iemand willen zijn die haar hele leven zegt: Yoshi, mag ik dit? Yoshi, kun je dat kopen? En ik kan Yoshi natuurlijk niet over Matt vertellen, maar ik weet niet wat ik moet doen tot ik vertrek. Geen enkel excuus lijkt hout te snijden. Wat moet ik hem vertellen? Hij begint zo... aan te dringen.'

'Niets. Speel gewoon zijn spel. Hij is jouw klant en dat is alles. Oké?'

'Oké.' *Irashaimase!* En wie komt er op dat moment binnen? De charismatische duivel in eigen persoon. 'O fuck. Raad eens wie er net binnenkomt?'

'Yoshi?'

Reken maar. Hij was onberispelijk gekleed en zag er heel zakelijk uit in zijn frisse overhemd en stropdas. Abie sloeg op zo'n maffe, praatgroepachtige manier haar armen om me heen. 'Oké, veel plezier... Met je klant, lieve schat.'

'Wie is dit knappe heerschap?' vroeg ik koket toen ik naast het lage tafeltje stond, en Yoshi nam me bij de hand toen ik zijn wang kuste. Hij stond strak van de spanning. 'Gisteravond, was het toen helemaal dood hier, met die tyfoon?'

'Nee, het was druk.'

'O!' Yoshi leek echt verbaasd. 'Heb je plezier gehad?'

'Kom nou, Yoshi, het zijn maar zaken. Bovendien waren ze allemaal gek.'

'Ben ik ook gek?'

'Jij bent gek op een andere manier, Yosh.'

'Goed gek?'

'Goed gek, ja. Er is er maar één zoals jij.'

'Goed. Ik kom net van een zakendiner. Bah, ik moest eigenlijk blijven om te borrelen, maar ik heb mezelf vrij gegeven. Heb gezegd dat ik vroeg op moest en ben toen rechtstreeks naar jou gegaan. Ik mis je,' fleemde hij. 'Chelsea, hoe gaat het? *O-genki desu ka.*'

'*Genki desu,* en jij?'

'Die fucking zaken. Ik ben zakenman. Ik haat het.' Yoshi trok aan zijn stropdas. Hij keek op zijn horloge. Hij keek er elke tien seconden op.

'Wat is er? Heb je een spannend afspraakje vanavond?'

'Nee.' Hij tikte op de wijzerplaat van zijn Rolex bij het streepje van kwart over. 'Mijn dealer komt. Over tien minuten.'

O, waren we daar inmiddels al zo open over?

'Ik ga naar beneden, maar die klotedealers, hun tien minuten zijn een half uur.'

Het was moeilijk om daarna nog iets te zeggen. Ik was al geschokt dat hij er was. Yoshi speelde zijn spel, precies zoals Abie zei, en hij speelde het meesterlijk. Ik was gek om iets anders te denken.

'Heb je mijn foto's ontwikkeld? Uit Kyoto?' vroeg ik koeltjes.

'Ja, in mijn auto. Beneden. Wat wil je drinken?' Ik bestelde wijn en Soh schonk me zijn verraste, keverogige blik. Misschien had ik de afgelopen week oolongthee genomen, maar nu moest ik twee glazen rode wijn hebben om me enigszins te kunnen ontspannen. Yoshi zat te klagen over van alles en nog wat.

Ik schraapte mijn keel. 'Hoe vaak doe je het, Yoshi?'

'Doe ik wat?' blafte hij aangevallen, en ik gebaarde naar zijn Rolex. Hij wist wat ik bedoelde. 'Wát? Kom nou, niet elke dag. Alleen om te feesten, met jou.' Hij glimlachte koket. Ik trok mijn wenkbrauwen op. 'O, *ma chérie,* niet doordeweeks, kom nou. Ik werk! Ik ben een zakenman. Nee, nooit.' Yoshi's telefoon ging en hij klapte hem snel open. 'Oké, ik kom eraan, twee minuten.' Toen liet hij me een kwartier alleen en beende daarna de club weer in, zonder een blik op mij, en ging regelrecht naar het toilet. Ik riep Soh.

'Als Yoshi betaalt, kun je dan alsjeblieft zijn achternaam opschrijven?'

'Oké. Maar waarom hij zo lang weg?' vroeg Soh, en ik haalde mijn schouders op. Er verstreken nog tien minuten voor Yoshi weer bij me kwam zitten.

'Was je mama-san aan het versieren?' Ik kon de droefenis niet uit mijn stem houden.

'Ik weet verdomme niet waar ze het over heeft. Ze zegt iets, maar ik weet niet wat ze zegt. Waarom, jaloers?' Ik hield mijn mond dicht.

'Chelsea, *ma chérie*, mis je me? Denk je aan me? Nee, dat doe je niet. Ik weet het. Je geeft niet om mij.'

'Dat wil ik niet meer horen, Yoshi. Zeg dat niet meer.' Ik sloeg de hand weg die hij op mijn dij probeerde te leggen. Hij leek nog niet high, maar ik wist het niet zeker.

'Dat is straks mijn buit,' zei hij spinnend. 'Ja, hè? O, ik kan niet wachten. Zeg dat het van mij is.'

'Rot op, Yoshi. Raak me niet aan.'

Hij lachte alleen maar. 'Oké, ik ga naar toilet. Ik wil iets hebben.' Yoshi's nonchalance was zo berekenend dat de gedachte hem zojuist ingevallen leek. 'Jij ook?' grijnsde hij.

'Nee,' weigerde ik botweg. En zo verdween Yoshi, op een doordeweekse avond, naar de heren-wc voor een eenpersoonsfeestje.

'Ben je nu *genki*?' vroeg ik cynisch toen hij terugkwam.

'Nee. Oké, misschien nog een minuut, dan *genki*.' Zestig seconden later was Yoshi zichtbaar langer en had hij zijn gebruikelijke zelfverzekerde, arrogante houding weer terug. Met een diepe zucht liet hij zijn armen langs zijn zij vallen. 'Ohhh, nu ben ik zo genki, want bij jou.'

Wat een gelul. Ik had mijn naam niet in Charlie veranderd. Ik bracht niet al zijn cellen in extase nadat hij me in zijn reukorgaan had opgesnoven. Waar had Yoshi het over? Hij begon te sniffen en riep Nishi om een koude *oshibori* te vragen. Terwijl Yoshi een nieuw glas bier inschonk voor Nishi vroeg ik me af hoeveel er tijdens zijn leven al in zijn neus verdwenen was.

Hij trok me tegen zich aan in een strakke schoudergreep. 'Nishi,' smeekte hij. '*Whatta can I do?* Ik vind haar zo leuk, maar zij mij niet. Ik wil geen onbeantwoorde liefde.' Nishi zweeg en nipte van het koude schuim. Hij lachte geluidloos terwijl ik in Yoshi's ribben porde om meer ruimte te krijgen, en hij vertrok toen er nieuwe klanten binnenkwamen, zijn bier op tafel achterlatend. 'Weet je,' fluisterde Yoshi, 'seks met mezelf is beter dan met een liefje voor één nacht. Heb ik gelijk?'

'Doe niet zo belachelijk, Yoshi.'

'Oké, misschien, maar ik ben man, en verliefd op jou. Ik moet overleven. Ga je me helpen verhuizen naar mijn nieuwe appartement? Dan kun je mijn eerste gast zijn. We kunnen een feest geven. Wat zal dat leuk zijn, mijn appartement zo dicht bij het jouwe. Weet je, hiervoor woonde ik vlak bij je.'

'Ik dacht dat je vlak bij de Westin had gewoond, in Ebisu.'

'Ja, daar ook. Veel plekken.'

'Hoe vaak ben je dan al naar je mama teruggegaan?'

'Telkens als mijn hart gebroken wordt ga ik terug om te herstellen. Daarna ga ik weer uit huis. Als jij mijn hart breekt,' waarschuwde hij, 'ga ik ook weer terug.'

'Maar je bent nog niet eens verhuisd.'

'Nee, maar binnenkort wel. De zesentwintigste. Ken je de internationale supermarkt? Mijn appartement is daar vlakbij. Tweede verdieping. Je mag altijd langskomen, vierentwintig uur open. Als jij slaperig bent na je werk, kom dan iets eten.'

Natuurlijk. Ik zal om drie uur 's nachts dronken komen aanzetten. Dat zul je vast waarderen.

Hij legde zijn hand voorzichtig op de mijne en vlocht onze vingers door elkaar. 'Zebrababy's.'

Ik lachte en vroeg me af aan hoeveel meisjes hij hetzelfde had verteld.

'Maar ik zei toch: ik meen het serieus! Heb al besloten, maar jij gelooft me niet. Wanneer trek je bij me in?' vroeg hij.

'Hè?' Ik schrok. 'Ik weet je achternaam niet eens en nu wil je dat ik bij je intrek?'

'Tokugawa. T.O.K.U.G.A.W.A. Yoshiaki Tokugawa, maar de mensen noemen me gewoon Yoshi.' O, nu was alles opgelost. Laat maar een sleutel voor me bijmaken. 'Wat, geloof je niet dat ik van je hou? O, o, o,' piepte hij sarcastisch. 'Je weet mijn naam niet, blablabla. Geloof je me niet? *Chérie*,' Yoshi's blik bleef hangen. 'Álles voor jou.'

Oké. Diep ademhalen. Het enige wat ik van Yoshi aannam was dat zijn achternaam Tokugawa was, en dat dan alleen nog maar omdat ik dat op zijn creditcard zag staan toen hij die pakte om mee te betalen.

In de hal beloofde Yoshi me dat hij de volgende dag zou bellen. 'Is dat goed?'

Natuurlijk was dat goed. Ik hield van hem en verachtte hem. Ik dreef hem de lift in. Ik draaide me om. Ik blies gehaast de aftocht en zwaaide over mijn schouder. Op het laatste moment keek ik toch weer om, en zag hem staan vrijen met de lucht voor hem, als een gek in de lege ruimte kussend.

Sommige dagen zijn beter dan andere. Sommige dagen zijn klote. Ik probeer mezelf aan te leren om me steeds beter te gaan voelen. Vanavond in Greengrass vond Jodie dat ik er ontzettend *genki* uitzag. 'Zo te zien heb jij een fantastisch weekend gehad,' zei ze. Was dat zo? Wat had ik dan gedaan? Ik kan me vandaag niet herinneren wat er gisteren gebeurd is. Elke cyclus van vierentwintig uur is in deze verblindende fantasiewereld een heerlijke, maar afkeurenswaardige caleidoscoop van emoties.

'Daarom verlaat je Tokyo en daarom kom je ook weer terug. Het is verslavend, je zult het zien. Als je nog geen twee weken weg bent,' zei Jodie, 'wil je alweer terug.' Toen zweeg ze even. 'Nee, dat moet ik anders zeggen. De éérste week al, dat garandeer ik je.'

Dat waren Jodies woorden, maar ik begon haar te geloven. Ik wacht, en wacht, en wacht. Maar blijf, en blijf, en blijf.

De chirurg draait door

Verbouwereerd en stomverbaasd. Anders kan ik het niet omschrijven. Hoe zou ik me anders moeten voelen? Gisteren wist ik zijn achternaam nog niet, maar vandaag belde Yoshi me vanuit het ziekenhuis waar zijn nicht net was bevallen. 'Het is een jongetje!' riep hij trots. 'Haar tweede kind al. Hij is heel mooi, maar hij lijkt nu al heel ondeugend.'

'Weet je waarom?' lachte ik. 'Omdat hij familie van jou is. Gefeliciteerd, Yoshi, dat is echt geweldig.'

'Bedankt, bedankt. Ik ben zo blij. Wat ben je aan het doen?'

'Lezen. Ik was...'

'Wat? Lézen? Ben je gek? Kijk eens naar buiten! Prachtig weer. Ga naar buiten!'

'Oké, oké, ik weet het. Ik ga straks wandelen.'

'Goed. Ben je een braaf meisje?'

'Ik ben een ontzettend braaf meisje.'

'Ik weet het. Hoe was het gisteravond? Druk?'

'Ja, zo-zo. Ik ben om half twee naar huis gegaan.'

'Oké, *wakatta*. Goed... ik moet gaan. Spreek je later.' Met een nonchalant *hai-bye* hing Yoshi op, en ik staarde naar het ding in mijn hand. 1 2 3. 4 5 6. 7 8 9. # 0 *. Yoshi had mij uitgekozen met die cijfers. Op 'Bellen' gedrukt. Gewacht op mijn stem terwijl de telefoon één, twee, drie keer overging. Ik kon het niet geloven. Wat bezielde hem, een man die ik amper kende, om míj te bellen op zo'n intiem familiemoment? Vooral nu ik dacht dat ik van iemand als hij hooguit schunnige telefoontjes op de gekste tijden kon verwachten?

Het beeld van twee dooreengestrengelde handen kwam direct bij me op. *Zebrababy's*. Dat was de reden. Ik wist het gewoon.

Toen ik die avond met Nori in Greengrass zat, was het alsof ik een zesjarige moest opvoeden die per se een driftbui van een week wilde voortzetten. Ik vond het ongelooflijk en was het goed zat. 'Je bent boos, hè? Wat is het probleem? Waarom ben je zo boos?'

'Het is jouw schuld dat ik boos ben!' gilde Nori. 'Jij hebt mij nodig en ik jou. Dat zou je moeten weten, want... ik hou van jou! En... je wordt de mijne.'

'Je hebt het verpest, Ito-san,' zei ik. Ik gebruikte de formele aanspreekvorm om alle vertrouwdheid die er nog tussen ons bestond af te kappen. 'Je bent mijn vriend niet en ik geloof niet wat je zegt. Je bent gemeen, kinderachtig en oneerlijk.'

'Niet waar! Maar ik hou echt van je. Ik bel niet naar jou, dat weet ik, maar je bent voor mij meer dan een hostess. Ik heb een emotionele band met jou. Denk je niet?'

Rot op, gek, mompelde ik onhoorbaar. 'Waarom gedraag je je als een klein kind? Ik begrijp niet waarom je zo doet, Ito.'

'Daarom! Het is jouw schuld dat ik me rot voel. Ik wilde je zien, die zondag. Waarom kun je niet begrijpen dat ik alles voor je wil doen? Ik zal je heel succesvol maken.'

'Nee, sorry, Ito. Praatjes vullen geen gaatjes. Ken je die uitdrukking? *Ik. Geloof. Je. Niet.* Je bent nooit met me op *dohan* geweest. En je liegt de hele tijd!'

'Maar...' begon Nori weer en ik stak mijn hand op om hem tot zwijgen te brengen. Hij was wanhopig en dat kon ik niet aanzien, maar hij ging maar door. 'Jij bent de enige voor mij. Niemand anders maakt mij gelukkig. Ik denk altijd aan jou, maar ik word boos van je omdat ik om je geef. Jij wordt de mijne.'

Het werd alleen maar erger. Ik zei tegen Nori dat ik vroeg op zou moeten om naar Asakusa te gaan, dus toen Fumio's onvermijdelijke uitnodiging kwam om met hem en nog een hostess uit eten te gaan, lag mijn excuus al klaar.

'Eh... dus nu... ga je naar huis?' vroeg Nori.

'Ja,' zei ik koud, en Nori betaalde zijn rekening van zeshonderd dollar zonder me een fooi te geven. Ik kon niet wachten tot zijn gezicht achter de liftdeuren verdwenen was.

Onschuld te koop

De trein doorsneed de koele lucht van een heel gewone ochtend vol smog, en ik zat in de derde wagon zwijgend het bierblikje dat mijn camera was om en om te draaien. Misschien was dit niet de meest geschikte camera om mee naar Asakusa te nemen, waar ik een groep Japanse schoolmeisjes Engelse les zou geven. Maar toen ik deze klus vorige week aannam via hetzelfde bemiddelingsbureau dat de SMAPXSMAP-klus voor me geregeld had, had ik geen specifieke regels over camera's te horen gekregen.

Weer een dag zonder slaap. Weer een uitspatting in Tokyo.

Meisjesschool Shinagawa Jusho Gakuin leek op alles behalve dat: het was meer een stalinistische monoliet, die alleen leerlingen met deurpasjes binnenliet. De grote, holle kantine versterkte het gevoel in de communistische tijd te zijn beland, dat pas verzacht werd toen een medewerker van het bemiddelingsbureau onze groep van vijfendertig buitenlanders verzamelde, een korte toespraak hield en ons achterliet in de vaardige handen van geüniformeerde dertienjarigen die ons in alfabetische en daarna numerieke groepen indeelden.

'Mag ik uw naam, alstublieft?' lazen ze op van een vel papier, volmaakt synchroon.

Chelsea Haywood.

'Chelsea Haaaay-wood-o,' zeiden ze. 'U zit in groep F, nummer vijf-o.' Toen iedereen was ingedeeld, werden we door de sombere gangen naar een trap gebracht. 'Ons lokaal is op de derde verdieping,' lazen ze. Op de derde verdieping stonden de meisjes weer stil. 'Volgt u ons alstublieft.' En al snel stonden we voor ons klaslokaal, vijf minuten eerder dan gepland. Dit onverwachte obstakel sloeg hen volledig uit het veld, en hun snelle oplossing was ons te verbieden voor de afgesproken tijd van negen uur naar binnen te gaan.

Toen werden we op een rij voor de klas opgesteld om onszelf, 'met uw biografie', voor te stellen aan de starende leerlingen.

Ik stond achter in de rij te wachten op mijn beurt. Eerst kwam Natasha uit Moldavië – een Sovjetstaat waarvan ik niet eens wist dat die bestond. Connie uit de Filipijnen volgde. Ze was al vijfentwintig jaar in Tokyo omdat ze met een Japanse man was getrouwd. Het Poolse meisje, Alina, had ook een Japanse man, en de laatste buitenlander, Bill, was een heel gemiddelde Amerikaan.

Bill kreeg als eerste een tafel toegewezen, met zes meisjes die helemaal gek werden toen hij zijn stoel achteruitschoof. Ze begonnen te gillen en te giechelen en maakten hem aan het blozen in allerlei tinten rood. Per slot van rekening was hij een buitenlandse mán, en dat was nogal heftig voor schoolmeisjes in Japan.

Ik werd minder uitbundig begroet, met ingehouden adem, gegiechel en een gefluisterd *sugoi* (cool/vet/tof). Maar evengoed was de herrie aan mijn tafel buitenproportioneel, aangezien slechts drie meisjes die voortbrachten. Ik moest Saeko en Reiko vragen hun naam te herhalen, en het derde meisje heette Yoko.

'*Sumimasen*, Chelsea-san, *etto*... Hoe oud bent u?' vroeg Yoko terwijl de drie meisjes zich over hun schriften bogen. Ze hielden hun adem in, potlood in de aanslag.

'Ik ben eenentwintig jaar oud,' zei ik langzaam en duidelijk, en ze krijsten van verrukking.

'Hebt u een vuhriend-o?' giechelde Reiko.

'Nee, ik heb geen vriend. Ik ben getrouwd.' Dat lokte nog meer gegil uit.

'Waar komt u vandaan-o?' vroeg Yoko, en Canada werd in beverige letters in een leeg hokje gekrabbeld. Na een lange discussie in het Japans vroegen de meisjes wat ik graag als lunch at en bestudeerden ze vervolgens mogelijke restaurants op een kaart van Asakusa. Toen er voldoende vragen waren beantwoord om hun nieuwsgierigheid en de verwachtingen van hun lerares te bevredigen (die ze 'heel erg vervelend vonden omdat ze heel slecht was en oud, met een baby van twee') glimlachten ze precies tegelijk en zeiden: 'O-ké! Laten we naar Asakusa gaan.' We waren de eersten die vertrokken.

De meisjes zwegen als het graf toen we naar station Kitashinagawa liepen; Yoko was de enige die antwoord op mijn vragen gaf. De anderen giechelden alleen maar. In de trein bleven Saeko en Reiko zo zitten dat ze me konden zien, met hun schooltassen tussen hun ganzenvoetjes gepropt. Yoko zat naast me met haar tas op haar schoot, vol Hello Kitties en Minnie Mouses. In alle vakjes zaten nog meer bakjes en allerlei cartoonartikelen, maar het enige nuttige was een mobiele telefoon, behangen met meer dan zijn eigen gewicht aan gizmo's. Ik vroeg waar ze woonde in een poging een gesprek aan te knopen, en ze antwoordde: 'Saitama.' Saitama was meer dan een uur hiervandaan, wat betekende dat Yoko ver naar school moest reizen. Dat gold ook voor Saeko en Reiko, maar zij kwamen uit andere verre delen van Tokyo. Ze waren nu al echte Japanse forensen in opleiding.

'Hoe laat moet je opstaan?' vroeg ik.

'Ik sta op-uh om zes uur.'

'En hoe laat ga je naar bed?'

De meisje overlegden voordat Yoko eindelijk antwoord gaf. 'Iedereen gaat naar bed om-eh één uur.' Mijn god. Maar vijf uur slaap! Deze meisjes waren pas dertien.

'Waarom zo laat? Wat doe je dan?'

Daar hadden ze allemaal een antwoord op. 'We kijken tv,' zei Saeko in een stortbui van gegiechel. Natuurlijk hadden ze voor die tijd hun huiswerk al tot in de puntjes gemaakt. Daar kon je op rekenen. Een kinderachtige obsessie voor cartoons hoeft niet noodzakelijkerwijs de plaats in te nemen van een scherpe academische intelligentie. Niet in Japan. Het leidde alleen tot ernstig slaapgebrek. Deze middelbareschoolmeisjes konden waarschijnlijk alle elementaire natuurwetten opzeggen uit hun blote Hello Kittie. Maar waarom gingen ze naar een school die zo ver van huis was? Ik verwachtte half dat ze een antwoord zouden napraten van hun ouders, die jaarlijks tienduizenden dollars aan schoolgeld betaalden. Een antwoord als: 'Deze school biedt heel goede vooruitzichten voor de toekomst', of zelfs: 'De docenten zijn zo aardig', maar de meisjes verrasten me.

'Omdat we dit schooluniform mooi vinden. Het is *kawaii*, zo mooi!' Yoko giechelde en de anderen vielen in. Het droevige was dat deze meisjes dat niet als enigen vonden. Toen een van Saeko's donkerbruine kniekousen over haar enkel omlaagzakte, bukte ze zich snel om hem weer op te trekken. Zelfs zonder docent in de buurt om de strikte kledingvoorschriften van de school te handhaven, was het veel te verdacht om betrapt te worden op *rususokusu* (losse kousen).

Het meisjesuniform, dat van jongsaf gedragen werd om het beroemde Japanse 'groepsgevoel' te scheppen, was qua ontwerp vrij onschuldig: een slappe stropdas en een wit overhemd, een geel vest, een beige schoolblazer en glimmende schoenen met lage hakken. Los van de ongezeglijke kous was Saeko's enige vergrijp de lengte van haar rode plooirokje. Dat moest eigenlijk op de knie vallen, maar zij droeg het tot halverwege haar dijen, waarschijnlijk eerder als modestatement dan iets anders. Het was niet haar schuld dat de verplichte kledij allesbehalve een symbool voor onschuld was. Ze zag er precies zo keurig uit als hoorde. Zo keurig als maar kan in een kloffie dat onlosmakelijk verbonden was met het stigma van een land dat *buru-sera* – een erotische fascinatie voor schoolmeisjes en hun uniform – tolereerde als acceptabel onderdeel van de mannelijke seksuele psyche.

Buru-sera is genoemd naar de frisse witte broekjes (*buro*) onder de op matrozen (*sera*) geïnspireerde kleding van alle schoolmeisjes. Het is maar één aspect van een veel groter geheel: de adolescentie en alles wat daarbij hoort is een commercieel interessant seksueel ideaal. In Japan is het heel acceptabel – of minstens gebruikelijk – om de schoolmeisjesfetisj te promoten met advertenties in de trein, op straat, in tijdschriften en kranten.

Het is niet ongebruikelijk dat een volwassen man ongegeneerd een pornografische mangastrip of gewoon ouderwetse porno bekijkt in een volle trein, of bij het tijdschriftenrek in de supermarkt. Porno mag honderd procent legaal verkocht worden in verkoopautomaten op straat, zolang er geen schaamhaar zichtbaar is. Het mag vertoond worden in gewelddadige *anime*-films, waarin vaak de verkrachting van minderjarigen wordt uitgebeeld, met name van schoolmeisjes. In deze films, en zelfs in tv-cartoons, krijgen mannelijke personages acuut een bloedneus als ze een knap schoolmeisje zien (of aan haar denken). Door de opwinding schijnt het bloed naar het hoofd te stromen en uit de neus te druipen. Vreemd?

Ik dacht het wel. Onschuldige plaatjes? Ik dacht het niet.

Waarom zijn dergelijke zaken zo diep doorgedrongen in de Japanse cultuur? Misschien omdat de jeugdigheid van een seksuele partner niet alleen begeerlijk is, maar ook diep vereerd wordt. De geïdealiseerde vorm van vroegrijpe schoonheid is terug te vinden in het Japanse recht. Volgens Interpol bepaalt artikel 177 van het wetboek van strafrecht dat in Japan de leeftijdsgrens voor seksuele handelingen met wederzijdse instemming dertien jaar is. Hoewel de meeste gemeenten en juridische districten inmiddels wetten hebben aangenomen die die leeftijd eerder op zeventien leggen, werd pas in 1999 een specifieke wet ingevoerd die de Japanse burgers verbood te betalen voor seks met iemand onder de achttien. Geen wonder dat Japan wereldmarktleider op het gebied van kinderporno is. Zo'n uniek rechtsstelsel biedt ruimte voor heel vreemde zaken.

Maar dan nog: vanwaar deze openlijke obsessie? Waarom worden schoolmeisjes in dit land zo geïdealiseerd? Is het omdat ze zwak zijn? Onderworpen? Naïef? *Kinderlijk?* De minst bedreigende figuur in een samenleving waarin macht gelijkstaat aan volwassen mannelijkheid en conformiteit met de massa een vereiste is? Wat de redenen ook zijn, er is geen eenduidige uitleg voor *buru-sera*, maar de invloed ervan is overal terug te vinden.

Dat is waarom er in uitgaansgebieden vrouwen rondhangen van in de twintig, meestal bekend als *kogal-girls*, die opgedoft als flink opgetutte schoolmeisjes verwoed proberen de aantrekkingskracht van het uniform te gebruiken om mannen te lokken. Hun rokjes zijn ingekort tot vlak onder de billen, zodat er bij de kleinste beweging een wit broekje onder uitpiept. Loafers met lage hakken worden verwisseld voor plateauzolen van twintig centimeter hoog en gedragen met verplichte *rusu-sokusu* in een prop rond de enkels. Hun kapsels zijn krankzinnig gekleurd en geknipt, en hun gezichten zijn geplamuurd met dikke make-up, gegarneerd met felroze superwimpers. Deze jonge vrouwen hebben hun eigen, overgestileerde karikatuur van de adolescente geschapen. Ze geloven dat ze op hun twintigste of eenentwintigste te oud zijn om nog seksueel aantrekkelijk te zijn, en dus proberen ze de laatste opleving vast te houden van de enige macht die ze kennen voor ze op hun vijfentwintigste verjaardag veranderen in 'bedorven taart'. Die liefkozende term wordt strikt voor vrouwen gereserveerd en is afgeleid van de sterk afgeprijsde kerstcake die na 25 december in de uitverkoop gaat (en zelden verkocht wordt). Het is een droevige illustratie van iets wat ontzettend scheef zit, maar de obsessie gaat veel verder dan mode alleen.

Wat dacht je van gedragen meisjesonderbroeken die in automaten verkocht worden? Ja, echt waar. Ze doken rond 1993 voor het eerst op in de prefectuur Chiba, voor zo'n vijftig dollar per stuk. Voorheen waren ze alleen te krijgen in gespecialiseerde *buru-sera*-winkels, maar nu kon je jezelf de schaamte besparen en gewoon even naar de automaat om de hoek met gedragen slipjes van dertienjarigen. Maar als je er een wilde met een foto of levensbeschrijving, of zelfs een flesje urine, moest je alsnog naar de winkel. De meisjes kwamen op weg naar school even langs voor een nieuwe onderbroek, die op de terugweg naar huis besmeurd en wel afgeleverd kon worden.

Wat ik wilde weten: wie dreef zo'n winkel? Wie bepaalde de prijs van de broekjes? Wat was daarbij van doorslaggevend belang? *Eens zien. Die heeft sporen van menstruatiebloed, maar hoera, deze heeft een aantal deeltjes ontlasting. Omhoog met die prijs!* Walgelijk. Gelukkig was het publiek woedend over de verkoopautomaten, maar zonder bestaande regels die de verkoop van gebruikte onderbroeken rechtstreeks verboden, kon de politie niets doen om ervanaf te komen. Tot ze op een dag *berry, berry clever-o* werden en een aanklacht indienen tegen drie verkopers wegens overtreding van de Wet op de Antiekhandel, die handelaren van tweedehands goederen verplichtte een vergunning aan te vragen bij de plaatselijke autoriteiten. Wonderbaarlijk genoeg waren de broekjes onmiddellijk verdwenen, maar het was maar een kleine overwinning.

In een samenleving waarin de vrouwelijke adolescentie op een voetstuk wordt gezet, zijn jonge meisjes zich pijnlijk bewust van hun seksualiteit en van hoe ze er hun voordeel mee kunnen doen, *financieel*. In dit consumentenparadijs is de aanbidding van het materiële in opkomst. Met afwezige, overwerkte ouders raken de waarden van makkelijk te manipuleren jonge meisjes snel verwrongen. De god van Dior grijpt de macht. De god van Gucci, Louis Vuitton of Chanel. Deze godheden eisen van hun volgelingen buitensporig winkelgedrag als teken voor hun beest, en dat teken vraagt om geld. En dan komt *enjo-kōsai* om de hoek kijken. Maar voor ik daar iets over zeg, wil ik één ding duidelijk maken: *enjo-kōsai* is vrijwillige prostitutie van schoolmeisjes om zoveel lunchgeld te vergaren dat ze portemonnees van Burberry en laarzen van Gucci kunnen kopen (geen enkele tiener die ooit bij mij op school heeft gezeten ging stiekem uit rampetampen om duizenden dollars te verdienen terwijl ze verder een normaal, soms zelfs heel succesvol leven bleef leiden. Maar anderzijds zou geen man die ik ooit gekend heb haar de kans geven.)

Enjo-kōsai, letterlijk 'uitgaan met compensatie', is naast hersentumoren een van de grootste nadelen van de mobiele telefoon. Via speciale telefoonclubs en steeds populairder wordende internetsites die de contacten openlijk tot stand brengen, kunnen schoolmeisjes afspraakjes maken met mannen, meestal van middelbare leeftijd. Ze gaan met hen uit in ruil voor designergeschenken of voldoende geld om die te kopen. 'Uitgaan' kan daarbij alles betekenen van koffiedrinken en wandelen in Yoyogi Park, tot uit eten gaan of seks hebben in een liefdeshotel. 'Schoolmeisje' kan betekenen: een leerlinge uit de onderbouw of de bovenbouw, maar soms niet ouder dan twaalf. 'Betaling' ligt tussen de dertig- en zestigduizend yen, of het equivalent daarvan in goederen, voor één afspraak.

De mannen die deze fantasie actief uitleven zijn moeilijk te definiëren. Ze zijn vaak getrouwd en hebben soms kinderen van dezelfde leeftijd als de meisjes die ze willen misbruiken. Het zijn loonslaven, ambtenaren, politieagenten, leraren, rechters. Net zoals er geen typisch profiel bestaat van het meisje dat aan *enjo-kōsai* doet, is er ook geen typische man.

De mannen die zich aan deze fetisj overgeven, wijten het aan *tamaranai* – een onwillekeurige daad. Gelukkig vindt de meerderheid van de Japanners die verklaring onbegrijpelijk en nog schandaliger dan de verkoop van meisjesonderbroeken.

Waar je maar kijkt zijn voorbeelden te vinden van de verwrongen kijk op seksualiteit. In 1997 meldde de *New York Times* dat er in Japan twee legaal uitgegeven tijdschriften bestaan, getiteld *Anatomische illustraties van jonge schoolmeisjes* en *V-Club*, die naakte leerlinges van de onderbouw van de middelbare school of nog jonger afbeelden. Ik ben niet gaan kijken of ze nog steeds bestaan.

Verder bestaan er themaclubs die in een besloten omgeving de ruimte bieden aan afschuwelijk openbaar wangedrag. Ze hebben bijvoorbeeld nagebouwde klaslokalen, gymkleedkamers en coupés uit forensentreinen vol gekostumeerde prostituees, op wie de klanten fantasieën mogen uitleven die eigenlijk gebotteld en verast zouden moeten worden.

En als we nu toch bezig zijn met ongeloofwaardige verhalen over de Japanse gekte, moeten we de *Droom van de vissersvrouw* niet vergeten. Het is misschien de oudste afbeelding van tentakelverkrachting in Japan, een erotische houtsnedeprint die opdook in de Edoperiode, vroeg in de negentiende eeuw. Er staat een naakte vrouw op die met een baby-octopus tongzoent, terwijl ze wordt vastgehouden door de tentakels van een reuzenoctopus, die cunnilingus met haar bedrijft. De print, en het thema, kwamen opnieuw in zwang in de jaren tachtig, toen de penis om vreemde redenen niet meer afgebeeld mocht worden. Dus verscheen tentakelverkrachting als een *logisch* alternatief, het begin van weer zo'n unieke niche in de wonderlijke wereld van de Japanse pornografie.

Met zo'n zwaar geseksualiseerde identiteit is het moeilijk om de Japanse schoolmeisjesfetisj licht op te vatten. Het zou prettig zijn als Japanse mannen hun begeerte konden richten op vrouwen van een passender leeftijd, maar laten we onszelf niets wijsmaken. Japan is een patriarchale samenleving en is dat ook altijd geweest. Vrouwen zijn niet gelijkwaardig. Mannen domineren. Het feit dat vrouwen zowel in het algemeen als seksueel onderdanig zijn, zit ingebakken in de sociale structuur.

In een afstandelijke cultuur met weinig intimiteit is seks een handelsartikel. Voorbeelden? Geisha's. Hostessenclubs. Uitgaan met Japanse schoolmeisjes. Volgens de statistieken heeft vijf tot dertien procent van de Japanse schoolmeisjes wel eens *enjo-kōsai* geprobeerd. Maar zoals bij alles in Japan: wie zal zeggen hoe het werkelijk zit? Het is allemaal moeilijk te geloven.

De afstand wordt groter

Wie had gedacht dat gezondheid zo makkelijk wegteert? Terwijl Matt regelmatig in de sportschool traint en elke dag breder, sterker en vrolijker wordt, ben ik verschrompeld als de kleine ster in de hemel die verder weg staat dan je dacht.

Het is hier een gekkenhuis. Verdwazing neemt de plaats in van de realiteit, illusie doet zich voor als waarheid en vet vervangt spieren. Mijn armen hebben een zekere slapheid gekregen, mijn jukbeenderen zijn zachter en ik ben zojuist uit mijn op maat gemaakte cocktailjurk geknapt. Wat erger is: de skinny jeans waarin ik hier aankwam heeft nog maar een millimeter ruimte rond de dijen. Het is een sombere toestand. Was ik maar als de zon, gezegend met een kolossale hoeveelheid energetische zelfverbranding, dan zou ik magerder én zonniger zijn. Toch?

O twinkel twinkel, kleine ster, waarom sta je toch zo ver?

Chuck was een Japanner met een bijna Amerikaans accent. Hij had in Californië gestudeerd, had het grootste deel van zijn carrière in de States doorgebracht en kwam vanavond samen met Rudy, een Californiër van middelbare leeftijd met een Mexicaanse achtergrond, die giftige sigaren rookte en elke keer dat 'Ob-la-di, ob-la-da' opgezet werd als een uitgelaten gek in het rond danste. Rudy kwam vaak in Greengrass om van Jodies krasse Britse humor te genieten, en ze zaten al tot over hun oren in het gevloek terwijl Chuck en ik een beschaafde, zij het controversiële conversatie zaten te voeren.

'Wat voor bloedgroep heb je?' vroeg Chuck ernstig terwijl hij diep in mijn ogen keek.

'Bloedgroep? Ik heb geen idee.'

'Hmpf.' Chuck keek niet verbaasd. 'Dat komt doordat je *gaijin* bent. Kun jij het karakter van een Japanner direct beoordelen als je hem ontmoet?'

'Nou, nee, dat is eigenlijk onmogelijk.'

'Ik wel. Maar een *gaijin* nooit. Weet je wat je probleem is?' Hij tikte met kracht tegen mijn borstbeen. 'Je bloed is helemaal verpest. Het is zo vermengd geraakt dat het voor jou niets meer betekent.'

'Bedoel je het bloed van mijn voorouders? Wat, en Japans bloed is homogeen omdat jullie zo lang geïsoleerd zijn geweest?'

'Nee, niet homogeen. Zúíver,' zei hij met nadruk. 'Dat is iets anders.'

In Japan bepaalt je bloedgroep je persoonlijkheid, net zoals je horoscoop. Het is een obsessie voor tieners, een luchthartige hobby voor vrouwen en een vluchtig gespreksonderwerp, en dat al vanaf jonge leeftijd dankzij de grondige fysieke onderzoeken die alle Japanse scholen uitvoeren. Je kunt op basis van bloedgroep onmiddellijk beoordelen of iemands karakter bij het jouwe past. Je kunt er zelfs het juiste condoom voor kiezen uit een rijkgesorteerde verkoopautomaat. De theorie van de bloedgroepprofielen en de daarvan afgeleide op kleur gecodeerde condooms is natuurlijk even weinig substantieel als: 'Hé schatje, wat is je sterrenbeeld?' Maar zoals zo vaak heeft die zijn wortels in tamelijk duistere grond.

De bloedgroepen werden in 1909 ontdekt door de Oostenrijkse wetenschapper en toekomstige Nobelprijswinnaar Karl Landsteiner, die ze indeelde in vier typen: A, B, AB en O. Toen Landsteiner aantoonde dat transfusies binnen een groep niet resulteerden in de afbraak van de nieuwe bloedcellen, wat wel gebeurde als er een andere bloedgroep gegeven werd, was dat een doorbraak in de geschiedenis van de geneeskunde. De enige bijwerking van zijn ontdekking was dat Hitler hem twee decennia later gebruikte om de superioriteit van het grotendeels A en O hebbende arische ras aan te tonen boven de Joodse, Aziatische en andere volkeren die meestal bloedgroep B hadden – dezelfde bloedgroep als de meeste dieren. In die tijd was de Japanse militaristische regering elitair genoeg om deze nazitheorie, ondanks alle nadelen, enthousiast te importeren en te gebruiken om een onderzoek op te zetten met als doel betere soldaten te kweken (O scheen de ideale bloedgroep voor de strijd te zijn).

Als je het ze vroeg, zouden de Japanners dit moderne bijgeloof natuurlijk niet aan de nazi's toeschrijven, maar aan de onschuldige artikelen en boeken van psycholoog Takeji Furukawa, verschenen vanaf 1927, zoals *Studie van het temperament middels bloedtype*. Furukawa kende nog willekeurige karaktertrekken aan de vier bloedtypen toe, maar zijn werk werd later voortgezet door de journalist Masahiko Nomi, een man die de populariteit van de theorie in de jaren zeventig tot uitzinnige hoogten opzweepte. Hij verkocht miljoenen boeken waarin hij stelde dat mensen met verschillende bloedtypen evenmin met elkaar overweg konden als de verschillende bloedtypen gemengd konden worden.

Tegenwoordig is bloedtype-analyse algemeen geaccepteerd in Japan en een vast onderwerp in damesbladen en op de ochtendtelevisie. Interessanter is dat het nog steeds als analysemiddel wordt gebruikt. Een kleuterschool in de buurt van Saitama verdeelde voor een experiment de kinderen naar bloedgroep in, en vergeleek hoe ze aten, opruimden en hun schoenen bij de deur uittrokken. Van sommige Japanse bedrijven is bekend dat ze hun werknemers instructies gaven of in afdelingen indeelden op basis van hun bloedtype. Het profiel van elke beroemdheid, politicus of tekenfilmpersonage bevat altijd zijn bloedtype; zo heeft tekenfilmheldin Sailor Moon bloedgroep O – het meest 'gemiddelde' en daarom 'beste' type in Japan.

'Bijvoorbeeld,' gaf Chuck als illustratie, 'een O-type als ik kan nooit liegen.'

'En Rudy dan?' vroeg ik achterdochtig. 'Die zegt dat hij O heeft.'

'Nee, Rudy niet. Hij heeft wel bloedgroep O, maar hij is *gaijin*. Mijn Japanse collega daar heeft ook O. Maar je kunt zijn karakter vertrouwen.'

Dat wist ik nog niet zo zeker, dus veranderde Chuck van onderwerp. 'Waar was je afgelopen zaterdag om half zeven, tijdens de aardbeving?' vroeg hij, en ik legde uit dat ik toen sliep.

'Ken je het Japanse bad? Dat is heel diep, maar daar lag ik, tot mijn nek onder water, ontspannen, en toen stond plotseling de hele badkamer te schudden. Het water werd helemaal gek en plotseling zat ik in zwaartekracht nul. Het was een heel raar gevoel. Mijn vrouw rende naar binnen. "Wat was dat?" zei ze. Ik zei: "Een aardbeving, wat dacht jij dan?" Dat was een heel gevaarlijk moment voor een aardbeving, omdat iedereen aan het koken was. Niet om de brandwonden, maar vanwege brand.

In 1995, in Kobe – Japans bekendste aardbeving – was iedereen gelukkig nog thuis. Het was vroeg in de ochtend. Anders zouden er veel meer dan vijfduizend doden zijn gevallen. Mijn vriend woonde in Kobe tijdens die aardbeving, en hij zat ook in bad te ontspannen. Maar weet je wat er met hem gebeurde? De aardbeving was zo sterk dat hij regelrecht het badwater uit geslingerd werd, op de vloer!'

Ik kon me dat gevoel wel voorstellen. Misschien was het net zo onaangenaam als jezelf in een hostessenclub storten.

'Als je Japans op eindexamenniveau leert, zal ik je persoonlijk verder opleiden tot zakelijk niveau en je een positie in de filmindustrie geven. Misschien kost het je twee jaar, maar je hebt zoveel mogelijkheden in Japan! Je hebt geluk dat ik zo'n grote Japanse woordenschat heb. Ik zou de beste leraar voor je zijn.'

'Dat is een gul aanbod, Fujimoto-san, maar ik denk dat het me maar zes maanden zou kosten.'

'Ha! Dat geloof ik niet, maar *boku wa anata ga suki desu*,' zei hij. 'Ik vind je leuk.'

'*Watashi wa anata ga suki desu*,' kaatste ik terug, en hij was zo onder de indruk van mijn eenvoudige verandering van woordgeslacht dat hij alleen al daarom overtuigd was dat ik een geweldig stel hersenen bezat.

'Chelsea-san, je hebt hersenen van dertig jaar, denk ik, maar nog een jong hart, en...' hij lachte bulderend, '... een verbluffende enkel! Voor mij is dat heel belangrijk. Als jouw enkel ooit dik wordt, dan *sayonara*!'

'*Hai hai. Arigato gozaimasu. Ja mata ne.*' Fujimoto's pluisharige collega klapte naast ons zijn telefoon dicht. 'Dat was een telefoontje om een bericht van Michael Mann door te geven. Hij was erg onder de indruk van het afscheidsdiner dat United International Pictures in Inakaya voor hem gehouden heeft, en wilde ons laten weten dat hij erg genoten heeft van zijn tijd in Tokyo.'

Fujimoto-san knikte zelfverzekerd bij het bericht, glimmend van trots.

'Ik weet het,' zei hij. 'Daar heb ik voor gezorgd. Dat is mijn werk. Ik vond zijn film *Collateral* geweldig. En hoe zit het met Tom Cruise? Ben je naar de première gegaan?'

'Nee, ik had de film al gezien, dus toen jouw kantoor me belde om te zeggen dat Tom er toch niet bij zou zijn, had ik geen zin om de boete van tienduizend yen te betalen als ik niet op mijn werk kwam.'

'Wat!' zei Fujimoto-san woedend. 'Je moet betalen als je niet naar je werk komt? Niet te geloven! Jullie lijken wel slaven! En wat gebeurt er als je een ongeluk krijgt? Moet je dan ook betalen? Hmpf. Moet je horen. Ik beloof je dat ik volgende week met je uit eten ga. Ik kan je vier uur van mijn tijd geven en ik zal je slavenboete van tienduizend yen betalen. Wat vind je ervan?'

Ik stemde in en Fujimoto-san liet me kiezen uit drie avonden waarop hij mij kon emanciperen.

Ergens na middernacht kwam Nishi achter de bar vandaan om op gedempte toon te overleggen, en Fujimoto-san wendde zich breed glimlachend tot mij. 'Je hebt nu een geweldige kans! Een andere klant heeft om je gevraagd, dus pak je dingen rustig bij elkaar, dan gaan we.'

'Wat? Waarheen? En die andere klant dan?' Ik begreep het niet. Fujimoto-san had me net verteld dat hij morgen vroeg op moest en snel naar huis zou gaan.

'Ja, ze willen jou, dus kleed je maar om, dan neem ik je ergens anders mee naartoe.'

Op weg naar buiten kreeg ik 'de andere klant' in het oog. Het was Christopher, de Koreaanse filmproducent uit mijn eerste nacht bij Greengrass. Zijn mond zakte half open toen ik zwakjes zwaaide en vervolgens onder zijn neus weggehaald werd. In de hal ondervroeg ik Fujimoto-san terwijl hij zijn gleufhoed opzette. 'Waarom mocht ik weg? Heb je ze onder tafel geld toegeschoven?'

'Nee, bóven tafel,' lachte hij. 'Geld spreekt boekdelen.' Inderdaad, een extra fooi boven op een toch al vette rekening van zevenhonderd dollar sprak voor zich. Ik vroeg me alleen af wat voor smoes Nishi aan Christopher had verteld.

Op de kruising excuseerde Fujimoto-sans collega zich en nam een taxi naar huis, zodat we met ons tweeën door een chaotisch Roppongi naar Petits Pois liepen. 'Hij heeft een vrouw die zit te wachten,' legde Fujimoto-san uit, 'en ik niet, dus laten we gaan.'

Boven koos ik een plekje bij het raam met uitzicht over de daktuin, en Fujimoto-san bestelde een fles wijn en een zeeoorsalade bij Master, die het fort in zijn eentje verdedigde. Hij zong een oud lied van Frank Sinatra terwijl wij de karaokeboeken doorkeken. Petits Pois was Fujimoto's favoriete plek om karaoke te zingen en het begon in rap tempo ook de mijne te worden, aangezien ik zeker wist dat Master een toonhoogtecorrector op de microfoon had zitten.

Telkens als het mijn beurt was om te zingen, begon Fujimoto-san zorgvuldig mijn gezicht te bestuderen. Hij vond het grappig als ik zong omdat hij me dan 'onschuldig en niet zo cool' vond. Hij kwam zelfs achter de tafel vandaan om me beter te kunnen bekijken in mijn kwetsbare, calorieënverbrandende toestand, en riep op verschillende momenten tijdens de avond dingen als: 'Dít gezicht! Mooi!'

'Een zwakte is soms een sterk punt. Voor jou is dat slecht zingen, maar voor mij is het heel plezierig om naar te kijken. Vooral omdat je zoveel gezichten hebt. Het is goed voor jou, maar je moet eens een Japanse ballad proberen.'

Japanse ballads waren Fujimoto's favoriete nummers en kostten hem heel toevallig ook de meeste calorieën. Hij dacht dat ik, als ik eenmaal een Japans liefdesliedje zou begrijpen, heel Japan zou kunnen begrijpen. Maar op dit moment, terwijl hij woorden brulde waarvan ik de betekenis niet eens kon raden, voelde ik alleen waardering voor iets dat vanbuiten mooi was, maar evengoed onbegrijpelijk. Het was veel makkelijker om Sinead O'Connor te vertolken, en haar nummers gaven mij de hoogste calorieënscores die ik me kon wensen, al verbleekten ze nog naast die van Fujimoto-san.

'Waarom kies je zulke moeilijke nummers?' protesteerde hij. 'Ze zijn allemaal moeilijk, hopeloos tragisch en romantisch. Wat is er mis met jou?' plaagde hij. 'En hoe kom je aan zulke ogen? Normaal gesproken hebben *gaijin* zulke grote en ronde ogen! Maar jij hebt geen *gaijin*-ogen. Waarom niet? Je hebt zo'n vreemd, mooi gezicht,' peinsde hij. 'Maar niet *gaijin*.'

Tegen vier uur 's morgens vermaakten Fujimoto en ik ons allebei opperbest, maar zwaaiden we op onze benen van dronkenschap en waren we ronduit uitgehongerd. Vreemd genoeg leken *ramen*-noedels de beste oplossing. Die bevatten weliswaar flink wat calorieën, wat streng verboden was met zijn dieet, maar Fujimoto-san bestelde een grote schaal. Want behalve dat ze 'vooral lekker smaakten als je dronken was', waren *ramen*-noedels de juiste afsluiting van een lange nacht drinken. Ze zeggen dat ze een ontnuchterende werking hebben en het kleine beetje waardigheid kunnen herstellen dat je nodig hebt om op eigen kracht thuis te komen. Misschien zag je daarom in elke straat in Tokyo noedelshops die tot in de kleine uurtjes openbleven; we moeten er wel vijftig gepasseerd zijn met de taxi die over de straten van Moto-Abazu zigzagde om me af te zetten onder een lantaarnpaal in Hiroo.

Met een stevige handdruk zwaaide Fujimoto-san me enthousiast gedag, en ik stommelde blindelings de heuvel af, de automatische deuren door, de lift in en de hal door naar ons appartement. Matt kleedde me snel uit terwijl ik non-stop doorkletste, testte de temperatuur van het water met de rug van zijn hand en zette me voor de zoveelste keer onder de douche. Misschien rolde hij geamuseerd met zijn ogen terwijl hij wachtte tot hij me kon afdrogen, maar hij werd al afstandelijker. Er werd niet meer geknuffeld.

Ik haat je, maar ik hou van je

'Heb je aardbevingen gevoeld?'
'Hè? Wat? Welke aardbeving? Ik heb geen aardbeving gevoeld.' Ik geeuwde hoorbaar in de telefoon. Het was elf uur en Shin zat in de bibliotheek rapporten op te stellen voor zijn werk, terwijl ik zo verstandig was om te slapen.

'Weer niet? Níéts?' riep Shin. Hij had me gisteren ook al gewekt, toen ernstige aardbevingen van kracht 6,8 en 6,6 in Noord-Kyushu treinen tot stilstand hadden gebracht en hij in Chiba vast was komen te zitten. Alleen had hij me toen ook toegeschreeuwd dat ik wel dronken moest zijn om ze niet te voelen. Vandaag had hij zijn beschuldigingen tenminste teruggeschroefd tot een eenvoudig: 'Je bent gek.'

'Ik lag te slapen! Hoe moet ik een aardbeving voelen als ik slaap?'
'Vanwege het wakker worden! *Beven!* Dat denk ik, maar misschien voelde jij het niet omdat je gek bent. Trouwens, ga je vanavond mee uit eten?'

'Ja, prima, klinkt goed. Hoe laat ben je klaar met je rapporten?'
'Ik weet het niet. Ik bel je, oké? Ga maar weer slapen.'

Uren later werd ik weer wakker van de telefoon, maar toen ik zag dat het Nori was legde ik er snel een kussen op, tot hij na de twintigste keer overgaan ophing.

Ik viel net in slaap toen Yoshi belde, en deze keer nam ik meteen op. Hij was thuis, zijn ouders waren weg en hij had niets anders te doen dan tv-kijken, dus verveelde Yoshi zich. Had ik zin om koffie te gaan drinken? Natuurlijk, zei ik, maar hij kon horen dat ik nog half sliep en hing op nadat hij beloofd had over een uur, anderhalf uur terug te bellen – een onnauwkeurige schatting voor een Japanse man, maar echt iets voor Yoshi. Natuurlijk zei hij niets over de aardbevingen – die stelden niets voor.

Toen belde Nori weer, en deze keer nam ik op. Hij begon me door te zagen over de aardbevingen zodra ik hallo had gezegd. Was alles goed? Ja. Had ik ze gevoeld? Nee. Was ik bezorgd? Misschien een beetje. En bang dan? Nee, niet echt.

'Eh... oké. Als je problemen hebt, moet je naar mij bellen en dan kom ik naar je huis om je te redden.'

Juist. Hij was wel de laatste die ik wilde zien bij een aardbeving. Gelukkig bleef de rest van het gesprek prettig vrij van maffe of waandenkbeeldige zaken, behalve vlak voor Nori ophing, toen hij me verzekerde: 'Tokyo is veilig. Het is oké. Je kunt in Japan zakendoen zonder angst voor aardbevingen.'

Om half vijf was Shin klaar met zijn rapporten en op weg naar Harajuku om antieke meubels te bekijken. Wilde ik daar om zes uur met hem afspreken? Reken maar. Al had ik ja gezegd tegen koffie met Yoshi, Shin won altijd, of hij nu naar Harajuku ging of naar halverwege de maan. Hij was de enige met wie ik zonder ingewikkelde voorwaarden kon optrekken, en bovendien wilde ik niet nog erger door Yoshi in de war gebracht worden dan ik al was. Dat hield in dat ik hem zo veel mogelijk moest vermijden. Maar ik moest nog één ding doen voor ik kon gaan.

Tring, tring... tring, tring... Ik moest snel praten om hem de pas af te snijden. 'Hoi, Yoshi, met Chelsea. Hoor eens, ik ben de komende paar uur bezig, maar wil je me later bellen om misschien nog af te spreken?'

'Wat? Zeg dat nog eens? Láter?' sneerde Yoshi. 'Hoe laat later?'

'Ik weet niet, misschien tien uur?'

'Tien uur! Misschien te laat. Ik moet morgen werken.'

'Sorry Yosh, ik moet...'

'Oké, ander keertje,' en hij kapte me abrupt af. '*Hai-bye.*'

Oeps. Zo te horen zat Yoshi in de auto, wat betekende dat hij al van huis was en wachtte tot zijn een tot anderhalf uur voorbij was om met goed fatsoen te kunnen bellen. Nou ja. Het was beter zo. Zoals hij altijd zei: *Whatta can I do?*

Ik vond Shin op de vierde verdieping van Oriental Bazaar, waar hij met een personeelslid sprak over de vervoerskosten naar Melbourne. Hij zwaaide zwijgend en liep rond om naar het antiek te kijken, tot hij ineens achter me stond. 'Deze wil ik,' wees hij. 'Handwerk, in Japanse stijl. Een huwelijksgeschenk voor mijn vriendin in Australië. Weet je nog dat ik over haar verteld heb?'

'Mm-mm, je vriendin van de Mensa, hè? Dat weet ik nog.'

'Versturen kost negenhonderd dollar, maar de kast zelf kost maar tienduizend yen meer! Zo duur,' fronste hij. Ik zag de beker van Starbucks in zijn rechterhand. 'Heb je koffie nodig?' vroeg Shin, maar voor ik kon knikken antwoordde hij voor mij. 'Natuurlijk, jij hebt altijd koffie nodig. Jij bent zo slechte vrouw. Kom.'

'Wat wil je?' vroeg Shin toen we samen naar het menubord keken.

'Ik weet het niet. Ik kan niet kiezen,' zei ik.

Shin trok een wenkbrauw op. 'Geef je hand.'

'Wat?'

'Hánd. Geef je hand,' herhaalde Shin, en hij trok aan mijn pols. Toen ik mijn hand uitstak, keerde hij hem meteen om en legde er een muntstuk van vijfhonderd yen in. 'Ik ben buiten.'

Toen ik Shin terugvond, probeerde hij een internationale telefoonkaart te activeren. Hij gaf me zijn telefoon terwijl ik een *venti* soja latte op het tafeltje naast hem zette. 'Kies het nummer van je ouders,' droeg hij me op.

'Maar die slapen nu. Dan maak ik ze wakker.'

'Dat geeft niet, probeer,' drong hij aan, en na een paar mislukte pogingen kreeg ik eindelijk het antwoordapparaat van mijn familie en liet een vaag bericht achter over Tokyo's recente natuurrampen. Het moet twee uur 's nachts zijn geweest in Canada. Nadat ik had opgehangen, liepen we over Omotesano om een Body Shop te zoeken, voor een moisturiser die ik wilde hebben. Toen ik binnen was, belde Shin met Karolina in Polen en terwijl hij mijn aankoop bekeek, kletsten Karolina en ik over Tokyo en hoe vreemd ze het vond om weer thuis te zijn, en daarna gaf ik de telefoon weer aan Shin. Ze spraken nog een paar minuten tot Shin zijn telefoon dichtklapte en naar me toe liep.

'Oké, ik heb honger, dus... wil je Chinees eten? Is restaurant van Iron Chef. Ken je die, van tv?'

Ik wist dat Yoshi zijn gezicht weer zou laten zien, ik wist alleen niet wanneer. Vanavond kwam hij in een mooi zwart jasje en strakke zwarte sweater met een witte, onberispelijk geperste pantalon, een nieuw piepklein brilletje en dezelfde opgeblazen houding. Hij ging aan zijn vaste tafel naast de bar zitten praten met mama-san, terwijl Tehara naar mijn tafel liep en knipoogde om me beleefd uit mijn gesprek te halen.

'Hallo, *ma chérie*, hoe gaat het?' vroeg Yoshi toen ik bij hem kwam zitten. Hij zei iets tegen mama-san en ze lachten allebei. Hij was giechelig en dronken, maar zodra mama-san naar de bar ging liet Yoshi zijn vernislaagje van goede manieren vallen, sloeg zijn arm om me heen en slingerde me, heel kalm, de volgende woorden in het gezicht: 'Ik háát je!'

'Wat? Haat je me?'

'Ja. Ik haat je. Je verandert telkens van gedachten, als een verwend kind. "Oké, anderhalf uur", en dan: "Sorry, ik ben bezig." Wat nou! Ik zat al in de auto. Ik was in Shibuya! Dus naar huis. Niets te doen,' mokte hij.

'O, ben je daar boos over. Dat dacht ik wel. Ik dacht al dat je daarover zou kankeren. Ja, precies wat ik dacht. Maar ik geloof niet dat je me haat.'

Yoshi greep mijn hand en keek diep in mijn ogen. 'Ik háát je, maar ik hóú van je.' Hij keek op zijn Rolex. 'Ik ga over een kwartier weg.'

'Dus je komt hier alleen om mij te vertellen dat je me haat? Wat aardig.'

'Dat weet ik niet, hangt van jou af,' grijnsde hij ondeugend. 'Wil je ontbijt voor me maken? Laten we gaan.'

Ik bleef rustig zitten. Hij stak een sigaret op.

'Wat heb je gedaan tot nu toe?' vroeg ik. 'Je doet zo geheimzinnig.'

'Nee, jíj bent een geheimzinnige vrouw. Dat vind ik. Ik was met mijn vriend in een andere club tot nu toe. Hij is mijn klant, dus heb ik hem meegenomen naar een plek waar veel buitenlandse hostessen zijn. We gingen zitten en een meisje, ik weet bij god niet waar ze vandaan kwam, zei tegen me: "Wat ben je knap." O, slijmen, dat heb ik niet nodig.' Yoshi liet een pauze vallen die lang genoeg was om iets terug te zeggen, maar ik bleef zwijgen. 'Vind jij dat ook?' hengelde hij.

'Kom nou, Yoshi. Ik ga je niet op je wenken bedienen. Je zou inmiddels beter moeten weten. Wat vind je zelf?'

'O, je bent zo'n braaf meisje,' kirde hij. 'Deze hostess wilde van alles van me weten. Ze zegt dat ik zo knap ben.'

Yoshi zwol al op van het herhalen van haar woorden.

'Je bent net een pauw, weet je dat?'

'Pauw? Waarom pauw? Laat maar. Bedankt voor de foto die je naar mijn e-mail stuurde. Zo mooi, maar zo babyface. Hoe oud? Achttien, twintig?'

'Nee, negentien,' zei ik en vervolgens ontglipte me per ongeluk: 'Twee jaar geleden.' *Shit*. Mijn hand vloog naar mijn mond, maar zijn gezicht stond al verbaasd.

'Wat!? Je bent eenentwintig? Shit, nee, je bent minstens vierentwintig, vijfentwintig, misschien ouder.'

Ik schudde langzaam mijn hoofd. 'In september ben ik eenentwintig geworden.'

'Echt? Niet te geloven. Ik ben het dúbbele.' Hij keek onthutst. Leeggelopen. Oud.

'Wauw, wat een reactie. Wat... maakt het uit?'

'Nee, natuurlijk niet, als je eenentwintig bent is dat beter. Want jij bent geen jong meisje. Met eenentwintig jaar zijn ze stom, hun hoofd gek. Maar jij bent een dame. Maar toch zal ik zo trots zijn. Kan ik je iets vragen?'

'Dat weet ik niet. Kun je me iets vragen?'

'Wat is de oudste met wie je geweest bent?' O god, wat een mannetje. 'Ik gok dertig, misschien vijfendertig. Dat was goed, hè? Wanneer was de laatste keer dat je seks hebt gehad?'

'Dat gaat je niets aan.'

'Oké, maar wees dan niet boos dat ik onder het wachten een one-night stand heb. Oké? Ik heb respect voor vrouwen, soms zes maanden niets. Ik kan het niet. Ik heb het nodig. Maar als jij mijn vriendin bent? Nooit. Bij mijn laatste vriendin, dat heb ik je verteld, een jaar en drie maanden zonder vreemdgaan. Ex-ex-vriendin, oké, twee keer vreemdgegaan...'

'Wát?'

'Ik had mijn redenen. Oké, misschien was het geen échte liefde. Voor jou alleen echte liefde. Ik heb besloten, dat zei ik. Ik ga het heel druk hebben tot de tiende, vanwege groot project, maar daarna is al mijn tijd voor jou. Elk moment. We gaan uit eten, naar de film, naar het kleine eiland...'

'Jij bent wel gek op je kleine eiland.'

'Ja, omdat ik jou gelukkig wil maken. Alles voor jou. *Ma chérie!*' Yoshi streek over het haar op mijn achterhoofd. 'Waarom denk je dat ik in een eigen appartement ga wonen?'

'Moet ik echt geloven dat je alleen voor mij uit huis gaat?'

'Ja, natuurlijk. Nu is het niet prettig. Ik bedoel: ja, mijn eten, koken, wassen, mijn moeder doet alles voor me, maar ik heb geen ruimte. In het nieuwe huis kun je langskomen, we kunnen eten, tv-kijken. Dat is goed. *Ma chérie*, wat vertel ik je? Alles voor jou.'

O mijn god. Yoshi kletste ontzettend uit zijn nek en ik was te nuchter om het zomaar te laten passeren. Dus om te kijken of hij echt 'besloten' had, begon ik zijn hypothetische taaltje mee te praten. 'Oké, maar als ik in jouw appartement kom wonen, kan ik niet 's avonds werken als jij overdag werkt. Dat is onmogelijk. Dan zou ik je nooit zien.'

Yoshi keek onmiddellijk bezorgd. 'Oké, maar dan heb je het over láter. Nu zijn we alleen vrienden.' Hij fronste ongemakkelijk. Alsof hij het wilde bevestigen legde hij zijn sigaret neer en schudde me formeel en zakelijk de hand. 'We zijn eerst vrienden,' herhaalde hij voor hij op zijn Rolex keek. 'Gaan we naar een leuke plek om te feesten? Ik kan al mijn afspraken afzeggen. Geen probleem, het maakt mij niet uit. Ik wil bij jou blijven, maar misschien wil jij dat niet.'

'Yoshi, waarom zeg je dat?'

'Omdat je nooit belt. Wat, kun je niet gewoon bellen om hallo te zeggen, meer niet, en dag? Geen probleem. Maar het is oké, geen zorgen. Je geeft niets om mij, ik weet het.' Yoshi zweeg om de starende blik te beantwoorden van een oudere man die net binnenkwam.

'Jouw klant?' vroeg hij beschuldigend. Ik had de man nog nooit gezien. 'Volgens mij vindt hij je leuk. Hij is jouw klant. Je kunt maar
beter met hem gaan praten. Dat is je werk. Jij bent aan het werk. Ik
weet het. Je moet. Ga maar,' drong hij liefjes aan. 'Maar als jij hem
leuk vindt, ben ik jaloers. Ik zal je verdomme vermóórden!'

Yoshi greep naar de rekening en tekende zijn betrouwbare zwarte
American Express af.

'Tot morgen!' riep mama-san toen Yoshi vertrok.

'Tot volgende week!' riep hij terug.

Toen Nishi me regelrecht naar de man bracht om wie Yoshi me net
nog dreigde te vermoorden, draaide Soh een vinger rond bij zijn
oor en fluisterde in het mijne: 'Die vent is gek!'

'Ik ben Mizu-tani,' zei de korte, goedgeklede man. 'Ik spreek geen
Engels.' Daarna begon hij Frans te praten, dus gaf ik antwoord in
het Frans... en zei hij dat hij dat niet begreep. 'Het spijt me, ik begrijp het niet. Ik spreek geen Frans. Eerder heb ik meteen om jou
verzocht, maar Nishi-san zei nee. Je hebt het erg druk. Ik geloof dat
er veel vraag naar je is, dus heb ik gewacht. Ik zag jou, maar jij was
met hem, deze heel aardige kerel hier.' Mizu-tani wees naar de tafel
waaraan ik met Yoshi gezeten had toen hij net binnenkwam.

'Wie, Yoshi?'

'Ja, een heel aardige man. Ik zag jou, maar jij had ogen als laser-
stralen, alleen voor hem.'

'Ah, ja,' grinnikte ik. 'Wij zijn vrienden. Hij is geweldig.'

'Ik denk dat hij je heel leuk vindt. Sterker nog: ik wéét dat hij je
heel leuk vindt. Ik kon het voelen. Ik krijg zo'n gevoel bij hem. Ik
ben tovenaar en ik weet dat. Maar volgende week houdt hij misschien van een ander meisje, ik weet niet.'

'Wát?'

'Van iemand anders. Ik weet het niet. Ik ben hem niet, maar hij
vindt je echt leuk. Ik moest je leren kennen. Je bent mijn type. Je
hebt zulke stralende ogen. Ik heb twee vragen. Eerste vraag: waarom stralen je ogen zo? Tweede vraag: waarom ben je zo leuk?' Mizu-
tani zakte plotseling diep onderuit op de bank, zijn gezicht vlak bij
het mijne, en staarde in mijn ogen.

'Eh... omdat ik een goed hart heb?' zei ik. 'Ik geloof dat je dat *ya-sashi* noemt.'

'Nee! Fout antwoord! Vertel me wat ik wil horen!'

'Oké, de reden dat ik zo leuk ben is dat ik verliefd op je ben.'

'Ja! Goed antwoord!' Toen begon Mizu-tani me te vertellen dat ik zo leuk was in het Koreaans, Frans, Arabisch, Thais, Italiaans...

'Hoe komt het dat je zoveel talen spreekt?' vroeg ik, onder de indruk.

'Ik ben tovenaar! Dat zei ik al.'

'Nou, neem in dat geval alsjeblieft mijn kaartje aan,' bood ik aan, en Mizu-tani sprong overeind om het een paar millimeter van zijn ogen af te bestuderen, wat de gewoonte was onder al te enthousiaste Japanse mannen die direct voor me vielen.

'Chelsea Haywood-o at ee-mail-o dot com. Ben jij dat?'

'Ja. Mag ik jouw kaartje?'

'Nee!' snauwde hij. 'Ik geef mijn kaartje nooit, en je krijgt het niet. Ik vind de meisjes die bij mij zitten nóóit leuk. Ik doe ook nooit een verzoek om ze, maar dat heb ik om jou wel gedaan. Ga weg, ga weg.' Hij sprak geluidloos een hele harem van denkbeeldige meisjes toe. 'Ik geef niets om hen. Alleen om jou, maar als je mij niet leuk vindt: geen probleem, ik vind het niet erg. Ik zeg de dingen direct en dus heb ik veel vijanden.'

'Maar dan moet je ook veel vrienden...'

'Nee! Niet veel.' Hij zweeg even en staarde naar het plafond. 'Maar wel goede.'

Toen Mizu-tani om kwart voor drie de rekening betaalde, vouwde hij een briefje van duizend yen als origami op en probeerde het in mijn jurk te proppen. Ik ontweek hem en hij riep: 'Geen zorgen! Ik ben te klein. Ik kan niet zo hoog kijken.' Zijn opgekamde haar reikte maar tot aan mijn borst, maar toen hij omhoogkeek kon hij mijn afkeuring duidelijk genoeg zien. 'Wat, vind je me niet leuk?' Zijn onderlip sprong trillend naar voren. Zijn ogen werden verduisterd door woede. Ineens rende Mizu-tani woest naar het open balkon, schreeuwend dat hij zelfmoord moest plegen omdat ik niet van hem hield.'

'Mizu-tani! *Mizu-tani!*' riep ik. 'Kom terug, Mizu-tani! Goed dan, ik hou van je!'

Mizu-tani haalde zijn korte been onmiddellijk van de railing af, liet los en liep terug, terwijl hij zijn schouders afklopte alsof er niets gebeurd was. Hij boog zich ver achterover om me minachtend te kunnen aankijken. 'Draai je om, alsjeblieft.' Ik draaide me om. 'Niet zo groot,' oordeelde hij. 'Misschien 88, hier 70, dan daar misschien 80. Maar hier, C!'

'Dat denk ik niet. Eerder een B.'

'Nee! Voor mij is C de grens. Ik hou niet van D. Ik ben maar kleine jongen.'

Ik moest lachen om Mizu-tani's slechte gehoor en duwde hem de lift in. Het was tijd om naar huis te gaan.

Toen ik eindelijk in de lift stapte werd ik zwijgend begroet door twee lange, energieke Britten die uit een club op de achtste verdieping kwamen. Ze roken behoorlijk naar sake en maakten, zoals buitenlanders onderling vaak doen in Japan, direct en indringend oogcontact – een plotselinge confrontatie waardoor ik hun snel de rug toekeerde.

'O mijn god. *Gaijin*!' hapte ik gespeeld naar adem. 'Kijk niet naar me, alstublieft.'

Ze grinnikten allebei en achter mijn rechterschouder hoorde ik een lage, nieuwsgierige stem. 'Werk je hier?'

'Ja, maar sorry, ik kan niet naar jullie kijken. Het is te vreemd om blanke mannen op een plek als deze te zien, als je begrijpt wat ik bedoel. Ik wil niet met jullie praten.'

'Waar kom je vandaan?' vroeg een tweede stem.

'Canada.'

'Tokyo zal wel krankzinnig zijn,' zeiden ze allebei, en ik schudde langzaam mijn achterhoofd.

'Geloof me,' lachte ik. 'Je hebt géén idee.'

Levend inktvisgezicht

Om tien voor zeven was de roze-witte hoek van Roppongi Crossing al stampvol mensenlijven. Japanse mannen zweetten geduldig in hun pakken, blonde vrouwen keken op hun horloges en Nigerianen deelden schunnige flyers uit aan de langsslenterende voetgangers. Ik zocht in de mensenzee naar het gezicht van Shin, kalm en sereen te midden van de chaos. Tot mijn verrassing droeg hij een mooi driedelig pak en zelfs een koffertje, maar hij glimlachte en begroette me alsof we elkaar ontmoetten in een rustig park. 'Hallo. Hoe gaat het?'

'GOED HOOR. EEN BEETJE BANG,' zei ik hard.

'Waarom?' Shins stem klonk even rustig als altijd.

'DE LEVENDE VIS!' riep ik terug.

'Wil je ergens anders heen? Dat kan ook, geen probleem. Misschien tempura?' stelde hij voor.

'NEE, NEE, IK WIL HET PROBEREN. IK HEB AL JA GEZEGD. KOM, WE GAAN!'

'Zeg maar hallo tegen je maaltijd,' grijnsde Shin, en hij wees naar een groot aquarium dat in de buitenmuur van restaurant Momiji-Ya zat ingebouwd. Ik bleef staan.

'Wat zijn ze groot! Ik dacht dat je zei: een kléíne vis.'

'Nee. Deze zíjn klein. Je kunt hem kussen!' lachte Shin. 'Ik zei toch dat het oké was?' Hij duwde de deur open en ik perste er een luchtkus uit voor ik achter hem aan liep naar een bar in het midden van het restaurant.

'Kijk daar eens,' zei Shin. Recht onder ons lag een ondiep bassin met allerlei soorten vis, gekooide kreeft, een paar kleine haaien en een dikke vette schildpad.

'O mijn god!' zei ik ademloos. 'Toch geen schildpad!'

'Natuurlijk! Je kunt hem eten als je wilt,' zei Shin. 'In de soep. Maar misschien is je maag niet groot genoeg. Ik weet niet. Twee mensen geeft misschien te veel afval. Misschien beter voor een familie. Zo,' zei Shin, en hij gaf me een menukaart. 'Wat wil je bestellen?'

'Niets, als het aan mij ligt.' Ik sloeg mijn kaart open om te zoeken naar *Niet-levende, in de aarde geteelde dingen,* maar vond in plaats daarvan *Levende gamba's, Levende inktvis, Levend zeeoor* en zelfs *Levende Robster* (kreeft), voor 6090 yen. Ik kon me moeilijk voorstellen dat ik iets daarvan zou doorslikken. Om alles nog erger te maken, slaakte een inktvis met een perfect gevoel voor timing ineens een verschrikkelijke, hoge gil toen hij uit een aquarium bij de deur gehaald en in een plastic bak gesmeten werd. 'Hij huilt,' piepte ik.

'Natuurlijk! Alles huilt. Ik huil. Mijn kat huilt. Vissen huilen. Dat is de natuur. Misschien huilen ze daar straks ook wel.' Shin wees naar het lege bord voor hem. 'Kijk, je kunt hem zien.' Shin hield de kok staande en we staarden naar de klont levenloze, glinsterende drab in de bak, tot die spastisch bewoog en Shin schrok. Hij wuifde de inktvis weg. Hij fronste en keek me van terzijde aan. 'Oké, een kleine vis dus? Heb je besloten?'

'Mm-mm,' zei ik braaf, maar ik was kotsmisselijk. 'Een kleine vis.'

'Oké, en ik neem kreeft. Die daar,' en hij wees in het bassin. 'Hij lijkt me aardig. Misschien kun jij ook inktvis proberen. Kijk! Daar! Inktvissen dansen nu! Wat mooi!'

Ik keek naar het aquarium en zag de inktvissen als één wezen in het rond glijden; waarschijnlijk een gewoonte in hun gevangenschap die verdriet om hun gesneuvelde kameraad uitdrukte. Toen vestigde Shin mijn aandacht weer op het bassin, waar een kok met een net een kleine vis ving. 'Jouw bestelling!' wees Shin ten overvloede. 'Dat is jouw bestelling. Kijk, hij gaat misschien huilen.' Maar de vis flapte alleen, dus zei Shin: 'Nee, de vist dánst nu ook, zoals inktvissen!' Hij had duidelijk veel plezier, maar ik voelde me met de minuut ellendiger.

'Het spijt me! Het spijt me zo!' riep ik toen de kok wegliep. 'O nee.' Ik begroef mijn gezicht in mijn handen. Was ik niet ooit veganist geweest? En nog langer vegetariër?

'Het is te laat.' Shin klopte op mijn rug terwijl ik me wentelde in schuldgevoel. 'Dat was jouw bestelling.'

Ja, dat was mijn bestelling, maar ik kon een in repen gesneden, nog naar leven happende vis niet aanzien of delen van zijn lijf naar mijn mond brengen en doorslikken, terwijl hij toekeek door een oog dat nog kon zien. Het was ziek en smerig, in plaats van zo vers als mogelijk was. Wat was dat toch met Japanners en hun voedsel? Om te beginnen is een walvis niet gewoon 'een grote vis', zoals ik zo vaak hoorde. Ten tweede zijn de gastheren op de vis-shows die ik ken tenminste nog voorstanders van een vangen-en-vrijlaten-beleid, in plaats van te vangen, een arm af te hakken en er sojasaus overheen te doen. Maar het derde, en misschien meest veelzeggende voorbeeld is de naam van een heel gewoon gerecht dat ongemerkt wereldwijd op Japanse menu's verschijnt: *oyako donburi*. Westerlingen kennen het als rijst met kip en ei, maar *oyaku donburi* betekent letterlijk 'een grote kom ouder en kind'. Is dat niet lief?

En daarom zat ik daar te trillen van spijt. Van schuld. En daarna van grote opluchting, want mijn vis kwam door een wonder uit de keuken terug als een hoopje sashimi op een enorme kom ijs. Shin keek teleurgesteld naar het hoopje. 'O... in stukken,' zei hij met een frons. 'Nu kun je hem niet kussen.' Misschien wist de kok dat het voor een *gaijin* was, die zou flippen als hij een half ademende, half geslachte vis als maaltijd zou serveren.

'Trouwens, ik heb Karolina gebeld na het Chinese restaurant op zondag. Ik heb haar verteld dat ik dertig procent had gegeten en jij zeventig,' grinnikte hij hardop. 'Zij is net zo, ze eet zoveel. Maar *tachtig procent*! Ik vertelde aan haar dat je haar kimono in Green-grass had gevonden. Dus bedankt.'

'Geen probleem. Ik geef hem vanavond aan je. Wilde Karolina de levende vis eten?'

'Dat weet ik niet meer. We zijn hier wel geweest, maar misschien wilde ze niet. Ik heb het eerder gegeten, maar dan heel kleintjes,' zei Shin, terwijl hij een paar centimeter aangaf, 'in water. Je drinkt ze. *Klok, klok, klok*. En dan leven ze nog, zwemmen in je maag. Toen dronk ik sake.'

'Waarom, om ze te verzuipen?' gilde ik. 'Om ze dronken te voeren en te verzuipen?'

'Ja, wat anders? Hoe anders dood? Je moet ze doodmaken.'

'O, wat verschrikkelijk. Hoeveel keer heb je ze gegeten?'

'Nee, niet "hoeveel keer". Maar één keer. Alleen voor de ervaring. Net als nu.'

Shins kreeft arriveerde en hij gaf me de helft zonder ingewanden. 'Wil je nog meer? Wil je inktvis proeven?' vroeg hij weifelend. Ik keek naar de wezens die sierlijk door het aquarium zwommen. Toen naar Shin. Toen weer naar het aquarium. 'Wat vind jij?' vroeg ik.

'Ik weet het niet! Jouw keuze. Misschien wil je proeven. Goede ervaring.'

Hmm. Ik dacht even na. 'Oké... ik doe het.'

'Maar jíj moet eten. Ik wil niet eten. Jij moet het nemen.' Ik beloofde het en Shin riep de ober, maar hij weigerde te vertalen dat ik een kleintje wilde. 'Nee. Hij zegt dat je mag kiezen. Daar. En je kunt hem kussen,' plaagde hij.

Geweldig. Dus liep ik naar het aquarium en sprak met een diepe zucht het doodvonnis uit over de kleinste inktvis die ik zag. Die werd in een netje gevangen en in de bak gegooid, gelukkig zonder te huilen.

Terwijl we wachtten tot hij kwam, nipte ik zenuwachtig van mijn groene thee en keek hoe de schildpad bovenkwam om adem te halen. En daar was hij. De inktvis. Ik kon de mantel herkennen, een stapel armen en een paar oranje, sponzige ingewanden op een enorme schaal ijs. Alles was in kleine stukjes gesneden, maar toen Shin zijn stokjes pakte en in een arm prikte... bewogen... de... stukjes... allemaal!

'O mijn god!' gilde ik. Ik porde tegen de armen, en ze sprongen praktisch van het ijs af.

'Wauw! Hij is boos!' riep Shin verrast. 'Heel boos!'

Ik sloeg mijn handen voor mijn mond. Ik kon wel door de grond zakken. 'O mijn god, dit kan ik niet eten.'

'Je moet wel!' protesteerde hij. 'Jij hebt het besteld.'

'Oké, oké. Ik heb het beloofd, hè?' Ik begon nerveus te lachen en stopte voorzichtig een stukje in mijn mond. Het krulde zich langzaam rond mijn tong, en ik sperde mijn ogen open. Ik kauwde snel. Mijn been trilde. En daar zat Shin naast me mijn gezicht te bestuderen, terwijl hij geamuseerd lachte.

'Nu moet je deze proeven.' Hij wees naar de stapel rubberige armen. Ik prikte in de kleinste arm en *woeps*, de hele stapel viel om. 'Wauw! Hij is echt heel boos op je!'

'O, ik kan dit niet eten. Echt, ik kan het niet geloven. Blèh. Oké, oké.' Ik haalde diep adem. 'Ik doe het. Klaar?' Shin knikte in kalme afwachting. 'Een, twee, drie.' Maar het armpje bleef zich tussen mijn eetstokjes vastklemmen. Ik keek Shin aan.

'Toe dan, je moet het proberen,' moedigde hij aan, en dus stak ik snel de arm in mijn mond. Plotseling voelde ik een heftige beweging. Sterke zuignappen plakten aan mijn tong, zogen aan mijn verhemelte en begonnen aan mijn wang te trekken. Ik schreeuwde bijna en begon toen hysterisch te lachen.

'Eet hem! Eet hem!' neuriede Shin.

'O! O! O! O mijn god!' We lachten allebei als hyena's. Ik probeerde te kauwen, maar de vangarm van de inktvis wilde niet stil blijven liggen. Mijn ogen werden waterig en ik wendde me af. Ik kon niet slikken. Het deed te veel pijn. Ik moest verschillende zuignappen lostrekken van mijn tong voor ik ze kon uitspugen. Het kostte me verscheidene lange minuten voor ik weer rustig was.

'Mooie ervaring, hè?' informeerde Shin ondeugend. Ik keek hem boos aan en legde mijn pink naast een arm met zuignappen. Shin lachte toen die zich stevig aan mij vastplakte.

'Moet je zien hoe sterk hij is! Niet te geloven, en dit is nog maar een kleintje! Kijk eens hoe groot deze zuignappen zijn,' zei ik, en ik tilde de grootste arm omhoog die ik kon vinden.

'Een enorm stuk!' riep Shin uit. En toen kreeg ik een helder idee. Misschien was het de sake, maar ik keek Shin uitdagend aan en verklaarde: 'Ik zal deze proeven, als een soort record. Geen enkele andere hostess die hier ooit met jou komt, zal zo'n groot stuk kunnen eten. Oké?'

Shin keek alsof ik gek geworden was en stemde aarzelend toe, en hij hielp me de arm van de kop los te maken. Een van de zuignappen was wel een centimeter in doorsnee, en toen ik hem in de shoyu-saus liet vallen, greep hij de bodem en liet niet meer los. 'Dát ga ik dus op mijn tong leggen,' zei ik met weinig overtuiging, en Shin keek me opnieuw ongelovig aan. Deze keer telde ik af in het Japans om meer tijd te hebben, sloot mijn ogen en stak de inktvis blindelings in mijn mond.

GOD... ALLE... MACHTIG! Het gevoel sloeg in als een elektrocutie. Een felle pijn begon aan het puntje van mijn tong en verspreidde zich over het hele oppervlak toen de arm een vijand zocht om zich tegen te verzetten. Mijn hoofd schoot naar voren toen hij zich aan mijn wang vastzoog en mijn tong samenkneep. Ik liet de eetstokjes vallen en gilde het uit. '*Aaagh! Argh! Uuhh. Egh, arww...*' Ik maakte zoveel lawaai dat Shin zich geschaamd zou hebben als hij niet zo had moeten lachen, maar het deed zoveel pijn dat ik hem los moest zien te krijgen. Ik trok wanhopig aan het uiteinde van de rubberachtige arm. 'Ser-vet-je! Ser-vet!' riep ik dringend, en toen Shin me snel de hele houder gaf, begon ik te lachen en te huilen tegelijk. Zijn gezicht was versteend van verbijstering. En een beetje angst, misschien. Ten slotte wist ik hem van mijn tong los te trekken en in mijn servet plat te drukken. Ik was volkomen overstuur en sloeg mijn handen voor mijn gezicht.

'Waarom huil je? Niet huilen!' smeekte Shin. 'Alleen ervaring. Je kunt hierover schrijven. *Gevecht van inktvis en jouw mond.* Of: *Inktvis vecht tegen Chelsea.* Is een goed verhaal! Je hoeft niet te eten, alleen te proeven. Het is genoeg.'

Shin keek bezorgd, maar ik denk dat hij onder de indruk was. Ook voor hem was dit een goed verhaal om te vertellen aan al zijn toekomstige hostessvriendinnen.

Toen we twintig minuten later voor de laatste keer in de inktvis prikten, bewoog hij nog steeds. Niet veel later liepen we langs het aquarium waarin hij gezwommen had toen we aankwamen. Toen ik stilstond en naar de inktvissen keek die nog door het water gleden, had ik geen flauw idee waarom ik de levende inktvis had gegeten. Ik had het gewoon gedaan. Ik had de verleiding niet kunnen weerstaan. Ondanks de pijn was het inderdaad een mooie ervaring geweest, op een uiterst vreemde en aparte manier. Ik zou van mijn leven nog geen seconde van dit hele trauma en absurde amusement vergeten.

Plotseling was er oorverdovend lawaai om ons heen. Alles wat kon rinkelen, fluiten, zoemen en toeteren klonk uit de hightech-hokjes, plus kreten van Japanse meisjes. Shin en ik waren na ons diner op weg naar Greengrass toen hij zich omdraaide en met zijn koffertje gebaarde dat we een gameshal binnen gingen. Nu wierp hij geld in een fotohokje, trok me naar binnen en zei dat ik klaar moest staan.

Het hokje begon af te tellen in het Engels. Shin telde af in het Japans, en *poef!* We waren vereeuwigd. Er speelde een maniakaal muziekje terwijl Shin twee foto's uitkoos om te bewaren. Hij had ze nauwelijks in lijstjes gedaan voor er opnieuw een cartoonklok begon te tikken en hij zei dat ik weer klaar moest staan. *Poef!* Er verschenen nog twee foto's en Shin begon er snel op te tekenen. Hij trok zwarte lijntjes om zijn ogen. 'Wat doe je?' riep ik boven de herrie uit.

'Weet ik niet! Ahh! Ik weet niet hoe!' riep hij terug, en hij sleepte versieringen op het scherm: een lieveheersbeestje, sterren, een gebloemde fotolijst en een slordig TOKYO in gebubbelde 3D-letters. Toen was de tijd om en gingen er overal om ons heen alarmbellen af. De hele ervaring bezorgde me bijna een hartaanval.

'Dat is Japanse stijl,' begon Shin zichzelf te verdedigen toen ik hem een blik toewierp.

'En een "mooie ervaring",' deed ik hem na. 'Toch? Hoe oud ben je eigenlijk?'

Shin grijnsde en de foto's kwamen eruit, precies zo gek als je ze wilde. Ik begon te lachen en hij griste ze uit mijn hand. 'O nee! Is vergissing,' gromde hij. 'Ik lijk Chinees!'

'Dat is je eigen schuld. Jij hebt make-up op jezelf getekend. Wil je er een?'

'Nee. Wat moet ik ermee?' vroeg hij ongelovig. 'Alleen weggooien. Kijk! Dat ben jíj. Niet ik. Maar goed, wat doe je zondag? Ik ga naar Kamakura, om groenetheewierook te zoeken voor mijn vriendin in Melbourne, en je kunt mee, als je wilt. Heb je plannen?'

'Nee. Geen plannen.'

'Wat? Waarom heb je geen plannen? Zelfde als vorige week, "geen plannen",' spotte hij.

'Nee, vorige week zondag hebben we samen Chinees gegeten. We waren bij Chen, dat beroemde restaurant in die hoge toren in Shibuya. Je weet wel, Kenichi Chen, de IJzeren Chef? Weet je het niet meer?'

'O, dat klopt. Oké, maar we gaan alleen bij mooi weer. Heb je vandaag aardbeving gevoeld?' Ik schudde mijn hoofd. 'Wat? Waarom niet? Zo'n sterke! Wat deed je dan?'

'Ik sliep,' gaf ik als verklaring, en Shin blies krachtig uit door zijn neus.

'Er komt ooit een heel grote aardbeving en jij zult erdoorheen slapen! Juffrouw Lui. Ik kan het niet geloven. Laten we nu gaan, naar jouw club. Het is tijd. Anders krijg je problemen met Nishi.'

Halloween en Koji's masker

Wellicht als onheilspellend voorteken van de kosmos ontmoette ik Koji Osara op die ene nacht in het jaar dat de demonen naar buiten komen en feestvieren. Het was vrijdag, en Greengrass vierde twee avonden van tevoren alvast Halloween. De club was versierd met pompoenen. Ik was verkleed als mummie, met lange banen stof om me heen gewikkeld die aan mijn ondergoed waren vastgenaaid. Soh stelde hem voor met een gefluisterde boodschap. 'Hij is gek,' zei Soh. 'Klant is gek.' Wat bedoelde Soh? Gek als in 'mafketel' of gek als in 'psychopaat?' Uit zijn toon kon ik het niet afleiden, maar toch maakte het me... ongerust.

Het was niet bewust, meer een instinct. Misschien was het intuïtie, misschien ook niet; maar vanaf het moment dat ik Koji Osara ontmoette, voelde ik achterdocht en verontrusting. Natuurlijk was het Halloween en hing dat gevoel gewoon in de lucht, dus misschien was het me vergeven dat ik het negeerde.

In elk geval leerde ik Koji Osara kennen als een obsessieve, pessimistische, met zijn ogen knipperende, grofgebekte internationaal consultant met een doctorsgraad uit Oxford. Natuurlijk kwam dit alles tijdens onze kennismaking niet meteen naar boven, maar het was de conclusie die ik aan het eind van de avond getrokken had.

Aanvankelijk kon ik alleen op zijn uiterlijk afgaan: van gemengd Aziatische afkomst, iets te zwaar, tamelijk lang en warrig haar, een mollig rond gezicht en een rode fleecetrui; hij had een gekoelde fles wijn, drie pakjes kauwgum en een doosje kogelronde snoepjes bij zich. Koji was gestopt met roken. Ik nam aan dat hij sigaretten bedoelde. Hij bedoelde marihuana. Een hond op vliegveld Narita had het in zijn bagage geroken en hij was ondervraagd door een inspecteur.

'Ik ben van de hippiegeneratie. Ik heb tegen de Vietnam-oorlog gedemonstreerd toen de yanks hun land bezetten. Wat kun je dan verdomme verwachten?'

Hij knipperde snel met zijn ogen, met een gepijnigd gezicht alsof zijn oogleden te strak waren voor de ogen die te rond en open waren voor zijn afkomst. Het was een vreemde gewoonte, een onwillekeurige reflex die je bij de les hield, net zoals het voortdurend veranderende onderwerp van Koji's monologen.

'Ik mag de Amerikaanse joden niet. Ze manipuleren de wereld. Mijn baas is een Amerikaanse jood. Ik haat hem. Maar de echte waardeer ik juist. Groot verschil,' zei hij smalend. 'Israël is oké. Ik heb ooit om een vrouw in een kibboets gewoond. Ik plukte grapefruits als mijn bijdrage, maar ze wilden dat ik me bekeerde. Voor mij zijn garnalen belangrijker, niet liefde. Ik wilde niet stoppen met garnalen eten.'

Op dat moment kwam mama-san hem begroeten en hem een mintkoekje aanbieden. Koji nam het aan en vervolgde zijn zondvloed alweer voor hij het doorgeslikt had. Een wolk kruimels rolde over zijn fleecetrui en kwam tot stilstand op zijn buik. 'In mijn cultuur is het heel onbeleefd om iets af te slaan of geen "dank u wel" te zeggen, zelfs als je iets niet lust. Zelfs als het ontzettende shit is. Om Japan te begrijpen moet je hier tienduizend jaar wonen, dus met andere woorden: jij zult het nooit begrijpen. Maar ik wens je verdomme veel geluk als je het wilt proberen. Alsjeblieft, mag ik je een paar vragen stellen?'

'Waarom niet? Ik ben op alles voorbereid.' Ik was, per slot van rekening, verkleed als mummie. Met mijn bleke, matte make-up en holle zwarte ogen leek ik net een lijk.

'Ik heb een beetje moeite met het onderscheid tussen bepaalde Engelse woorden. Misschien kun jij me helpen. Wat is het verschil tussen *ensure* en *assure*?'

'Eh...' Nou, dat was in elk geval een originele vraag. '*Ensure* is volgens mij verzekeren of garanderen dat iets zo is, en *assure* is iemand bewijzen geven om het te geloven, of hem overtuigen als hij twijfelt.'

Koji's uitdrukking veranderde niet. '*Expectation* en *anticipation*.'

'Eh... *expectation* is... wachten op iets waarvan je weet dat het zal gebeuren, of althans waarvan jij dat gelooft. *Anticipation* is wachten op iets waarvan je wilt dat het gebeurt, of, denk ik, waarnaar je erg uitkijkt. Het is emotioneler, en *expectation* volgens mij niet.'

Koji propte te veel snoepjes in zijn mond en begon te kauwen. Hij knipperde spastisch met zijn ogen. '*Ejaculation* en *eruption*.'

'Goed, dat is een beetje maf, maar *eruption* is een plotselinge uitbarsting van iets uit iets anders, bijvoorbeeld een vulkaan, terwijl *ejaculation* alleen slaat op sperma dat uit een penis komt als een man klaarkomt,' zei ik droog.

'Mijn schone dame, mag ik nog een vraag stellen?'

'O-ké...' Ik zette mezelf schrap. Knipper knipper. Toen glimlachte hij vrolijk.

'Kun je alsjeblieft je lange benen die kant uit doen? Ik krijg claustrofobie in deze hoek. Ik heb nu de bibbers omdat ik geen marihuana rook en flashbacks heb. Die godvergeten flashbacks. Begin alsjeblieft nooit met roken. Je hebt veel te veel mogelijkheden. Maar goed, je zult je wel het een en ander afvragen over mij. Ik ben geboren in Roppongi.'

'O,' zei ik neutraal, en we spraken over cultuur, Fransen, Amerikanen, zaken en mensen tot Nishi eerst Carmen tegenover ons neerzette en daarna Samicah, die vanavond voor het eerst was. Dit was haar eerste bezoek aan Tokyo, en hoewel ze nooit van plan was geweest in een hostessenbar te gaan werken, was ze platzak en onthutst. Haar jurk was afschuwelijk, maar ik zuchtte van opluchting toen ik hoorde dat ze een Israëlische joodse was en geen Amerikaanse, aangezien Koji zo uitgesproken in zijn vooroordelen was geweest en haar anders misschien beledigd zou hebben. 'Wat doe je?' vroeg Samicah verlegen. 'Woon je in Japan?'

'Nee. Ik ben een bastaard,' zei Koji knipperend. 'Mijn vader is Japans. Mijn moeder is Chinees. Ik ben in de Verenigde Staten naar school gegaan, daarom weet ik niet veel van de Japanse cultuur. Maar ze zijn onwetend. Wat mijn beroep betreft, als je dat wilt weten: ik ben arts.' Tussendoor merkte hij op tegen mij: 'Volgens mij zijn ze allebei negentien.'

Volgens míj waren ze allebei ontzettend geschrokken en bang van hem.

'Ik ben heel bedreven in perceptie,' liet hij bescheiden weten. 'Ik ben om twee uur dertig op vliegveld Narita geland. Ik kom elke maand. Hoe oud ben jij?'

'Eenentwintig,' zei ik.

'Hmm. Incorrect. Ik dacht drieëntwintig. Misschien omdat je Canadese bent. Dat verdomde koude weer. Geen zon, maar een geweldige huid. Net als die verdomde eskimo's. Maar ik ben gek op Montreal. Dat is geen typisch Noord-Amerikaanse stad. Eerder Europees, dankzij de hogere cultuur van de Fransen. Eerst was Montreal hun kolonie. De stad heeft drie keer een belegering doorstaan voor het Franse leger hem aan de Britten verloor. Natuurlijk werd het bij de Confederatie in 1867 een Canadese provincie, maar de inwoners van Montréal hebben een geheim verdrag met Thomas Jefferson. Dat is een heel groot geheim.'

Ik had geen idee wat hij bedoelde. 'Ja, maar wat vind je dan van de eis dat je tweemaal toestemming voor een werkvergunning moet hebben als je in Québec wilt wonen? Dat is belachelijk.'

'Natuurlijk. In hun ogen is dat nodig. Ze willen autonoom zijn. Montréal weigerde hulp van de Canadese regering toen ze in 1976 de Olympische Spelen organiseerden, en ze weigeren de komende Spelen in Vancouver te steunen.'

'Wist je dat er in kleine lettertjes bij prijsvragen op cornflakesdozen staat: *Voor alle inwoners van Canada met uitzondering van Québec?* In het laatste referendum stemde 49 procent voor afscheiden en 51 procent voor onderdeel van Canada blijven.'

'Je zegt het niet helemaal correct, maar ja, ik weet het.' Koji kneep zijn ogen een stukje dicht en zag er heel even normaal uit. 'Hoor Jodie eens! Ze stopt verdomme ook nooit met zingen! Loeien als een stomme koe. Ik ken haar al een tijdje, en altijd als ik in Greengrass kom houdt zij de karaoke bezet.'

'Ik vind dat ze best goed klinkt,' protesteerde ik, maar Koji keek spottend. Hij praatte veel over haar. Het leek wel alsof hij haar met opzet zwart wilde maken; alles wat hij zei was kwalijk. 'Jodie is een van de hostessen die leugens over mij verspreid hebben. Luister niet naar wat zij zegt. Om de een of andere reden haat ze me en verspreidt ze geruchten door heel Roppongi over mij, die niet waar zijn. Ik ben berucht hier. Vraag het aan een willekeurige hostess. Ze kennen me, maar er is niets van waar.'

'Wat voor geruchten?' vroeg ik achterdochtig. 'Wat is niet waar?'

'Wat heeft zij verdomme aan?' flapte Koji eruit, zonder acht te slaan op mijn vraag. Ik keek naar Jodie, die een lied stond mee te blèren. Ze had haar pumps uitgedaan en stond met blote voeten op de bank 'Layla' te zingen. De klanten gingen uit hun dak. Tehara keek boos en zei dat ze eraf moest komen.

'Ze is verkleed als de bruid uit *Kill Bill*. Daarom zit ze onder het bloed. We hebben ons voor het werk verkleed bij haar thuis. Ze heeft geholpen me in mijn mummiepak te naaien. Het was trouwens heel grappig. De eerste klant van vanavond dacht dat we er altijd zo bij liepen in de club. Hij had nog nooit gehoord van Halloween.'

'Dat komt doordat hij een stomme lul is,' pareerde Koji. 'Misschien gaat hij normaal gesproken naar een seksbar om te geilen op anorectische Japanse dellen in ondergoed en denkt hij dat dit ook zo'n tent is. Dat bedoel ik nou: Japanners zijn stom. Ze weten niets over andere culturen. Het zijn nazi's.'

'Eh... nou, ik geloof niet...'

'Laat maar. Maak je niet druk over zulke zaken. Jij bent te slim om je te verlagen tot een discussie over de godvergeten Japanse sociale cultuur. Die kan ik je uitleggen, op een later moment. Maar nu wil ik alleen plezier maken. Neem me niet kwalijk, lieve kleine Samicah,' vroeg hij, en hij boog zich voorover. 'Van wat voor muziek hou je?'

'Eh... klassiek,' hakkelde ze. Inmiddels zat ze in haar eentje tegenover ons. Carmen was weg en dronk tequilashots aan een tafel aan de overkant van de zaal. 'Ik studeer dans, dus klassiek.'

'Wat interessant. Ik hou van Mozart. Ik ben gek op de opera, en *kabuki*. Die komen uit twee verschillende culturen, maar zijn allebei voor mensen van een hoog ontwikkeld intellect. Ik wil je kaartjes voor *Het zwanenmeer* geven. Misschien de matinee op zondag. Wat doe je morgen? Moet je werken? Heb je een telefoon?'

'Nee, ik.. nou, omdat dit mijn... nee. Heb ik niet. Eh... ik was van plan om morgen naar Hakone te gaan, om de Fuji te zien. Ik moet vroeg op om de trein te nemen. Misschien blijf ik er wel overnachten.'

'Ik begrijp het. Veel plezier dan. Maar als je vroeg terug bent, kun je Chelsea bellen. Chelsea, schrijf alsjeblieft je nummer op en spreek af dat ze je morgenmiddag belt, als je wakker bent. Ken je Bellini, het Italiaanse restaurant naast Don Quixote? Kom daar met me eten, alsjeblieft, als je beschikbaar bent. Ik eet niet graag alleen.'

'O, dat klinkt leuk,' hengelde ik. 'Ga je daarna nog naar de club?'

'Ik ken dat klotesysteem, maak je geen zorgen. Ik ben geen fucking idiote ruziezoeker. We kunnen om half zeven afspreken, jij en ik. Dan kunnen we zondagavond misschien naar het ballet en kan Samicah mee, of, als ik geen kaartjes kan krijgen, misschien naar de *kabuki*.'

Samicah keek verrukt. 'Doe je dit altijd als je in Tokyo bent? Heb je een vriendin?' vroeg ze stompzinnig.

'Nee. Mijn eerste vrouw was Zwitserse. Mijn tweede was Litouwse. Ik heb haar ontmoet toen ze in Roppongi werkte, in een stripclub. Ze had heel mooie grote borsten en een lekker sappig kutje, en ik was godvergeten stom en dacht alleen met mijn lul, dus wat kon ik verwachten?' Koji glimlachte zonnig en Samicah keek geschokt. Ik was stiekem blij. Ik wilde niet dat ze van gedachten veranderde en zich in mijn *dohan* zou wurmen. Ik dacht niet dat ze Koji op de goede manier aan zou kunnen. Ze was naïef en obstinaat, en ze irriteerde me mateloos.

'Ik wil je trouwens iets laten zien. Een fucking minuutje geduld alsjeblieft.' Koji haalde een laptop tevoorschijn en liet ons foto's zien van Oxford en zijn dochter van veertien. 'Die klotedochter van me koopt met mijn creditcard Sonia Rykiel, zonder mijn toestemming. Ze heeft geen mooi karakter. Als ze het zou vragen, zou ik het voor haar kopen. Maar ze denkt dat ze achter mijn rug moet stelen. Ze is zo verdomd stom. Ik hou niet van tienerdochters.'

Het meisje op de foto was blank, blond en mooi, duidelijk een stiefdochter. Maar ze leek veel ouder dan veertien.

'Oxford ziet er prachtig uit,' merkte ik op.

'Ben je er nog nooit geweest?' vroeg hij. Ik schudde mijn hoofd en hij knipperde met zijn ogen. 'Hmm. Ik heb een voorstel voor je:

kom naar Oxford en logeer dan in mijn appartement. Ik geef je een ticket van mijn frequent-flyerpunten. Maak je geen zorgen, ik zal je niet verkrachten. Ik zal naar Londen moeten om mijn visum te verlengen, en daarna kom ik weer terug. Hier logeer je.' Koji liet me een logeerkamer in een heel gewoon uitziend appartement zien. 'Ik heb heel machtige advocaten in Tokyo. Mijn secretaresse, Betty, kan je helpen als je vragen hebt terwijl je hier bent. Ze woont hier. Ze komt uit Adelaide, een vriendin van mijn ex-vrouw. Het is een ingewikkeld verhaal, maar je kunt haar altijd bellen. Vooral jij, Samicah. Ik wil haar helpen,' zei Koji tegen mij met een gebaar naar Samicah. 'Ze is het nieuwe meisje, niet zo volwassen, en ze heeft hulp nodig.' Samicah begon tegen te spreken, maar Koji onderbrak haar. 'Het spijt me, zeg ik iets verkeerds? Je lijkt beledigd. Misschien was mijn woordkeus niet goed. Chelsea, corrigeer me alsjeblieft. Het is duidelijk dat jij een superieur spreker bent. Ik moet van jou leren niet als een imbeciel te communiceren.'

'Ja, ik ook,' mengde Samicah zich in het gesprek. 'Verbeter mijn Engels, alsjeblieft, als het niet goed is. Ik heb veel moeite om de juiste woorden te vinden, en het zou me zo helpen.'

'Daar krijg ik niet genoeg voor betaald,' zei ik wrang, en Koji wierp me een donkere blik toe. Terwijl hij mij bleef aankijken zei hij: 'Samicah, als jij mocht besluiten niet naar die verdomd saaie Fuji te gaan kijken, ga je dan morgen met Chelsea en mij uit eten? Dat zou voor jou heel gunstig zijn. Maar als je beneden met ons wilt afspreken voor we om half tien naar de club gaan, kan ik zorgen dat je een *dohan* krijgt, om je positie te versterken.'

Samicah keek mij hulpzoekend aan. Geweldig. Nu ging ze waarschijnlijk mee en pikte ze de helft van mijn *dohan*-punten in. Dat krijg je ervan als je gemeen bent. 'Waarom is het gunstig voor mij om mee uit eten te gaan?' vroeg ze. 'Wat bedoelt hij, mijn positie versterken?'

'Ik kan je positie in deze club verbeteren. Ik garandeer je een *dohan* als ik in november terugkom. Daarom. Nishi! Kom eens hier, alsjeblieft. Nishi, mag ik morgenavond alsjeblieft een *dohan* met deze twee dames?'

Nishi knikte en klopte Koji op de schouder. Toen legde hij zijn hand op mijn hoofd. 'Chelsea-san, morgen wil ik praten over verlenging van je visum.'

'O. Oké.' Dit was nieuw voor me. Toen Nishi wegliep, bleef Koji een hele tijd zwijgend naar mijn gezicht staren. Ik zette over tafel heen grote ogen op tegen Samicah.

'Ik denk dat ze slim is,' zei Koji uiteindelijk. 'Héél slim. Ze is elegant. Je moet haar beter leren kennen. Ze kan je veel dingen vertellen.' Ik glimlachte als een rekwisiet uit *The Mummy* en als reactie knipperde hij met zijn ogen. 'Ik vind je een mooi meisje, een van de mooiste meisjes.'

Daarna wilde Koji karaoke zingen, en het was bijna vier uur voor ik hem naar de lift bracht. Ik drukte op het knopje en hij zei: 'Bedankt voor een heerlijke avond.' En voor we het wisten zagen we zijn rode fleece richting trap gaan, over dozen en rotzooi springen, en toen was hij weg.

Samicah keek me verbluft aan. 'Was vanavond normaal? Zijn alle klanten zoals hij?'

'Nee,' zei ik. 'Ik heb nog nooit iemand de trap zien nemen.'

Bellini met een psychoanalytische gek

'Stoor me alsjeblieft niet terwijl ik de wijn kies.' Koji knipperde snel met zijn ogen. 'Het is het belangrijkste deel van de avond. Als ik het nu verkloot, kunnen we net zo goed naar huis gaan.'

En zo begon mijn tweede achtereenvolgende avond in het gezelschap van een gek.

Om twintig over zes was ik aangekomen bij Bellini. 'Koji Osara,' had ik tegen de serveerster gezegd, en ze had me een plek vlak naast het raam gegeven. Vanaf mijn iets verhoogde zitplaats voelde ik me net een eenzame exotische vis in een aquarium, nauwelijks afgescheiden van de straat waar het wemelde van de mariniers, als scholen piranha's op rooftocht. Ze bleven vaak stilstaan om te staren en te wijzen. O, wat zou ik graag een scheermes dwars over hun kortgeschoren hoofden halen.

Koji en Samicah arriveerden tegelijkertijd, Koji nog steeds in zijn rode fleecetrui. Koji koos al het eten en onthulde dat hij eigenlijk psychoanalyticus was, niet zomaar een arts, al was hij nu consultant van een niet nader genoemd soort. Om de een of andere reden had hij dat gisteravond niet willen zeggen, maar het verklaarde wel een groot deel van zijn gedrag. Geen wonder dat hij zo gek was.

'Op vrijdag had ik al gezien op CBC, of wat is het, CBS, dat de weersvoorspellingen slecht waren, maar ik wilde het Samicah zelf laten ontdekken. Ik wilde haar niet mijn wil opleggen. Ik wist dat ze niet naar Hakone zou gaan, maar met ons uit eten. Het was mijn *anticipation* dat ze naar Bellini zou komen.'

'Wat slim van je,' zei ik droog.

'Nee, ik ben een strateeg.' Koji knipperde vriendelijk met zijn ogen. 'Een strategische marketeer. Ik ben een beroemd man in dit restaurant,' schepte hij op. 'Ik wil respect creëren voor dames. Als je naar Oxford komt, zal ik je voorstellen aan heel intellectuele mensen. Mijn eerste indruk gisteren was dat je hersenen had. Nishi-san weet dat hij zorgvuldig alleen mensen met hersenen moet selecteren om met mij te spreken. Daarom heeft hij me niet bij Jodie aan tafel gezet.'

Ik glimlachte en keek naar mijn nagels. Ik schonk Samicah nog wat water in. Ze dronk te snel, en ik wilde straks niet voor haar hoeven te zorgen. Koji bleef me aankijken.

'Je reageert niet op wat ik over Jodie zei. Waarom niet? Ze is je vriendin, maar je kiest ervoor om haar niet te verdedigen?'

'Nou, Koji, wat je zei was heel indirect. Dat is toch een Japanse gewoonte: confrontaties vermijden? Mijn excuses voor mijn schijnbare onverschilligheid,' zei ik, en ik hief mijn glas. 'Maar ik geniet liever van mijn maaltijd.'

Koji klonk met zijn glas tegen het mijne en leek vreemd tevreden. Achter hem keken de langslopende mensen nog steeds recht in mijn gezicht.

'Ik heb strategisch de beste plek in het restaurant uitgekozen om jullie schoonheid aan iedereen te laten zien.' Hij boog terwijl Samicah naast hem met open mond zat te kauwen. Een Afrikaanse ober kwam onze glazen bijschenken en Koji zei tegen hem: 'Ze is te mooi, onmogelijk voor mij, ik ben een stomme inferieure vent, maar misschien maak jij een kans.' Koji draaide zich naar mij om. 'Hij heeft een lekkere dikke sappige pik.' Knipper, knipper.

Ik sloeg mijn hand voor mijn mond en probeerde niet naar de ober te kijken.

'Wat verwacht je dan?' ging Koji verder. 'Hij komt uit Nigeria. De mannen van zijn stam zijn heel viriel. Dus geen behoefte aan dildo's, klopt dat?'

'Het spijt me,' zei de ober met grote zelfbeheersing, 'ik ben heel gelukkig getrouwd. Maar hij heeft gelijk, u bent erg mooi', en tot mijn grote gêne begonnen ze details van mijn schoonheid te bespreken, wat op de een of andere manier leidde tot een discussie over de CIA, de *Yakuza* en de meelijwekkende toestand van de 'onderwereld in Roppongi'.

Het was echt heel vreemd.

'Aarzel alsjeblieft niet met de rode wijn, jonge Samicah. Die komt uit Napa Valley in Californië, dus hij is natuurlijk verdomd goed. Luister naar me als je een prettige toekomst wilt. Als je een knappe jongeman ontmoet, zul je mij heel dankbaar zijn, want ik ga je nu een geheim vertellen.' Koji hield zijn mond tot Samicah een slokje nam en zei toen heel droog: 'Als je echt goede wijn drinkt, gaat je kutje lekker ruiken.'

Ik keek naar het plafond en Samicah verslikte zich bijna. Het was stil terwijl Koji oogcontact probeerde te maken. Eerst met haar. Toen met mij.

Ik nam een slok water, wat hij opvatte als een teken om abrupt te gaan praten. 'Ja, ik vond je een heel mooie vrouw. Ik ben vereerd om hier samen te zijn met zo'n mooie vrouw. Jij bent de mooiste vrouw die ik ooit heb mogen ontmoeten. Hersenen en schoonheid kunnen soms geluk brengen, maar ook ongeluk. Jij hebt kleine demonen, en daar moet je aandacht aan besteden. Ze zullen je verslaan als je niet voorzichtig bent. Zo'n mooie vrouw die ook nog intelligent is, heeft alle kansen van de wereld. Jij kunt doen wat je wilt, en je zult veel succes hebben.'

Ik lachte ondanks mezelf en maakte een minzame buiging voor hem.

'En dan nu onze eerste indrukken. Vertel alsjeblieft, als je wilt, wat je eerste indruk van me was. We kunnen beginnen met Samicah.'

Samicah keek op van haar bord. 'Eh... oké. Mag ik zeggen... aardig? Ik denk dat je een heel aardig iemand bent, heel inlevend en wereldwijs, eh... en aardig,' zei ze onhandig. 'O, het spijt me. Het is moeilijk voor mij om Engels te spreken.'

'Hmm. Mijn indruk is dat jij op mijn zus lijkt,' zei Koji neerbuigend. 'Je bent heel jong en naïef, en pas begonnen aan je reis over de zeven zeeën, maar die zijn vol gevaren en ik denk dat je beschermd moet worden. Ik wil je beschermen. Zo, dat is mijn indruk van jou. Maar Chelsea,' zei Koji, nadat hij zijn keel geschraapt had terwijl hij nog sneller met zijn ogen knipperde, 'mijn eerste indruk van jou was Greta Garbo.'

'Greta Garbo?' Hoe Koji tot die conclusie was gekomen terwijl ik als mummie was ingepakt, was niet helemaal te volgen, maar schijnbaar had Miss Garbo hetzelfde probleem als ik.

'Hersenen! En dezelfde ogen, maar helaas begon zij zichzelf lelijk te maken met make-up, zodat mensen haar karakter zouden zien. Ik denk dat dit haar grote vergissing was. De ogen bevatten je karakter.' Koji stopte even met knipperen toen hij zijn mollige kaken tot een glimlach plooide. 'Vertel me nu alsjeblieft je eerste indruk van mij.'

'Goed.' Ik zette gedecideerd mijn wijnglas neer. 'Je vindt het heerlijk om onconventioneel te zijn. Je bent een buitenstaander in je eigen cultuur, maar dat komt door je eigen gedrag. Je wil je niet conformeren aan de normen van de samenleving en hebt je leven daar ook naar ingericht. Andere mensen vinden je eng vanwege je excentrieke gedrag en eigenaardigheden, maar volgens mij doe je maar alsof. Eigenlijk denk ik dat je geen andere keus hebt dan je zo te gedragen, maar je bent duidelijk heel intelligent. Je hebt je wijsheid vergaard door je onaangepaste weg te volgen.'

Koji keek perplex. 'Heb je mijn artikel gelezen?' hakkelde hij.

'Hoe zou ik je artikel gelezen kunnen hebben? Ik heb je gisteren pas ontmoet.'

'Mijn autobiografie! Die kun je lezen op mijn website, en die staat op het kaartje dat ik je gisteren heb gegeven. Ik heb je gevraagd die te bekijken. Vroeger was ik psycholoog van beroep, maar nu heb ik een robot ontwikkeld met een gevoelige technologie waardoor hij kan praten met heel jonge kinderen. Het is niet zomaar een stomme hoop metaal. Hij heeft cognitieve vaardigheden, zij het beperkt. Maar goed. De *kabuki* begint morgenmiddag om vier uur. Heb je mijn e-mail gekregen?'

'Ja, maar ik heb ze niet allemaal gelezen. Je hebt zoveel e-mails gestuurd.'

'Ja, omdat ik obsessief ben.' Koji knipperde vriendelijk met zijn ogen. 'Mijn waardeloze klotepsychiater kan je dat vertellen.'

Ik liet mijn blik zakken naar de drie pakjes kauwgum op tafel. 'En hoe bevalt dat?'

'Bevalt wat?'

'Obsessief zijn,' zei ik.

Koji negeerde mijn vraag. 'Draag maandag alsjeblieft iets moois bij de *kabuki*, want we hebben een loge.'

'Oké.' Ik keek hem vragend aan. Wat was er met die vent?

'Ik kies mijn woorden en spraak zorgvuldig om een goede relatie met jou op te bouwen en je respect te tonen. De laatste raad van mijn grootmoeder was dat ik nooit een Russische hostess moest vertrouwen.' Ik trok mijn wenkbrauwen op en schonk Samicah nog een glas water in, maar Koji herhaalde zijn woorden. 'De laatste raad van mijn grootmoeder was dat ik nooit een Russische hostess moest vertrouwen. Vind je het niet grappig dat dat haar laatste raad aan mij was?' Ik haalde onverschillig mijn schouders op en Koji zuchtte. 'Ik moet actie ondernemen om goede relaties met vrouwen op te bouwen omdat ik ze nooit begrijp.'

'Weet je, misschien kun je gewoon eens proberen normaal te doen,' zei ik wreed.

Koji legde zijn bestek neer en zuchtte. 'Zelfs als je doet alsof je een stom kutwijf bent, is het nog interessant om met je te praten,' schold hij, en ik lachte toen Samicahs mond openviel. 'Daarom vind ik je leuk. Ik kwam vroeger op feestjes in Milaan waar iedereen een masker droeg en intellectuele gesprekken voerde. Het was heel sexy om iemands identiteit niet te kennen, vind ik, want er is seks waarbij je gewoon met iemand wilt neuken, en ook de spanning om niet te weten wie iemand is.'

'Wat interessant. Het spijt me, ik moet even naar het toilet.' Onderweg bleef ik even staan praten met de Nigeriaanse ober. Leroy, las ik van zijn naamplaatje. 'Hoe gaat het?'

'Goed...' Leroy zocht in mijn gezicht naar een naam.

'Chelsea,' glimlachte ik. 'Het spijt me van die vent. Hij is een beetje vreemd.'

'Ja, Koji is gek! Hij is echt een zieke klootzak, maar hij barst van het geld, dus probeer maar te zorgen dat hij het uitgeeft.'

'Doe ik,' antwoordde ik, al hoefde ik daar niets voor te doen. Koji had al meer dan duizend dollar uitgegeven aan wijn. 'O, en Leroy? Mag ik een salade? Die heeft Koji niet besteld.'

'Wat voor maat, liefje? Een grote?' Hij grijnsde en ik knikte gretig.

Aan tafel was Koji aan het woord over het meer academische onderwerp van zijn even grote liefde voor opera, Shakespeare en *kabuki*. Ze waren rond dezelfde tijd ontstaan, legde hij uit, en hij verge-

leek graag de overeenkomsten van de drie kunstvormen. 'Een opvoering kan bijvoorbeeld zijn als ons diner. Ik wist vooraf dat het
eten prachtig zou zijn, maar klote zou smaken. Het ziet er goed uit,
maar smaakt niet. Schoonheid is niet alles. Mijn indruk van jou is
dat je heel slim bent,' zei hij plotseling. Terwijl ik doorknaagde aan
mijn salade wendde hij zich vrij ernstig tot Samicah en zei: 'Ze is een
soort genie.'

'Heb je daarom nog bijna niets gegeten?' vroeg ik. 'Omdat je
vindt dat het klote smaakt?'

'Nee. Ik doe graag lang over mijn eten,' protesteerde hij. 'Ik word
afgeleid door praten, want boven alles ben ik geïnteresseerd in context.' Koji knipperde overvloedig met zijn ogen en ik imiteerde hem
per ongeluk.

'Die tic van jou,' zei ik, met mijn ogen knipperend. 'Waarom doe
je dat de hele tijd?'

'Ik ben gewoon zo verbluft door je schoonheid, dat is alles.' Hij
knipperde terug. 'Ik vind het ongelooflijk.' Hij glimlachte, en ik
glimlachte, en Samicah keek niet-begrijpend, en we dronken nog
meer rode wijn, tot Leroy een witte bracht. 'Let alsjeblieft niet op
mijn stomme opmerkingen, jonge Samicah. Dit is ook een heel goede wijn, van meer dan vijfhonderd dollar per fles. Als je eenmaal
twee glazen gedronken hebt, ben je blij en krijg je plezier. Je zult jezelf prima vermaken.'

Samicah dronk drie glazen, maar toen de koffie arriveerde nam
ze die niet, dus dronk ik de hare ook op.

Buiten liepen mensen in Halloween-kostuum voorbij. Twee
mannen met maskers op, bibberend van de kou, droegen roze-met-
gele overalls. Ze staarden door het raam en wezen. Koji draaide zich
voor de eerste keer om en keek uit het raam. Een groepje Japanse
meiden stoof er giechelend vandoor.

'De Japanners discrimineren behoorlijk,' zuchtte Koji minachtend. 'Omdat ik half Chinees ben, accepteren ze me niet. Ik heb nog
nooit met een Japanse vrouw geneukt. De Japanse kut bevalt me
niet. Vraag alsjeblieft niet verder. Maar ik geniet erg van jullie gezelschap.'

Nadat Koji betaald had, vroeg hij of we het goedvonden om met een taxi naar Greengrass te gaan. 'Jodie wilde dat niet. Ze wil lopen omdat ze een dieet volgt en omdat het geldverspilling is. Vinden jullie het goed?'

We namen voor twee straten een taxi.

'Dat is een erg sexy jurk. Heel mooi,' zei Koji waarderend toen ik naast hem ging zitten. Er stond al Franse wijn op tafel, die werd gevolgd door een kaasplankje en popcorn. Samicah zat er dronken van te snacken met een vage blik in haar ogen. 'Het smaakt klote,' klaagde Koji slap. 'Ik wilde Domino's Pizza, maar Nishi zegt dat dat niet kan. Je moet me even verontschuldigen. Ik moet een stom zakelijk telefoontje plegen om tien uur 's avonds.'

'Wat, zo laat?'

'Ik moet Londen bellen,' verklaarde hij onbewogen.

'O, hoe laat is het daar dan?'

'Elf uur 's ochtends. Neem me niet kwalijk, alsjeblieft.' Koji beende boos de gang in. Toen hij terugkwam, zongen we urenlang. We praatten nauwelijks. Iedereen was dronken. Ik zong 'Steamroller Blues'. Ik zong de Red Hot Chilli Peppers. Verder weet ik het niet meer, behalve dat Carmens tafel intermezzo's verzorgde met Spaanse nummers als 'Besame mucho'. Om middernacht werden er twee grote bossen rode rozen bezorgd. Dus daarom moest Koji de gang op.

'Ik verras de dames graag. Dat is belangrijk,' verklaarde Koji.

'Ja, bedankt,' zei ik liefjes, maar mijn onderliggende gedachte bleef: *wat kan jij goed liegen.* En weer zongen we, tot de klok half twee 's morgens aangaf.

'Nu moet ik naar bed. Het spijt me. Het is al heel laat en ik heb een heel belangrijke afspraak morgen. Die kan ik onder geen beding missen. Nog laatste vragen?'

'Ja, zeker,' zei ik. 'Wat ik graag wil weten, zomaar, is of je ooit bevrediging hebt geput uit je werk als psychoanalyticus. Ik bedoel, heb je ooit het gevoel gehad dat je iemand echt hebt geholpen?'

Koji's gezicht betrok. 'Dat onderwerp zal ik de komende drie jaar niet bespreken,' zei hij kortaf. 'Vanavond maken we alleen plezier, we zingen en drinken. Begrijp me alsjeblieft niet verkeerd. Je bent heel mooi, een briljante dame, maar het kost me drie jaar om echt te beoordelen of ik bevriend met iemand kan raken, want mensen hebben oppervlakkige gezichten.'

Drie jaar? Dat was een eeuwigheid voor een man die vroeger zijn brood had verdiend met freudiaanse analyses. Misschien was hij er daarom mee opgehouden. Koji's vertrouwen in zijn oordeel moet gaandeweg aangetast zijn geraakt. Misschien had dat iets met hemzelf te maken.

1 + 1 = knettergek, of: kabuki-avond

Ik weet nog wel dat ik mijn ogen sloot. Maar het was geen slaap. Als slaap onbewust is en wakker zijn bewust, bevond ik me in de schemerzone ertussenin. Elke keer dat ik uit een hallucinerende droom ontwaakte, zag ik dat het negen uur was, tien uur, elf uur. Ik kwam steeds vanuit een bizar Dalí-landschap terecht in een wrede, harde wereld waarin ik niet langer dan negenenvijftig minuten achter elkaar mocht rusten.

Een ontstoken linkeramandel hielp niet echt. Evenmin als de nachtelijke koortsaanvallen die weken geleden begonnen waren en steeds vaker voorkwamen. Ik voelde me krachteloos en afgemat, slap en broos, vermoeid tot op het bot, met alle smaak uit me gezogen. Dat is geen goede combinatie van gevoelens, en inmiddels wordt het zo erg dat ik helemaal niet meer wil slapen. Er is geen garantie dat ik me beter zal voelen als ik wakker word.

Ik had Koji gisteravond natuurlijk kunnen vragen me te analyseren, maar misschien zou hij daar vandaag voor de *kabuki* tijd voor hebben. O, maar wacht even, dat is waar ook. We mochten niet praten over dat psychoanalytische gedoe. Ik moest nog drie jaar wachten.

Ik kroop ruim voor de wekker mijn bed uit en kleedde me in mijn zwartste zwart.

Ik ging op station Higashi-Ginza achter Samicah staan en onderstreepte met mijn vinger de woorden KABUKI-ZA, UITGANG 3 op het overzicht van de uitgangen. 'Deze. Dit is je uitgang.'

'O, hoi. Ben jij het. Ik had je niet gezien. Wauw,' zei ze toen ze mijn uiterst formele kleding zag. 'Je ziet er prachtig uit. Ik heb zulke kleren helemaal niet. Is dit wel oké?' Haar lompe bruine klompen en zelfgemaakte jurk met spiraalprint waren niet oké – ongeveer zoals naar de opera gaan in je overall.

'Prima,' loog ik.

'Waar heb je dat gekocht? Ik kan zulke kleren nooit vinden.'

Ik vertelde haar dat ik ze van een vriend van me had gekregen – een van mijn klanten – en ze vroeg of ik hem kon vragen ook eens met haar te gaan winkelen. Ik moest uitleggen dat het zo niet werkte, en ook dat we niet te laat op onze *dohan* moesten komen. Ik voelde me net haar oppas.

We wachtten buiten de *Kabuki-za*. Bijna al het publiek was al naar binnen toen Koji eindelijk kwam aanstormen over de stoep, in zijn rode fleecetrui. Hij was een kwartier te laat. Met een grimas naar Samicahs outfit maar amper een groet gaf hij ons onze kaartjes, beende als een krankzinnige de lobby in, haalde op chaotische wijze Engelse programma's en koptelefoons, en leidde ons toen naar drie zitplaatsen midden in een grote theaterzaal.

'Je zei toch dat we een loge hadden?' vroeg ik, maar Koji glimlachte geforceerd en zei: 'Ik zal iets te drinken voor jullie halen. Koffie of groene thee?'

'O, mag ik ook sap?' vroeg Samicah. Ik vroeg om groene thee.

Volgens het programma was *kabuki* niet altijd een schone podiumkunst geweest. Het was door een tempelbeheerster uit de zeventiende eeuw bedacht als vermaak voor de massa.

In het begin waren de artiesten altijd vrouwen, vaak prostituees, wat garant stond voor woelige zalen en een grote populariteit. Maar het Tokugawa-shogunaat bestempelde de opvoeringen als schadelijk voor de publieke moraal, verbood vrouwen te spelen en liet ze vervangen door een louter mannelijke cast.

Misschien om de traditie in ere te houden prostitueerden sommige mannelijke acteurs zich echter ook, en het shogunaat zag zich genoodzaakt de duimschroeven aan te draaien. Er mochten alleen nog historische drama's opgevoerd worden. Standaardrollen waren de knappe minnaar, de verdorven samoerai en de deugdzame held. Voor travestieten waren er de frisse jonge maagd, de gemene oude feeks en de nobele samoeraidame.

Onverwacht duwde Koji twee kommen groene ijsthee in mijn gezicht. 'Jullie thee,' zei hij, Samicahs verzoek om sap negerend. 'En dit is een verrassing voor jullie. Ik geef graag verrassingen. Alsjeblieft, geef er eentje aan je leerlinge en schuif een stoel op. Ik wil niet in het midden zitten.'

Ik gaf Samicah een kom thee en een van de cadeautjes, en ze trok een ontevreden *mie* – een *kabuki*-term voor een overdreven, effectbeluste gezichtsuitdrukking. Ik negeerde haar en keek weer in mijn programma.

Het stuk dat we te zien kregen was een seizoenspremière. Het begon met twee acteurs met dramatische witte make-up op, die doodstil stonden terwijl geheel in het zwart geklede mannen hun rijkbewerkte kostuums rond hun voeten recht trokken.

'Wat doen die nou?' fluisterde ik, en Koji zei: 'Let niet op hen. Zij zijn er verdomme niet eens.' Al snel verdwenen de schaduwen en begonnen de acteurs aan hun ouderwetse dialoog, die ze kracht bijzetten met overdreven maar heel spaarzame bewegingen. De opvoering was ontzettend langzaam maar eigenlijk heel geestig.

De kimono's waren prachtig en het verhaal was typisch Japans: het barstte van thema's als ongelooflijke zelfbeheersing, indirect communiceren, hiërarchische ondergeschiktheid en sociale standen. De opkomst van een belangrijk personage op hoge houten *geta* (traditionele Japanse sandalen) over de *hanamachi* (catwalk) die het publiek in tweeën sneed, kostte bijvoorbeeld vijf minuten. Daarmee werd spanning opgebouwd voor een belangrijk moment en werd het publiek herinnerd aan de hoge sociale positie van de acteur.

Tegenwoordig behoren *kabuki*-sterren tot de meest vooraanstaande leden van de Japanse samenleving, en de kleinste details van hun leven worden in felle kleuren in de tabloids afgeschilderd. Dat gold niet voor de nederige *kabuki*-musici, die bescheiden rechts van het podium verstopt zaten. Een *shamisen*-speler moest gehoord worden, niet gezien. Hij liet de snaren van kattendarm zingen alsof de geest van het dier nog meejankte met de muziek.

Toen de pauze aanbrak, was het eerste stuk voorbij. We volgden Koji naar boven, naar het beroemde restaurant Kicho, om *bento*-doosjes te eten, nog meer groene thee te drinken en onze cadeautjes open te maken. 'Het is een Chinees astrologisch ding of zo,' legde Koji onverschillig uit met een gebaar naar een collectie piepkleine porseleinen diertjes die de tekens van de dierenriem voorstelden. 'Ik ben verdomme de stomme Hond,' zei hij, knipperend met zijn ogen.

'O! Wat leuk!' probeerde Samicah. 'Ik ben van het jaar van de Tijger. En jij, Chelsea?'

'Het Zwijn,' zei ik.

'Hmpf. Hond en Kat kunnen nooit goed met elkaar opschieten. Ze zullen elkaar nooit begrijpen,' zei Koji met een grimas. 'Goed. Ik heb het volgende stuk al heel vaak gezien en het zal verdomd saai voor me zijn. Dus laat ik jullie hier achter en kom om negen uur terug. Ik ga me laten masseren en jullie kunnen naar het stuk kijken. Of, ik zal het anders zeggen: jullie hebben twee mogelijkheden. Jullie mogen ook mee.'

Samicah en ik kozen de massage, maar moesten na afloop Koji's geklaag aanhoren over zijn pogingen geen 'verdomde klote-erectie' te krijgen tijdens de zijne. Daarna namen we een taxi naar het Tokyo Prince Hotel in de schaduw van de Tokyo Tower om koffie te drinken. De tent was één grote chaos. Het was een van de oudste hotels in westerse stijl in de stad en dat was te zien: het tapijt leek wel vijftig jaar oud. De theesalon was uitgestorven en had grote panoramaramen met uitzicht op de verlichte stad, maar geen koffie. Koji ging dapper door.

'Of je ze van me aanneemt of niet: dit zijn mijn drie Nooits. Ik kan het niet helpen als jullie niet luisteren. Een: laat je nooit in met de *Yakuza*. Nooit. Twee: laat je nooit in met blanke mensen die meer dan vijf jaar in Roppongi wonen. Ze hebben geen reden om daar te zijn en hebben zonder twijfel een bepaald probleem met de wet of iets dergelijks. Waarom zou je een misdadiger willen kennen? Drie: trouw verdomme nooit met een Japanner. Ik ken veel ongelukkige hostessen in de buitenwijken die met Japanners getrouwd zijn.'

Grappig. Ik herinner me niet dat ik Koji om vaderlijk advies had gevraagd, al waren zijn woorden meer tegen Samicah gericht dan tegen mij. Zij luisterde tenminste echt. Ik zat er voor spek en bonen bij en staarde uit het raam van de elfde verdieping naar de stilte buiten.

Waarom had hij ons hier gebracht? Het was ver onder mijn niveau. Het kostte me de grootste moeite om niet ontzettend kwaad te worden om Samicahs weerspannige stompzinnigheid en Koji's eindeloze geklaag over zijn stiefdochter. Met z'n tweeën dreven ze me tot razernij, maar ik was ook boos omdat ik een telefoontje van Yoshi had gemist.

Ik had hem de laatste tijd niet veel gezien, maar misschien was dat maar beter ook. Daardoor had ik ingezien hoe makkelijk ik door hem betoverd werd en hoezeer dat mijn relatie met Matt in gevaar bracht. Tijdens de schaarse momenten die we samen doorbrachten zei Matt er nooit iets over, maar ik wist zeker dat hij voelde dat er iets veranderd was. Als ik mijn contact met Yoshi tot een minimum beperkte, zou de rest van mijn tijd hier misschien relatief rustig kunnen blijven. Natuurlijk, ik wilde hem nog steeds zien, maar ik kon de gevolgen niet riskeren. Ik wilde getrouwd blijven.

O, wat een dilemma's. Uitgaan met Yoshi, thuisblijven met je man of moeten luisteren naar onbenullige opmerkingen als: 'Bush gaat de verkiezingen winnen. Kerry is geen leider, maar maak je verdomme maar geen zorgen. Hillary wordt later nog president. Slechts vier jaar geduld nodig.'

Terwijl ik van mijn kamillethee nipte, oreerde Koji over Zweeds design en een Zweedse hostess die hij uit Greengrass kende en die zijn sushi-restaurant in Brighton zou inrichten. Binnenkort zou hij zelfs in Zweden gaan logeren, op de grond bij twee Zweedse hostessen. Feit en fictie waren echter moeilijk te onderscheiden, want Koji stuiterde rond tot in alle uithoeken van de conversationele landkaart.

Het grappigst vond ik zijn koeltjes uitgesproken pogingen om diplomatiek te zijn: 'De Japanners hebben een racistische, achterbakse kliekjesmaatschappij. Dat komt doordat ze altijd zo homogeen zijn geweest. Ik haat elke club waarin iedereen hetzelfde moet zijn. Topuniversiteiten. De verdomde mariniers. De Japanners. Die kweken alleen maar onnozelheid. Ik heb geen tijd voor mensen die hun eigen perspectief niet kunnen loslaten. De beste oplossing is individuele actie en andere individuen ontmoeten terwijl je je eigen geest vasthoudt.' Koji's glimlach leek meer op een grimas. Jezus, hij was echt gestoord.

Eindelijk, om tien voor negen, vertrokken we. Achter in de taxi kreeg Samicah een driftbui omdat ze haar eerste drie dagen, de laatste dagen van de maand, maar drieduizend yen per uur had verdiend. Ik kon haar wel slaan.

'Hoor eens, Koji bewijst je al een gunst door je mee te vragen. De meeste meisjes hebben in hun hele eerste maand nog geen twee *dohan*s, en hij heeft jou er twee gegeven in je eerste drie dagen. Hij probeert je te helpen. Begrijp je dat niet?'

'Oké, misschien. Het zal wel, maakt mij niet uit,' pruilde ze. Nou, wat was het? Ze was schaamteloos – en ik kon niet geloven dat ze Koji niet gek vond.

'Ik heb gewoon medelijden met hem. Hij lijkt me eenzaam.'

Toen ze aardig probeerde te doen en naar mijn familie informeerde, reageerde ik koud en daarna begon zij Hebreeuws te praten. Dat was de druppel. 'Ik begrijp geen fuck van wat je zegt, weet je dat?'

'Waarom? Maar dat is mijn taal,' protesteerde ze verontwaardigd. 'Die is natuurlijk voor mij, al vanaf mijn geboorte. Je moet er toch iets van kunnen begrijpen, of niet?'

'Rot op, mens.' Ik negeerde haar de rest van de avond.

Koji keek me achterdochtig aan toen Tehara zich over de wijn boog en iets in zijn oor fluisterde.

'Het gesprek was dat iemand een verzoek om je heeft gedaan,' zei Koji tegen me. 'Als je nu gaat, kun je voor elven niet meer terugkomen. Maar ik moet om half twaalf telefoneren in mijn hotelkamer, en daarom blijf jij nog tot half elf hier, wat betekent dat we nog twintig minuten hebben. Het is natuurlijk niet ideaal, maar ik heb gisteravond tegen Nishi gezegd dat we later zouden komen. Het was een uitzondering, maar Nishi vond het goed omdat ik klant nummer 1 voor hem ben, als je me begrijpt. Morgen verlaat ik Japan, dus als je nog vragen hebt, stel ze dan nu.'

'Maak je geen zorgen,' zei ik sarcastisch. 'Ik mail je wel als ze dringend zijn.'

Koji had mij al het grootste deel van de avond allerlei dingen zitten vertellen die ik echt niet wilde weten over Russische en Oekraïense hostessen, met meer schunnigheden dan ik kon tellen.

'Ik heb een zekere aarzeling tegenover Britse en Amerikaanse hostessen, want waarom komen die naar Roppongi? Natuurlijk bedoel ik jou niet – jij moet hier zijn om een reden die ik niet ken – maar als iemand echt zo slim is, waarom verdoet ze haar tijd dan op zo'n godvergeten plek met zulke impotente mannen?' Koji knipperde met zijn ogen en keek op het goedkope plastic horloge dat hij op tafel had gelegd toen we binnenkwamen.

'Ik weet het niet, Koji. Ik geloof niet dat je stom hoeft te zijn om dit te doen. Er zijn nog meer redenen, weet je. Het leven is niet altijd logisch.'

Koji keek onthutst. 'Volgens mij hebben wij dezelfde vaardigheden in cognitief denken. Daarom vind ik je leuk, en nog bedankt dat je Engels met me spreekt en mijn verdomde halfbloedaccent aanhoort. Mijn docent Engels zei dat mensen die geen moeite willen doen om door mijn accent heen te luisteren naar wat ik wil zeggen, mijn tijd niet waard zijn. Trouwens, ik wens jullie allebei veel geluk.'

'Ja. Bedankt. Ik kom naar je restaurant in Brighton als dat opengaat.'

'Ik dacht dat je naar Oxford zou komen?' Koji knipperde woedend met zijn ogen. 'Maar nu is er een zekere discrepantie in wat je zegt.'

'Er is geen discrepantie. Je zei dat je restaurant pas over een jaar opengaat. Je hebt me in januari uitgenodigd in Oxford. Neem me niet kwalijk, Koji, maar waar is de discrepantie dan? Je neemt te veel dingen zomaar aan.'

'Het spijt me, dat is mijn probleem. Mijn psychiater is het met je eens, maar ik ben verdomme niet gewend te communiceren met mensen die kunnen zeggen wat ze willen met precies de goede woorden. Ik bied mijn verontschuldigingen aan voor de tekortkomingen in mijn woordenschat. Ik vind dat mensen elke dag iets nieuws moeten zeggen.'

'Mensen leren na hun achttiende niets meer,' droeg Samicah in het wilde weg bij.

'Wát? O, jawel hoor. Het is pure gemakzucht als iemand niets nieuws meer wil horen. Koji's woordenschat is ruim voldoende. Die is zelfs beter dan die van de meeste moedertaalsprekers.'

'Dat is echt een enorme paradóx!' jengelde Samicah.

'O god, Samicah. Waarom neem je niet gewoon nog een glas wijn?'

'Trouwens! Trouwens, trouwens, trouwens!' onderbrak Koji. 'Ik herinner jullie even aan je plannen om naar Oxford te komen, van 10 tot 17 januari. Ik zal een paar afspraken proberen te maken met mijn collega's die professor zijn, dan kunnen jullie veel vakgebieden bespreken die jullie interesseren. Natuurlijk haal ik jullie op het vliegveld af. Maak je geen zorgen.' Koji knipperde met zijn ogen. 'Mijn appartement heeft twee slaapkamers, met een slot erop en een telefoon erin, zodat je 112 of de politie kunt bellen. Ze kennen mij,' glimlachte hij vriendelijk. 'Oxford is de uitzondering. Daar kunnen dingen gebeuren.'

Negeer mij gerust

Op een woensdagavond begon Jessica uit Sydney bij Greengrass, en Nishi wees haar aan mij toe alsof ik een geisha was en zij mijn *maiko* (leerling). We hadden elkaar een week daarvoor ontmoet toen Matt haar op straat zag ronddwalen, werk zoekend als hostess. Tijdens ons Halloween-feest had hij me gebeld en haar bij de deur afgeleverd, dus had ik haar in mijn mummievermomming binnengevraagd voor een sollicitatiegesprek en haar zelf alle clubregels uitgelegd.

Ze was in Japan op werkvakantie met haar Australische vriendje, maar een baan als docent Engels bleek zonder diploma's moeilijk te vinden, dus wilde ze het wel als hostess proberen.

Hoewel Jessica lang, blond en bloedmooi was, herkende ik onmiddellijk de nerveuze rusteloosheid die ikzelf slechts twee maanden geleden nog had gehad. Ik deed mijn best haar op haar gemak te stellen tussen de filmdistributiedirecteuren aan onze tafel. Helaas werd Jessica afgeschermd door een geeuwende man met een Indiaas uiterlijk die beweerde dat hij van Japanse afkomst was en zichzelf T-bone noemde, dus probeerde ik het gesprek luchtig te houden, zodat ze geen slechte eerste indruk zou krijgen. Voor we het wisten hadden ze betaald en waren ze weg.

In de kleedkamer ontspande Jessica zich en lachte ze hard. 'Wat doe jij naturel tegen ze!' zei ze met het ontzag van een nieuw meisje. 'Hoe doe je dat?'

Ik keek haar verrast aan. 'Naturel?' protesteerde ik. 'O nee, dat was juist ontzettend geforceerd. Wil je mijn rits losmaken?'

Ik had net mijn jurk uitgetrokken en een trui aangeschoten toen er hard op de deur werd geklopt.

'Chelsea-san!' riep Soh. 'Jouw klant komt! Die gek.'

'Maar het is kwart over twee!' riep ik terug. 'En Fujimoto-san zit op me te wachten!'

Hij had me eerder die avond getrakteerd op een geweldige sushi-maaltijd, was tegen zijn zin naar de club gekomen toen ik geen vrij kon krijgen en zat al meer dan een uur op me te wachten in zijn exclusieve club Petits Pois omdat Nishi me niet vroeg wilde laten gaan. Je zou er razend van worden, en bovendien was het erg gênant voor mij.

'Sorry, dit is jóúw klant,' riep Soh terug. 'Nu komen!'

'Arrgh!' gilde ik. 'Ik haat het als ze dit doen. Waarom laten ze me blijven? Heb jij al uitgeklokt?' vroeg ik, en Jessica knikte. 'Het is maar dat je het weet: ze sjoemelen hier met je tijd. Zelfs als je tot vijf voor half drie werkt, betalen ze je maar tot twee uur. Meestal proberen we het nog wat te rekken als een klant om kwart over of twintig over wil betalen, want het is niet eerlijk.'

'Echt?' Jessica keek zorgelijk. 'Ik vroeg me al af of deze club wel eerlijk was.'

'O, zijn ze best oké. Dit is het enige probleem.' Ik glimlachte verontschuldigend, met een rotgevoel over alle dingen die ik niet kon uitleggen maar die ze zelf zou moeten ontdekken. 'Het goede nieuws is dat jij nu weg mag. Wil je me weer dichtritsen?'

Mizu-tani kwam in paradepas uit de heren-wc met een glossy tijdschrift onder zijn arm. Ik probeerde hem een dampende *oshibori* aan te bieden, maar hij negeerde me en ging op zijn handen zitten. Ik moest ze onder hem vandaan trekken en elke vinger zelf schoonvegen, en uiteindelijk kon Mizu-tani zijn aura van krankzinnigheid niet langer volhouden en zei hij: 'Chelsea, waarom ben jij zo leuk? Ik heb overal gezocht naar lekkere meisjes, maar jij bent het eerste lekkere meisje. Ik heb je nooit vergeten.'

'Waar heb je gezocht?' vroeg ik speels.

'In heel Roppongi.'

'En in hoeveel tenten heb je gezocht?'

Mizu-tani stak vier vingers op. 'Dit is de vijfde. Maar Chelsea vergeet ik nooit. Ik belde Nishi-san op, maar hij zei dat iemand anders een verzoek om je had gedaan en dat ik niet kon komen. Hij dacht dat ik iemand anders was die naar je vroeg. Hij noemde me Tokugawa. Wie is Tokugawa? IK NIET!' schreeuwde hij woedend. 'Ik weet het niet. Je bent hier zo in trek. Wanneer krijg ik tijd om je te zien? Ik krijg geen tijd. Jij bent zo'n... vind je het erg als ik het zeg? Lékkere meid. Kijk naar mij, zo'n idiote vent. Kijk naar mijn ondeugende gezicht. Ik weet dat je mij zult vergeten, maar hoe kan ik jou vergeten?'

Ik gebaarde naar het tijdschrift dat ondersteboven op tafel lag. 'Wat heb je daar?' Mizu-tani pakte het en sloeg het open bij de centerfold. 'Mijn god!' Ik bloosde, wendde me af en sloeg mijn handen voor mijn ogen.

'Wát? Ben jij dan niet zo?' riep Mizu-tani. Nou, nee, wilde ik zeggen. Ik sta niet met gespreide benen in een Japans pornoblaadje.

'Dat wil ik niet zien, Mizu-tani.'

'Waarom niet? Jij en ik, wij zijn hetzelfde. Het enige verschil is p... en v... Oké, negeer me gerust.' Ik wendde mijn ogen af terwijl hij nonchalant in het tijdschrift bladerde en een aantal foto's gladstreek voor hij het dichtsloeg. 'Oké, serieuze vraag. Ik heb maar één vraag.' Mizu-tani zakte onderuit op de bank. 'Ben je er klaar voor? Wáárom ben je zo leuk? Alsjeblieft? Ik vind je leuk. Ik ben gek op je. Maar misschien vind je mij niet leuk. Dat is oké, ik vind het niet erg. Omdat jij zo'n wrede vrouw bent.'

'Wreed?'

'Wreed betekent: de beste. Ik kan het niet voor je uitdrukken. Ik heb geen woorden om het uit te drukken. Je bent onvergetelijk. Misschien denk je aan mij als hoog, middel of laag. Dat maakt mij niet uit. Het zijn jouw zaken, maar voor mij ben jij een heel lekkere meid. Waarom? Mijn smaakpad is zo smal. Waarom kun jij erop? Omdat jij zo in trek bent heb je geen tijd voor mij. Ik weet het. Nishi zegt tegen me dat Chelsea zo in trek is. Ze is zo populair. Ik doe nooit een verzoek om een bepaald meisje bij me te laten zetten. Nooit. Als ze komen, zeg ik: ik heb niet om je gevraagd. Maar ik zag jou en ik zei: breng haar naar mij. Weet je nog dat je daar zat, met die man? Je favoriete klant?'

'Bedoel je Yoshi?' Ik glimlachte onwillekeurig.

'Ja, ik weet dat hij je leuk vindt. Dat kan ik zien. Hij is een lekkere jongen. Ik denk: hoe kan ik je laten overplaatsen naar mijn tafel? Hoe kan ik tijd doorbrengen, alleen om een paar woorden tegen Chelsea te zeggen, omdat ik je niet kan vergeten?'

'Hoe weet je dat hij me leuk vindt?'

'Daarom! Hij is zo'n lékkere vent. Uiterlijk is hij zo'n leuke vent. Ik, daarentegen, ben een slechte jongen. Een heel ondeugende jongen. Een gekke jongen. Ik heb veel vijanden. Maar ik vind het niet erg. Als de mensen me niet aardig vinden, kan me dat niet schelen. Hoe komt het dat jij zo lekker bent voor mij? Ik heb geen woorden om het uit te drukken. Jij hebt mijn hart verwond.'

'Dat spijt me zeer.'

'Het geeft niet. Iedereen denkt dat ik stapelgek ben.'

'Maar ben je dat ook?'

Mizu-tani boog zich naar voren. 'Gek op jou. Maar ik ben een heel slechte man. Ik ben voorzitter van de smeerlappenbond. Erevoorzitter. Je kunt me vermoorden. Ik vind het niet erg om door jou vermoord te worden. Op het bed.' Mizu-tani zweeg even en nam een slok whisky. 'Ken je de regering van Saskatchewan? Hij houdt van je. Ik heb hem gisteren gesproken.'

'Mizu-tani, ik heb geen idee waar je het over hebt. Neem me niet kwalijk, ik moet even naar achteren.'

Toen ik terugkwam, was Mizu-tani naar het tafeltje in de hoek verhuisd. Hij zat onderuitgezakt als een lappenpop te kijken naar Mae en haar favoriete klant Akira – een producer met Koizumi-haar.

'Wat zijn ze ontspannen!' Mizu-tani zuchtte jaloers. 'Zo'n goede sfeer. Nishi!' riep hij woest. 'Nishi, kom hier! Nishi kent mijn karakter. Nishi, hoe kan ze van me gaan houden? Ik wil weten: wat kan ik doen? Als je haar bij me weghaalt, vermoord ik je. Met mijn bazooka. Nishi heeft een heel klein wapen.'

'Ik wil het niet weten,' lachte ik en Mizu-tani liep in paradepas naar het toilet.

Achter de bar rolde Soh, de Birmese ober, met zijn ogen en zei dat we nog twaalf minuten te gaan hadden. 'Wanneer ga je weg uit Japan?' vroeg hij. 'De achtentwintigste?' Ik knikte en hij begon een vloed denkbeeldige tranen weg te vegen. 'Al je klanten zullen huilen!'

'Ik weet het,' zuchtte ik. 'Ik weet het.'

Wat is belangrijk? Jij moet kiezen

Shin kwam direct uit zijn werk naar onze afspraak bij de Bic Camera Superstore in Yurakcho. Hij had extra punten op een klantenkaart verzameld en wilde die aan mij schenken, plus honderd dollar, zodat ik de laatste Konica Minolta kon hebben – precies dezelfde als hij had. Hij kocht zelfs een tweede geheugenkaart voor me, en omdat er geen extra batterijen meer op voorraad waren, leende hij me zijn kaart zodat ik die volgende week zelf kon gaan kopen. Wat een topper.

Toen we met de roltrap langs een uitstalling met golfartikelen kwamen, liet Shin onmiddellijk zijn hoofd hangen. 'Morgen moet ik golfen,' zuchtte hij. 'Ik haat het.'

Onderweg naar beneden wees ik naar een etalagepop met een ijzer negen in de hand. 'Je favoriet!' plaagde ik, en Shin trok een lelijk gezicht.

Een verdieping hoger wees hij boven mijn hoofd naar een reclameposter voor bier en sake. 'Jouw favoriet,' meesmuilde hij, en ik lachte tot ik er buikpijn van had.

'Zo, juffrouw Lui, wat ga jij dit weekend doen?' vroeg Shin bij de koffie en een roomgebakje dat verstikt werd onder een laag geglazuurd fruit. We hadden zojuist gegeten in Ginza.

'Ik weet het niet,' zei ik schouderophalend. 'Geen plannen.'

Hij deed alsof hij me op mijn hoofd wilde slaan. 'Waarom niet, ben je gek? Ik dacht aan iets, en dat is Hakone.' Shin sloeg een kleine zakagenda open. 'Wat vind je van volgend weekend en Hakone? Je hoeft niet vroeg op te staan. Vrijdagnacht wordt misschien laat voor je... We kunnen na twaalven vertrekken en rechtstreeks naar een afgelegen hotel gaan, met een eigen kabelbaan, om te ontspannen, en zondag uitchecken om tien uur. Dan naar Ashinoko gaan, groot meer. Maar bij de *ryokan* is alles Japans. Er is geen restaurant. Oude vrouw brengt eten op je kamer, en heel groot ontbijt, van rijst en *miso*-soep...'

'Geen muesli?' grapte ik.

'Nee. Je slaapt op futon, op de vloer, begrijp je, en draagt Japanse pyjama. Dat móét. Alles Japans. Binnen en buiten is een *onsen*, en we delen een kamer, maar ik wil niet een op een. Eerder, met Karolina en Minka en mij, was het prettig...'

'Oké, geen probleem. Ik vraag wel iemand mee.'

Shin keek me aarzelend aan. 'Is die iemand een vrouw?'

'Ja, geen man. Maak je geen zorgen. Ik vraag Carmen – je kent haar niet. Ik kan niet wachten. Ik ben gek op Hakone. Je hebt geen idee hoe hard ik hieraan toe ben. Heb je gisteren golf gespeeld?'

'Nee. Gelukkig niet. Ik haat het. Hoe gaat je werk? Ik weet dat de club oké is, maar jij? Ik maak me zorgen om jou. Jij bent een slechte hostess.'

'Wat?' Ik hapte in gespeelde afschuw naar adem, en Shin rolde met zijn ogen.

'Nee, niet op een erge manier! Voor mij ben je goed, maar je belt nooit, zegt nooit: "Kom alsjeblieft, kom alsjeblieft." Ik heb nog nooit zo'n slechte hostess ontmoet. Ik maak me zorgen over je. Heb je punten nodig? Heb je genoeg?'

Ik was geroerd door Shins zorgen om mijn professionele welzijn, maar hij zou me niet geloven als ik vertelde over alle Yoshi's, Nori's, Taizo's en Mizu-tani's die me de hele week door punten in overvloed bezorgden. 'Maak je geen zorgen, Shin. Het gaat prima.'

'Ik zal je iets opbiechten,' fluisterde een klant. 'In Osaka gaf mijn vriend me een stukje papier met een nummer erop. Hij zei: als je me vertrouwt, bel dan dit nummer als je terug bent in Tokyo. Natuurlijk vertrouw ik hem, hij is een heel goede vriend, dus toen ik terug was in Tokyo belde ik. Er nam een man op en hij zei: "Meneer Aoki?" – Zo heet ik. Hij zei: "Bent u geïnteresseerd in een heel mooi, heel aardig Australisch meisje?" Ik zei van wel. Dus toen zei hij: "Wilt u met haar afspreken?" Ik zei ja. Dus rond drie uur, ik geloof op maandag, moest ik naar een bepaalde kamer gaan in het

ANA-hotel. Precies op die tijd klopte ik aan, en ze was er. We brachten twee uur samen door en toen betaalde ik haar, maar toen ik wegging zag ik haar notitieboekje liggen, naast de telefoon. Daar stond niet alleen mijn naam in, maar de namen van heel veel mannen. Ik vroeg haar wat ze in Tokyo deed, en ze vertelde me alles.

Ze was op vakantie geweest in de Verenigde Staten en had op de terugweg naar Australië een korte tussenstop in Tokyo geboekt. Op een avond kwam ze in Roppongi een aardige Japanse man tegen, en hij vroeg wat ze deed. Ze vertelde hem dat ze al haar geld in de Verenigde Staten had uitgegeven en niets meer had. Dus zei hij: als je me vertrouwt, kan ik je helpen in Tokyo op een prettige manier veel te verdienen. Als ze met zijn plan zou instemmen, betaalde hij voor een hele week in Tokyo in het ANA-hotel. Ze zou daar de hele dag blijven en hij zou zorgen dat er elke dag vier mannen naar haar hotel kwamen. Erg rijke, erg aardige Japanse mannen. Hij beloofde haar dat ze een miljoen yen in een week kon verdienen.

Ze zei dat ze dit in Sydney nooit zou kunnen doen, maar in Tokyo bleef het heel erg geheim. Ze zei dat ze eerst dacht dat vier mannen op één dag te veel zou zijn, maar na een dag begreep ze waarom hij had gezegd dat het makkelijk was, want Japanse mannen zijn heel snel,' zei de klant lachend.

'Hoeveel heb jij betaald?' vroeg ik.

'Het was lang geleden, misschien wel zestien jaar, maar vijftigduizend yen, of vijfhonderd Amerikaanse dollar. Hij nam een derde en zij hield de rest. Ik weet niet of dit wel vaker zo gaat in Tokyo, maar voor mij was het handig. Ik ben directeur van een bedrijf en ik kan niet naar een bordeel. Veel mensen kennen me. Ik heb veel personeel. Maar hij is heel slim. Zelfs als iemand me in de lift in het ANA-hotel ziet, kan ik zeggen dat ik daar voor een conferentie ben.

Ik kan je veel verhalen vertellen over zulke meisjes. Eind jaren tachtig kende ik veel rijke jongedames. Ze werden rijk van hun suikeroompjes. Mannen kochten appartementen aan de goudkust voor Australische meisjes!

Jouw club is heel fatsoenlijk, alleen voor conversatie, maar veel hostessen hebben me hun geheimen verteld. Zoals een hostess die ik ken. Ze werkt op een plek als deze, maar overdag ook in een smclub. Ze houdt van haar werk. Het helpt haar de frustratie kwijt te raken van haar moeilijke klanten 's avonds. Ze mag Japanse mannen slaan en afranselen en schoppen! Een van hen is directeur van een heel belangrijk bedrijf, en hij komt 's morgens naar haar huis. Hij heeft bij zich, hoe noem je dat? *Tupperware*. In zijn Tupperware moet zij haar ochtendpoep doen, en die neemt hij mee. Hij betaalt haar dertigduizend yen. Eerst voelde ze zich slecht, maar dertigduizend yen is veel geld. Ze heeft me pas verteld – ze weet het niet zeker – maar ze denkt dat hij het thuis opeet.'

Ach, dan kreeg hij tenminste iets voor zijn geld. Toen meneer Aoki vertrok, betaalde hij bijna hetzelfde, maar hij ging met lege handen naar huis. Ik sta nergens meer van te kijken.

Iedereen heeft je nodig

Vanavond stak Nori evenveel moeite in zijn persoonlijke verzorging als in zijn pogingen mij over te halen 'alleen met hem' te zijn. Hoe langer ik het onderwerp ontweek, hoe wrokkiger hij werd. 'Volgens mij ben ik voor jou alleen klant, maar... ik geef om jou. Voor mij is het serieus. Ik wil jou. Ik ben eenzaam. Maar ik denk dat jij niet zult terugkomen naar Japan.'

'Kom nou, Ito, waarom zeg je zulke dingen? Kom je hier alleen om me boos te maken? Het is gemeen van je om me zulke woorden in de mond te leggen.'

Het was het begin van een ruzie die zelfs werd opgemerkt door Soh, die op zijn post achter de bar asbakken stond af te wassen. Toen hij met drankflessen begon te schaduwboksen knikte ik en gooide er een paar linkse hoeken uit, terwijl Nori naar de vloer staarde.

Al snel kwam Tehara een praatje met hem maken terwijl ik met mijn armen over elkaar zat, maar Nori leek alleen maar geïrriteerder te worden. 'Hij is een leugenaar voor mij. Ik ben belangrijke klant voor hen, dat weet ik. Ze willen alleen mijn geld, dus ze liegen tegen me.'

'Waarom zouden ze tegen je liegen? Trouwens, wat dan nog? We zijn toch vrienden?'

'Ik wil je geloven, maar ik denk dat ik alleen klant ben. In dat geval geef ik het op en ga ik een ander zoeken. Misschien ben jij voor mij de onbereikbare droom. Ik wil niet op een onbereikbare droom jagen, maar je moet dingen zeggen om me naast je te houden. Misschien ben ik alleen een goede klant voor je,' mopperde hij, en ik gaf geen antwoord.

Nishi voelde misschien de ontevredenheid van zijn oude klant en bracht snel Nicole naar ons toe. Ineens klaarde Nori op. In gezelschap kreeg ik in elk geval niet meer de schuld van zijn afschuwelijke lijden, maar toch dronk ik te veel Baileys, de ene na de andere, tot hij eindelijk vertrok. Ik kon het niet helpen. Ik kon niet meer nuchter blijven in aanwezigheid van Nori Ito. Ik moet gewoon dronken zijn om het aan te kunnen.

Aan het eind van de avond ging Nishi aan de vergadertafel zitten terwijl ik wachtte tot de kleedkamer vrij was. 'Ahem.' Hij schraapte zijn keel. 'Chelsea-san, heb jij probleem?'

'Nee, geen probleem.' Ik glimlachte tegen hem en hij ging langzaam verder. 'Deze maand loopt je visum af. Maak *prease* verlenging van drie maanden. Je bent Canadees, het kan. Vraag maar aan Jodie. Ze weet hoe. Ik heb je nodig. Partnerschap. Als je december blijft, kan ik bonus betalen, dertigduizend yen.'

'Het spijt me, Nishi, maar dat kan niet. Ik heb al afgesproken dat ik met Kerst naar huis ga.'

'Weet ik, maar ik heb je nodig. *Prease,* begrijp wie je bent. Jij bent jong meisje, je begrijpt niet. Wíe is Chelsea? Je moet begrijpen. Jij en ik niet hetzelfde. Jij bent anders dan ik, dan meisjes, dan klanten. Allemaal niet hetzelfde. Ik kijk naar Chelsea. Eerste keer dat ik Chelsea zag, wist ik. Niet hetzelfde. Mae doet erg haar best, laat klanten komen, komen. Vorige maand veertien *dohan*. Ik zie Chelsea niet proberen *dohan* te maken, maar zóveel verzoeken om jou op de club te zien. Mae híér,' zei hij, terwijl hij naar een punt hoog boven ons wees en daarna zijn hand tot onder ons liet vallen. 'Chelsea hier. *Prease,* maak ook. *Prease,* denk. Ik heb je nodig.'

Ik zei tegen hem dat ik erover zou nadenken en vertrok om op weg naar huis mijn e-mail te checken.

Ik vroeg me af waarom ik niet gewoon nee tegen Nishi had gezegd. Als ik uit Japan weg was, hoopte ik terug te keren naar het normale leven, met Matt. Het was zo goed als uitgesloten dat ik mijn visum zou verlengen, zelfs als dat níét botste met thuis bij mijn familie Kerst vieren. Ik wilde niet oneerlijk zijn; ik vond het gewoon makkelijker om te doen alsof ik de mogelijkheid overwoog dan ronduit te weigeren. Merkwaardig genoeg was dat een typisch Japanse gewoonte. Ik moest lachen om mezelf. Misschien bleef er toch meer van die cultuur hangen dan ik besefte.

In het internetcafé trof ik een mail van Koji aan in mijn inbox:

Hoi Chelsea. Dit is je vlucht:
11 januari 2005: Air Canada 034 Vancouver (0919) – Londen
(0625 + 1 dag).
17 januari 2005: Air Canada 869 Londen (0830) – Vancouver
(1518).
Ik haal je op het vliegveld af. Het ticket wordt naar je postbus
gestuurd, oké?
Groet, Koji

Oeps. Misschien had ik die uitnodiging niet moeten aannemen. Ik had het alleen gedaan om te zien of Koji dat ticket echt zou sturen.

Een kort gesprek

Matt en ik liepen op zondagavond over de lawaaierige straten van Shibuya toen mijn telefoon ging. 'Nori?' vroeg hij, en ik zei: 'Nee, dat is Yoshi... Dat is waarschijnlijk Yoshi.' Yoshi had me al meer dan een week niet gebeld, maar ik wist dat hij het zou zijn.

'Hallo! Chelsea!' tetterde Yoshi in de telefoon. 'Kun je me horen? Met Yoshi. Wat doe je nu?' Ik vertelde hem dat ik in Shibuya was. 'In Shibuya? Wat doe je daar? Feesten?'

'Nee, niet feesten, ik ben aan het winkelen.'

'In je eentje, *ma chérie*? Niet met een vriend?'

'Ja, ik ben alleen. Niet te geloven, hè? Ik geef mijn eigen geld uit. Ongelooflijk, vind je niet?' Ik hoorde Matt lachen op de achtergrond.

'O. Nou, waarom heb je mij dan niet gebeld?' pruilde Yoshi.

'Je bent mijn suikeroompje toch niet? En bovendien zei je dat je het druk had tot de tiende en me niet kon zien vanwege een groot project...'

'Ja, maar waarom heb je me de hele dag niet gebeld? Ik heb me zo kapot verveeld de hele dag.'

'Boe-hoe. Ik ben naar Kamakura geweest met mijn vriend Shin. Waarom heb jíj niet gebeld?'

'O, oké. Kamakura is mooie plek. Dus wat doe je komend weekend? Wil jij naar Hongarije?'

'Wát? Wil je naar Hongarije? Ben je gek?'

'Nee, serieus. Wil je ergens heen? Ik mis je, *chérie*.'

'Ja, prima, maar niet naar Hongarije.'

'Echt? Weet je het zeker? Je moet het wel zeker weten,' dreigde Yoshi speels, en ik moest even nadenken over wat hij impliceerde.

'Ja, ik weet het zeker.'

'Oké, ik verzin wel iets. Misschien Guam. Mooie stranden. Hoe dan ook, ik zie je deze week nog wel ergens. *Hai-bye.'* En daarmee was Yoshi weg.

Geweldig. Ik kon gewoon niet geloven hoe makkelijk ik hem weer binnenliet. Net nu ik dacht dat mijn tijd in Japan rustig ten einde zou lopen werd het water weer woelig. God sta me bij.

Onderwerp: haal even diep adem...

Ik las de eerste twee regels van mijn moeders e-mail op een dinsdagavond voor ik ging werken: *Hoi kiddo, papa heeft weer een leven minder... Alles komt goed met hem.* Ik kreeg het benauwd en
hoorde in gedachten steeds hetzelfde woord als een loden gewicht:
fuck. Ik kon niet naar het scherm kijken. Nicole zat naast me.
'Wat, Chelsea, wat?' vroeg ze. 'Wat is er?' Maar ik begon te huilen,
en Nicole bood aan om de rest van de mail voor me te lezen:

> Hij reed een heuvel af, iets ten oosten van ons, en zag een hert
> op de weg staan, en toen sprong er nog een de weg op en dat
> raakte hij met zijn koevanger, en toen raakte hij de macht over
> het stuur kwijt en slipte. Een grote vrachtwagen kwam hem
> tegemoet. Hij zei dat het zo snel ging dat hij dacht dat zijn
> laatste uur had geslagen, vooral toen de cabine in elkaar ge-
> drukt werd om hem heen... Hij zat er ondersteboven in be-
> kneld. In het ziekenhuis zei hij telkens dat hij zo blij was dat hij
> nog leefde...

Jezus christus. Mijn vader gaat om de haverklap bijna dood. Een
keer bleef zijn mouw aan de transportband van de zaagmolen hangen en werd hij meegesleurd naar het uiteinde, waar hij eindeloos
heeft gehangen tot er toevallig iemand langsreed die hem zag. Een
andere keer viel er bij het houthakken een enorme boom op hem.
Daarna werd hij aangevallen door een of andere boerenpummel,
zonder enige reden. Deze keer was mijn vader gewond aan zijn
borstkas. Hij kreeg zuurstof omdat hij moeilijk kon ademhalen,
maar zijn hart was onbeschadigd. Zijn toestand was stabiel. Hij had
een paar gebroken ribben, waarschijnlijk een breuk in zijn onder-
rug en gekneusde spieren die een enzym in zijn bloed hadden ge-

bracht dat schade aan zijn nieren kon toebrengen als hij niet voldoende vocht kreeg.

Hoe laat was het nu in Canada? We liepen zestien uur voor. Mijn moeder zou van uitputting inmiddels wel in slaap zijn gevallen. Ik wilde haar niet wakker maken, anders kreeg ze nooit rust. Het was beter om 's morgens te bellen. Ik probeerde Matt te bereiken, maar hij nam niet op. Ik voelde me hulpeloos en bang, en wist niet wat ik moest doen. Dus ging ik naar mijn werk.

'Luister, Chelsea, alles is toch in orde met je vader? Hij ligt in het ziekenhuis, maar hij leeft,' troostte Nicole me. 'Je kunt later bellen, als ze wakker zijn. Maar je weet dat Nishi je honderd dollar boete geeft als je niet op je werk komt. Ik weet dat het klote is, lieverd, maar echt, het komt wel goed. Kom mee.'

Ik herinner me niets van wat er die avond in Greengrass is gebeurd.

Mijn vader leeft nog. Dat was mijn eerste bewuste gedachte toen ik laat in de ochtend wakker werd. Ik had 's morgens met mijn zus gesproken terwijl mijn moeder een Big Mac en een milkshake naar mijn vader in het ziekenhuis bracht. Hij scheen high van de morfine te zijn, met de verpleegsters te dollen en zich in het algemeen heerlijk te misdragen. Laat het maar aan mijn vader over om overal en altijd plezier te maken. Morgen zou hij ontslagen worden, dus mijn leven was tenminste niet compleet ingestort.

Het goede nieuws was dat ik tenminste niet eerder hoefde te vertrekken dan gepland; aan de andere kant vroeg ik me voortdurend af of ik niet toch moest gaan. Het leek een vraag geworden die ik mezelf elke dag stelde. Was het nog wel de moeite waard?

Ik sleepte mezelf uit bed. Matt werd eindelijk wakker, nog moe van het peddelen op een surfplank in zijn droom. We liepen naar Roppongi, waar hij inklokte op zijn werk, en namen toen de metro naar Shibuya om onze favoriete zalmballetjes te eten en naar voorbijgangers te kijken.

In Shibuya 109 vonden we kleren die ik mooi vond en Matt zei: 'Koop maar.' Het voelde vreemd om iets voor mezelf te kopen. Op de een of andere manier ongebruikelijk. Niet goed. Maar toen ik mijn geld overhandigde klonk er een Japans popnummer met een mierzoet Engels refrein: *I'm in love with a man nearly twice my age.* Het was aanstekelijk. Ik zong het op de roltrap naar beneden.

Matt keek me van twee treden hoger bozig aan. 'Niet waar.'

'Nee, hij is méér dan twee keer zo oud als ik,' grapte ik, en Matt begon het lied te brullen.

'*I'm in love with a man nearly twice my age.* Hij heeft een zwarte creditcard, en waarschijnlijk aids...'

Ik begon te lachen. En te lachen. Tot Matt tegen me zei dat ik mijn kauwgum moest uitspugen, want ik kauwde als een bouwvakker. Wat bedoelde hij daar nou weer mee?

Ik wist dat Matt Yoshi niet zag zitten, maar ik praatte nooit anders over hem dan over andere klanten. Ik had nooit iets van de gevoelens of conflicten in mezelf laten blijken. Ik schaamde me te veel, want het grootste deel van de tijd zag ik hem puur als product van deze gestoorde omgeving. Het waren verwrongen gevoelens en ze zouden voorbijgaan. Matt had ik nodig. Zijn liefde en steun. Ik had zijn vertrouwen nodig. En ook al vermoedde hij misschien dat er iets aan de hand was, hij was er áltijd voor mij, zonder mankeren. Om te luisteren. Om ontbijt te maken. Om me onder de douche te zetten.

Na een frappucino bij Starbucks namen we de Hanzomon-lijn terug naar Roppongi, stapten over op Aoyama-itchome, kusten elkaar gedag en gingen allebei naar ons werk.

'Hé, Jodie,' zei ik terwijl ik aan de vergadertafel haar sigarettenrook uit mijn gezicht wapperde. 'Heb ik al verteld dat ik in januari naar Oxford ga?'

'Wat? Waarom ga je in godsnaam naar Oxford?'

'Heb ik dat niet verteld? Hij heeft een ticket gestuurd. Het is gisteren aangekomen bij mijn ouders thuis.'

'Toch niet Koji, hè?' zei ze nadrukkelijk.

'Jawel.'

'Ga verdomme niet.'

Ik wist onmiddellijk waarom ze dat zei. 'Waarom? Is híj die vent van die duikbril?'

'Ja.' Jodie vertelde het hele verhaal nog maar eens – haar vriendin die met een Japanse klant naar Hawaï was gegaan, de aparte kamers, de man die in haar kamer had staan masturberen met alleen zwemvliezen aan en een duikbril op, en die de bewaking had geprobeerd wijs te maken dat zij hém had aangerand. Alleen zag ik Jodie deze keer met haar ogen knipperen en wist ik dat het dezelfde vent was. Koji Osara. Hij had haar zelfs hetzelfde Word-bestand met zijn levensverhaal gemaild. Dus daarom deed Koji zoveel moeite om Jodie elke avond zwart te maken: hij had reden om van zich af te slaan.

Op het laatst zuchtte ik diep en zei: 'Nou, zo te zien ga ik toch niet naar Oxford.'

Mizu-tani de maniak

Op weg naar mijn werk belde ik Yoshi nerveus op. 'Hallo?' zei hij.

Ik moest schreeuwen om boven het verkeerslawaai uit te komen. 'HOI. HOE IS HET?'

'Heel goed, *ma chérie*. En met jou?'

'HEEL SLECHT.'

'Waarom? Wat is er gebeurd?'

'EH... HEB JE AL PLANNEN GEMAAKT VOOR DIT WEEK-END?'

'Wat, zeg het nog eens?'

'JE HEBT TOCH NOG GEEN PLANNEN GEMAAKT OM DIT WEEKEND ERGENS MET MIJ HEEN TE GAAN, HÈ? WEET JE NOG DAT JE ME IN SHIBUYA BELDE EN ZEI DAT JE IETS VOOR DIT WEEKEND ZOU BEDENKEN?'

'Hoezo?'

Ik vertelde Yoshi over mijn vaders ongeluk. Mijn bezorgdheid. Het piekeren over of ik wel of niet moest gaan. Zoals ik verwachtte reageerde Yoshi als een heer en toonde hij alle begrip.

'Wauw, oké. Ga je nu naar je werk? Oké, ik bel je morgen overdag. Bedankt voor het bellen, en maak je alsjeblieft geen zorgen, oké?'

Nee, ik zou me geen zorgen maken. Mijn vader liep nog rond. Ik zou hem binnenkort weer zien, maar daar vond ik geen troost in. Want zelfs nog voor mijn vader in een volgesneeuwde greppel was beland, had ik al besloten niet nog een weekend met Yoshi door te brengen.

Maar volgens Nicole had ik hem aan zijn aanbod moeten houden. 'Chelsea, iets gaan doen met Yoshi is een geweldige kans! Matt vertrouwt je en Yoshi respecteert je. Je kunt hem vertrouwen. Maak gewoon lol zolang je in Japan bent.'

Maar wat Nicole niet begreep was dat elke afspraak die ik nu met Yoshi maakte meer betekende dan alleen lol maken. Het was al zover gekomen dat ik niet meer tegen hem kon liegen, maar de waarheid kon ik hem ook niet vertellen. Het was onmogelijk geworden om hem te zien. Ik wilde niet naar Guam, naar Hongarije of naar het kleine eiland, en ik had me voorgenomen onder dit reisje uit te komen. Ik had alleen nog niet bedacht hoe, tot mijn vader mijn excuus werd.

Nu hoefde ik tenminste niets uit te leggen. Dat ik echt om hem gaf, maar dat ik niet was wie hij dacht. Dat ik dat leven niet wilde.

Dat ik mijn neus drugsvrij wilde houden.

Mizu-tani volgde me als een laserstraal. Hij zat aan de overkant van de zaal met mama-san te praten, woest gesticulerend met handen zo groot als kolenschoppen. Toen ik eindelijk werd overgeplaatst naar zijn tafel, zakte hij onderuit als een klok van Dalí tot hij met zijn hoofd een rechte hoek vormde. Daarna herstelde hij zich en merkte op, alsof het de gewoonste zaak van de wereld was: 'Je bent hier erg in trek. Ik ben zo verlegen, vooral voor jou. Ik ben heel gedisciplineerd. Ze kennen me hier. Ik doe nooit verzoeken om meisjes. Alleen om jou. Ik kom hier alleen om jou te zien.'

Ik lachte luchthartig en zei: 'Ik geloof niet dat je verlegen bent, Mizu-tani.'

'Dan ben je een leugenaar!' riep hij uit, en hij rechtte zijn rug in een woedeaanval die even snel wegzakte als hij was opgekomen. 'Het spijt me. Vergeef me alsjeblieft. Je bent veel te leuk om tegen te schreeuwen. Ik heb een vriend beloofd dat ik naar een andere club zou gaan, dus kan ik maar een uur blijven. Normaal gesproken ga ik nooit voor een uurtje naar een club, maar ik kan jou niet vergeten,' zei Mizu-tani terwijl hij zijn neus vlak bij de mijne bracht, 'want jij bent zo leuk, en daarom kom ik.'

Twee uur later moest ik Mizu-tani eraan herinneren dat hij nog steeds in Greengrass zat. 'O nee!' riep hij uit. 'Ik moet dringend mijn vriend bellen...' En hij rende de hal in, om snel terug te komen rennen en naast me neer te ploffen als een weggesmeten marionet. 'Ik heb afgezegd!' zei hij hijgend. 'Waarom? Omdat ik niet bij jou weg kan, Chelsea, geloof me alsjeblieft. Ik vind jou leuk! Vind je mij niet leuk? *Kan me niet schelen!* Walg je van me? *Kan me niet schelen.* Maar ik denk alleen aan jou. Mijn slaggebied is zo klein, mijn slaggebied is zo smal, maar jíj hebt slag geworpen,' zei hij.

'Drie keer slag is uit?' zei ik lachend.

'Precies. En daarom moet ik voor je zingen.' Hij klom snel op de bank en barstte uit in een bulderend Italiaans liefdeslied. Ik gaf hem een staande ovatie en hij ging weer zitten.

'Wat ik ook doe, waar ik ook ga, mijn hart zal jou altijd toebehoren. Waarom ben je zo leuk? Jouw schoonheid, daar heb ik geen woorden voor. Ik ben alle woorden vergeten om je te beschrijven. Hoe kan ik me in het Engels uitdrukken terwijl ik zo weinig woordenschatten heb? Dat is niet mogelijk. Ik ben perplex. Geloof je me niet? Dan vermoord ik je. Ik hou niet van gemiddeld. Jouw schoonheid is zo hoog, daarboven, daar zweef jij, en ik zwem hierbeneden in de goot. Waarom mag ik je niet aanraken met mijn gebroken vleugels? Waarom moet ik zoveel geld betalen, alleen om je gezicht te mogen zien? Mijn belastingadviseur zegt dat ik geen creditcards moet gebruiken, maar hoe kan ik stoppen met jou opzoeken?'

'Dat zal niet moeilijk zijn. Ik ga op de achtentwintigste weg.'

'Dan al?' Hij verslikte zich. 'Wat moet ik dan? Ik zal tranen maken.'

Mizu-tani lichtte zijn gezicht bij met mijn aansteker, zodat ik zijn denkbeeldige tranen kon zien, en excuseerde zich om naar het toilet te gaan, maar na tien seconden was hij alweer terug. 'Ik ga mijn haar stylen, hierboven, en hierbeneden. Oké, negeer me maar, geen probleem. Wanneer kom je terug? Januari? Want dat is een te lange afwezigheid. Mijn hart zal breken. Alsjeblieft, maak het korter. Dan gaan we in februari naar Thailand. Oké? Ik regel economy voor jou, business voor mij. Ha! Grapje maar.'

Mizu-tani vertrok ten slotte om half drie. Een transseksueel van tegenover ons begeleidde hem naar de lift, terwijl ik iets verderop dolgelukkig stond te zwaaien.

Een boze Nori

Dinsdagavond in Greengrass: die idioot van een Nori sprak drie berichten voor me in. 1. 'O, hoi. Hoe gaat het? Eh... ik bel om gedag te zeggen en eh... ik wil je zien. Eh... ja, ik bel je nog. Dag... Bel alsjeblieft terug.' *Piep.* 2. 'Hallo, met Nori. Ik belde je om gedag te zeggen, en eh... Oké, ik bel je later. Dag.' *Piep.* 3. 'Hallo Chelsea, eh... Ik belde alleen om gedag te zeggen, en ik wil weten hoe het met je is en eh... Ik bel je later. Dag.' *Piep.*

Ik wiste ze allemaal. Hij wist dat ik aan het werk was.

Woensdagavond in Greengrass: die idioot van een Nori zat in zijn eentje in een donker hoekje te mokken toen ik binnenkwam. Ik ging naast hem zitten en schudde hem stijfjes de hand. 'Hoe gaat het?'

'Ik had ingesproken,' antwoordde hij zonder me aan te kijken.

'Je belde me alleen op een tijd waarop je wist dat ik moest werken. Je weet dat ik mijn telefoon niet kan opnemen als ik werk.'

'Ik had gezegd dat je me moest bellen,' pruilde hij.

'Ik had andere dingen aan mijn hoofd. Ik wilde je niet negeren, maar mijn vader heeft een ongeluk gehad. Ik dacht dat ik naar huis zou moeten. Ik wist niet of hij het zou overleven. Ik heb veel stress gehad, te weinig slaap, ik had zorgen en ik moest ook nog werken. Het spijt me, maar er zijn op dit moment belangrijkere dingen. Oké? Kun je dat begrijpen?'

Nori was volkomen van zijn stuk gebracht. 'Oké, nu begrijp ik het. Ik was bezorgd en ik begreep het niet. Ik dacht dat jij me niet belde en ik wist niet waarom,' biechtte hij op. Maar toen Candy, een nieuwe Australische hostess die in Japan had gewoond en tweetalig was, een paar minuten later bij ons kwam zitten, bleef Nori pruilen en me zelfs boze blikken toewerpen.

'Wat nou?!' snauwde ik hem toe. Het had geen zin om mijn woede te verbergen. Het was zo'n opluchting dat ik Japan binnenkort zou verlaten en doen alsof geen zin meer had.

'Niets,' pruilde hij.

Candy's gezicht stond bezorgd. 'Is alles in orde? *Genki?*'

'Nee, alles is niet in orde. Ito is boos omdat hij me vorige week gebeld heeft op een moment waarop hij wíst dat ik niet kon opnemen, en omdat ik niet terugbelde omdat mijn vader bijna doodging en ik vreemd genoeg niet eens dacht aan hem, een klant uit Greengrass. Dus nu is hij boos.'

Nori's mond viel open. Zijn ogen puilden uit. Zei ik echt zoiets directs? Reken maar.

'Ja, zo is het toch?' hield ik vol, en Candy kreeg een vage blik in haar ogen toen Nori een spervuur in het Japans afstak. Hij probeerde mijn verhaal te verifiëren, en terwijl zij uitleg gaf luisterde Nori ingespannen. De informatie drong misschien voor de eerste keer tot hem door.

'Oké,' zuchtte hij. 'Ik begrijp je nu, maar ik vind dat je naar Japan moet terugkomen om iets met míj te doen!'

Niet te geloven. Ik negeerde hem en vroeg Candy of ze me het karaokeboek even wilde aangeven. Ik moest zingen. Toen ik al mijn frustratie gelucht had, barstte de hele club uit in applaus. Mijn oude vriend Goro klapte veel langer dan nodig was. Ik glimlachte en zwaaide.

'Dat is beter. Laten we er nog een doen.'

Nori keek me kwaad aan. 'Je zei eerst tegen mij dat je niet graag verdrietige liedjes zong.'

'Ja, nou, ik zit nu in een andere situatie.'

'Waarom drink je niets?' stelde hij voor. 'Baileys?'

'Dat wil ik niet. Ik drink niet,' wees ik hem ijzig terecht.

'Ja, maar hiervoor dronk je wel... soms.'

'Ja, dat klopt, maar ik word te dik, dus ik ben ermee gestopt. Ik heb al twee weken niets gedronken. Maar dat kun jij niet weten, hè, wat je bent hier nauwelijks nog geweest, nietwaar?'

'Ja maar...' zei hij zwakjes, '... hiervoor dronk je soms wel.'

'Nou, nu niet meer. Dat is mijn nummer, mag ik de microfoon alsjeblieft?'

Niet veel later gebaarde ik verwoed naar Tehara dat ik ergens anders wilde zitten, en al snel zat ik te luisteren naar Goro's beschrijving van de Ferrari die hij had besteld. Toen kwam Tehara ons storen: Nori ging weg, dus kon ik hem alsjeblieft even uitlaten, samen met Candy? *Nee, dat kon ik niet.* Mijn nummer zou zo gedraaid worden, en dus liet ik Nori gaan zonder gedag te zeggen. Ik nam niet eens de moeite zijn kant uit te kijken.

Toen ik even naar het toilet ging, liep ik Carmen tegen het lijf. 'Chelsea, ik maak me zorgen over die vent, Goro. Hij heeft me uitgenodigd sushi te gaan eten, maar hij vraagt allemaal persoonlijke dingen en zegt dingen als: "Meen je het serieus met mij? Ik wel met jou." Hij wil mijn vriendje zijn...'

'Ha! Nee, dat meent hij niet. Dat heeft hij tegen bijna iedereen hier gezegd, dus speel maar gewoon mee. Hij kan geen kwaad. Ga maar met hem en zijn vriend mee, dan kun je zoveel eten als je wilt en daarna laten ze je gewoon naar huis gaan. Bij Goro zit er niets achter. Hij kan je zelfs mee uit winkelen of naar een concert nemen, maar wees snel. Hij heeft een korte aandachtsspanne, dus grijp hem zolang je kunt.'

Voor de avond voorbij was, zette Nishi me nog aan een tafel met Taizo en zijn baas Misaki. Op een bepaald moment morste Misaki koude *shocku* op tafel en over mijn enkel, en iedereen verwachtte dat ik eerst de tafel zou schoonmaken. Maar ik zuchtte en depte mijn enkel. Ik was het zat om onredelijke klanten ter wille te zijn.

Niet veel later kwam Abie bij ons zitten en Misaki vroeg waar ze vandaan kwam.

'Israël,' antwoordde ze, en met één snelle ruk trok hij het jasje van zijn pak open, op een paar centimeter van haar gezicht, en riep: '*Boem!*'

Het was Misaki's favoriete grap om als zelfmoordterrorist Israëlische hostessen op te blazen. Het was altijd al ongepast, maar vanavond leek hij extra te genieten van zijn timing.

'Je zou blij moeten zijn,' grapte hij. 'In Parijs is Arafat overleden.'

Medicijn tegen doordeweekse griep

Starbucks heeft vandaag de kerstbekers tevoorschijn gehaald. Er is weer een tyfoon ontstaan in het noordwesten van de Stille Oceaan. Koji belde me vanuit Londen: groeten aan meneer Nishi. De dingen die hij zei deden pijn aan mijn oren. Als ontbijt heb ik een hele bak Häagen-Dazs gegeten.

Dit zijn de hoogtepunten van mijn nieuws van vandaag:

En we lopen nu naar een tafeltje met slechts een aangelengde whisky en een pakje sigaretten erop: teken van Yoshi's nabijheid – die nu even zijn neus poedert in het toilet. We zien de jonge hostess rondhangen bij de bar tot hij weer verschijnt. Ze wisselen een kus uit, waarna hij haar op de billen slaat en zij hem een eikel noemt.

Yoshi droeg een dikke coltrui. Hij was vier dagen ziek geweest, maar ik hoefde me geen zorgen te maken, zijn moeder zorgde voor hem. Ze had hem al drie dagen soep gebracht.

'Wat? Zorg dat je feiten kloppen! Ben je nu drie of vier dagen ziek?'

'Weet ik niet! Ik heb het druk, maar jij geeft niets om mij. Dat weet ik wel. Heb je me gemist?'

'Natuurlijk.'

'Hmpf. Hoe gaat het met je vriendje? Ik wéét het.' Yoshi keek me boos aan en ik verstijfde van paniek. 'Hoe gaat het met hem? Hè? Ik vermóórd je! Ik ga je verdomme vermoorden.' Hij lachte en ik ontspande me. Hopelijk viel het niet op. 'Ik wacht, *ma chérie*. Waarom bel je me nooit? Toe nou.' Hij ging even weg om in de gang te bellen, en zonder een van ons toestemming te vragen zette Nishi Carmen bij ons aan tafel.

'O, hallo,' grijnsde Yoshi toen hij terug was. 'Waar kom jij vandaan?'

Toen Carmen '*Me-hico*' zei, begon Yoshi met een vlekkeloos accent vloeiend Spaans tegen haar te praten. Ik staarde hem met open mond aan. 'Je hebt me nooit verteld dat je Spaans spreekt.'

'Waarom zou ik? Natuurlijk, ik heb een vriendin uit Brazilië gehad.'

'Brazilianen spreken Portugees,' wierp ik tegen, maar ze spraken verder in het Spaans. 'Excuseer me even,' viel ik ze in de rede, en ik stormde naar de kleedkamer om even stoom af te blazen. Ik was gewoon jaloers! Wat had ik toch? Wat kon het mij schelen?

'Weet je, Spaans is net Frans,' legde Yoshi uit toen ik terugkwam. 'Zestig procent is hetzelfde. "Station" is gewoon hetzelfde, met een andere uitspraak: *statione*. Zoals Chelsea, dat is mijn eindstation. Ik vind haar zo leuk, maar zij mij niet. *Whatta can I do?* Vaarwel! *Je t'aime beaucoup, beaucoup, beaucoup*,' kweelde hij in mijn oor. '*Furie*.'

'*Furie?* Wat betekent dat?' vroeg ik, maar hij trok me dicht tegen zich aan zonder het te zeggen en Tehara kwam me weer ophalen voor Fujimoto-san, die er was met een paar klanten. Ik was net aan mijn eerste lied begonnen toen Nishi kwam zeggen dat Yoshi wilde afrekenen.

'*Prease*, kom.'

'Hé, Yoshi... waarom ga je al? Je bent er net,' protesteerde ik. Hij zette zijn handtekening op de bon van zijn creditcard.

'Kom op zeg. Ik moet morgen vroeg op. Ik moet naar huis. Ik ben moe, maar het hangt van jou af,' grijnsde hij vermoeid. 'Ik kan mijn secretaresse bellen, alles laten afzeggen. Laten we gaan.'

Yoshi herinnerde me eraan dat ik nog in zijn nieuwe huis zou komen eten voor ik wegging. Wat, kon hij dan ook nog koken? Nee, nee, nee. Hij kon een kok bellen om een maaltijd te bezorgen. Typisch Yoshi. Ik wilde hem vertellen dat niet alles voor geld te koop was, maar hij bleef afstandelijk doen tot de liftdeuren voor zijn neus dichtgingen en hij me met een stil gebaar beduidde dat ik hem moest bellen.

Even stil als zijn telefoon zou blijven.

Vanavond liet Nishi Jessica uit Australië en mij sinaasappelsap drinken met Shin. Volgens Jodie waren Australische meisjes favoriet bij

Shin – lang en met ruimte voor gewichtstoename. Jessica deelde met haar Australische vriendje een appartement in Shin-Okobo, vlak bij Shinjuku. Als ze met klanten sprak, veranderde ze alleen haar naam in een pseudoniem, en haar vriendje in een vriendin die als hostess bij One Eyed Jack werkte.

'Hoi Shin. Ik heb je vandaag gebeld, maar je was in gesprek,' zei ik zogenaamd verwijtend.

'Nee. Ik had geen gemiste oproep,' zei Shin stellig. 'Geen bericht.'

'Ja, dat komt doordat hij piepte. Wat betekent dat?'

'Weet ik niet.'

'Oké, prima. Misschien kun jij ons iets over Shin-Okobo vertellen? Jessica heeft daar met haar vriendin een appartement gevonden en we vroegen ons af hoe het daar is.'

Shin fronste zijn wenkbrauwen diep. 'Shin-Okobo is een slechte plek om te wonen. In Shinjuku heb je Russische maffia, Japanse maffia, Chinese maffia, Koreaanse maffia. Er zijn veel hoeren in Okobo. Mensen gaan erheen om die te zoeken, dus buiten stilstaan op één plek of over straat lopen is misschien geen goed idee. Misschien vraagt iemand wat je kost. Misschien begrijpt iemand je verkeerd, dus wees voorzichtig.'

Jessica trok wit weg. Ze had net een huurcontract voor een jaar getekend.

'Heb je *vegemite* voor op brood? Ik kan het voor je meenemen als ik volgende maand naar mijn vriendin in Melbourne ga. Hoeveel potjes wil je? Een? Vijf? Twintig? Ik weet niet. Ik ga voor het eerst, dus wat adviseer je te eten in Australië?'

'O, ga naar een barbecue,' raadde Jessica aan. 'Gewoon met alles. Gooi alles erop. En smeer je altijd in, S P F 30, anders word je zo rood als een kreeft.'

'Heeft Chelsea je al verteld over de levende inktvis? Ze heeft hem gekust. Ze houdt van hem!'

'Klopt, we gaan binnenkort trouwen,' grapte ik.

'En wie is Carmen, je vriendin voor Hakone?'

'Die daar, met het lange haar.'

Shin tuurde en Jessica verontschuldigde zich even.

'Ik geloof niet dat Jessica het goed zal doen als hostess,' zei Shin met een frons. 'Het is niet haar stijl, haar soort werk. Maar goed, wil je meerijden naar huis? Ik ga met de taxi, met mijn vriend over wie ik verteld heb. Zijn taxi. Ik denk dat Jessica ook met de taxi moet, naar Shin-Okobo.'

Buiten regende het. 'Is hij te vertrouwen?' mimede Jessica, en ik knikte, terwijl Shin me zijn paraplu aanbood.

'Nee, nemen jullie die maar. Ik heb een capuchon, het is oké!'

Shin keek me aan alsof ik gek was en ik stak mijn tong naar hem uit en spetterde achter hem aan door de regen. Ik hoorde Shin aan Jessica vragen wat haar hobby's waren, of ze van surfen hield. Maar nee, ze hield van waterskiën. En hij dan? Wat deed Shin graag?

'Golf!' riep ik achter hen. 'Shin golft graag.'

'O, hou je van golf?' vroeg Jessica ernstig. 'Dat is een mooie sport.'

Ik stapte door de plassen toen Shin zich omdraaide en me woedend aankeek.

'Ik háát golf!' schreeuwde hij, en we kregen allebei verschrikkelijk de slappe lach terwijl de arme Jessica er helemaal niets meer van begreep.

Na 1095 dagen is alles verdwenen

Koji Osara speelde door mijn hoofd. Hij belde me vandaag op uit Londen, ontroostbaar, en ik moest hem een dik uur bijstaan omdat zijn psychiater vreemd genoeg niet beschikbaar was. Ik kon me gewoon niet voorstellen wat hij gedaan had om door de Zweedse meisjes uit hun appartement in Zweden gegooid te zijn, waar hij op bezoek was. Ze beschuldigden hem van dingen die hij nooit had gedaan, zei hij. 'Die godvergeten stomme, eeuwige geruchten. Hoe hebben ze die gehoord?'

'Wat gehoord? Welke geruchten, Koji?' Ik zei niet dat ik wist dat hij de man was uit het duikbrilverhaal. Het leek me niet het goede moment.

'Vind jij mij een zielige griezel die verslaafd is aan hostessen? Dat zeiden ze tegen me, en ook dat ik verdomme net een stom kind zonder hersenen ben als ik geloof wat hostessen zeggen. Ze zeiden dat vrouwen alleen maar doen alsof ze me aardig vinden om geld en cadeautjes te krijgen. Ze zeiden dat alleen verdomd zielige viezeriken meisjes hoeven te betalen om te doen alsof ze hen leuk vinden.'

Er kwamen almaar meer verhalen over Koji binnen. Jodie zei dat hij pasgeleden een soortgelijk telefoongesprek met haar had gevoerd dat uren had geduurd. Het schokte haar toen ik zei dat hij haar tijdens zijn laatste bezoek alleen maar genadeloos had afgekraakt.

Toen kwam er een blond meisje dat Betty heette weer bij Greengrass werken, na lange tijd weg te zijn geweest. Ze kwam uit Adelaide, maar woonde in Tokyo. De naam Betty uit Adelaide deed een belletje bij me rinkelen.

'O, ben jij Koji's secretaresse?' vroeg ik.

'Koji *Osara*! Ik werk níét voor Koji Osara! O mijn god, zei hij dat?

Die gestoorde klootzak. Ik heb hem al meer dan een jaar niet gezien.' Haar stem droop van de haat.

'Is dit jouw telefoonnummer?' vroeg ik, en ik diepte het kaartje op dat Koji een paar weken eerder voor Samicah en mij had geschreven.

'Ja! O god. Dat is mijn nummer, maar ik zou nooit voor zo'n psychotische griezel als Koji Osara werken. Dit is verdomme echt ongelooflijk!'

Na deze twee vreemde gebeurtenissen vond ik dat ik Koji maar beter snel kon laten weten dat ik niet naar Oxford kwam. Dus stuurde ik hem een e-mail:

Hallo Koji,
Ik heb je mailtjes ontvangen. Het spijt me dat ik je telefoontje heb gemist. Mijn vader zei dat ik het ticket van de reisagent heb binnengekregen. Het spijt me je te moeten zeggen dat ik volgende maand niet naar Oxford kom. Er is veel veranderd en het voelt niet meer goed om te komen. Ik hoop dat je het ticket nog kunt annuleren. Heel erg bedankt voor het aanbod, maar ik wil liever niet. Ik hoop dat je dat kunt begrijpen.
Ik ben niet bij mijn ouders thuis, dus bel ze alsjeblieft niet. Ze weten niets van mijn plannen. Ik ben van plan vanuit Vancouver weer naar Australië te gaan.
Vriendelijke groeten, Chelsea

Koji schreef terug:

We hebben elkaar maar een paar keer in Tokyo ontmoet. Eigenlijk ken ik jou niet en jij kent mij ook niet zo goed. Dus je hoeft je niet schuldig te voelen over deze annulering. Ik wens je veel geluk in Aussie. Koji

Koji Osara. Wat een verdomde gek. Wacht eens even... Koji Osara. Joji Obara. Koji... *is het verdomme diezelfde vent?* Allebei klanten van Greengrass. Allebei volkomen gestoord. Ongeveer van dezelfde leeftijd. Waarom zei Koji dat hij Nishi's belangrijkste klant was?

Waarom was hij zo paranoïde over de roddels die in Roppongi over hem de ronde deden? Wat had iemand in 's hemelsnaam gedaan om zo berucht te zijn op een plek als deze?

Ik moest meer weten, dus googelde ik een beetje rond. Eerst vond ik een artikel waarin Koji beschreef hoe het onderbewuste volgens de theorie van Jung gespleten kan worden, waarna iemand in drie jaar tijd een heel nieuwe identiteit kan opbouwen. De rillingen liepen over mijn rug. Was dit soms de reden dat Koji had gezegd dat hij de eerste drie jaar niemand kon vertrouwen, of preciezer: was dit waarom Koji niet te vertrouwen was?

Drie jaar geleden was precies de tijd dat Lucie Blackman verdwenen was. Was het toeval? Of was de persoon die bekendstond als Koji Osara het resultaat van zijn 1095-dagenmetamorfose? En hoe zat het met die maskers? Volgens een politiebron van het tijdschrift *Time* droeg Joji Obara alleen een masker in veel van de video's waarin hij klaarblijkelijk bewusteloze vrouwen aanrandde.

Toen las ik in verschillende krantenartikelen dat Joji Obara 'onrustig leek en nerveus met zijn ogen knipperde' als hij voor de rechtbank verscheen. Vreemd om dat te melden: nerveus met de ogen knipperen. Het was een van de eerste dingen die aan Koji opvielen. Ik las ook dat Joji Obara zich aan zijn ogen had laten opereren (wat populair was onder halfbloed-Japanners) om zijn ogen ronder te maken dan de duidelijk smallere Koreaanse ogen die op een vroege foto te zien waren – slechts een van de twee op internet, ondanks de enorme bekendheid van zijn zaak.

Was Koji zo ver gegaan? Het zou duidelijk een verklaring bieden voor zijn onnatuurlijke geknipper, want dat is een veelvoorkomend gevolg van oogoperaties. Het netvlies moet vochtig gehouden worden omdat de oogleden om cosmetische redenen uitgerekt zijn.

Kon het zo zijn?

Aan: koji@addresswithheld.com ('Koji Osara')
Onderwerp: geen onderwerp

Koji Osara... ben jij beter bekend als Joji Obara?
Waarom zei je dat je beschuldigd wordt van dingen die niet

waar waren, dat de stomme hostessen in Roppongi je een slechte reputatie hebben bezorgd en dat je niets verkeerd hebt gedaan? Dat wil ik graag weten. De reden dat ik Oxford heb afgezegd, was dat de beschrijving die ik vond van Lucie Blackmans zaak en de transcripties van de interviews opvallend veel aan jou deden denken.

Aan: ...('Chelsea Haywood')
Onderwerp: RE: Casanova's affaire

Lieve Chelsea,
Hallo, hoe gaat het?
Ik zit nu in Brighton om het sushibar-project te starten.
Maar ik dank je voor het sturen van deze informatie.
Uit een bron van een krant:
Joji Obara studeerde aan de KEIO Univ.
Ik heb ook aan KEIO Univ. gestudeerd.
Hij was 44 op dat moment.
Ik was op dat moment ook 44.
Hij is Japans-Koreaans.
Ik ben puur Japans, geen halfbloed.
Hij kwam vaak in Casanova (nu heeft Mr. Nishi de naam veranderd van Casanova in Greengrass).
Ik kwam ook vaak in Casanova.
Hij leidde een vastgoedzaak.
Ik ben consultant.
De initialen J.O. en K.O. zijn vergelijkbaar...
Ja, de profielgegevens van hem en mij lijken erg vergelijkbaar.
Het zeer grote verschil is dat hij verslaafd was aan Engelse hostessen, maar ik niet. Ik weet niet waarom, maar ik voel aarzeling tegenover hoogopgeleide Britse of Amerikaanse hostessen, want zij hoeven niet naar Roppongi te komen.
Lucy (en haar vriendin Jessica) werkten vroeger voor British Airways. Ze hoefden geen ontslag bij BA te nemen.
Volgt hier de aanvullende informatie van meneer Nishi:
Meneer Joji Obara is klein van stuk en gierig.

Hij is heel droefgeestig.

Koji is open van geest en vrolijk.

Het is onmogelijk dat iemand Joji en Koji verwart omdat er grote verschillen tussen hen zijn.

Is deze informatie genoeg om je je beter te laten voelen?

Tot slot mijn excuses dat je niet naar Oxford kunt komen vanwege deze roddels.

Het spijt me. Tot slot wens ik je veel geluk in Aussie.

Tot ooit, Koji

Wauw. Dat was niet de reactie die ik verwacht had. De feitelijke overeenkomsten die hij noemde klopten precies, maar zijn verweer lag puur in de vergelijking van de persoonlijkheid. Ook beschreef hij de verschillen in de derde persoon, alsof hij over Koji sprak als een van hem losstaande identiteit, niet als zichzelf.

Er was minstens één onomwonden leugen. Koji was niet puur Japans. Hij had me verteld dat hij half-Chinees was (maar misschien eigenlijk half-Koreaans?). Het was best griezelig dat hij de e-mail hernoemd had tot 'Casanova's affaire'. Ik wist niet goed wat ik daarvan moest denken.

Als Koji inderdaad Joji Obara was, beschouwde hij zichzelf misschien als nieuw persoon nu hij onder toezicht stond en psychiatrische hulp en medicijnen kreeg. Mochten we daarom niet over zijn vroegere carrière als psychoanalyticus praten? Was Koji zijn vergunning kwijtgeraakt, en – belangrijker nog – zijn toegang tot psychotrope medicijnen van het soort dat Joji Obara gebruikt had om minstens negen vrouwen te bedwelmen en te verkrachten?

En wie zei dat Joji Obara nog in de gevangenis zat? Sagawa de kannibaal loopt vrij rond en is een kleine beroemdheid in Japan. Hij is te gast in tv-shows en brengt zo nu en dan een zaterdagavond door in One Eyed Jack. In 1992 speelde de man zelfs in de film *Sisenjiyou no Aria* (*De slaapkamer*), als een sadoseksuele voyeur! Dat kan allemaal in het briljante Japanse rechtssysteem, althans waar het de rijke en naar verluidt aan de maffia gelieerde families betreft.

Joji Obara was de zoon van extreem rijke ouders die *pachinko*-salons bezaten – een bedrijfstak die vaak in verband wordt gebracht met geld witwassen en de maffia. In een artikel uit 2003 werd Obara's advocaat als volgt geciteerd: 'Mijn cliënt ziet ernaar uit de gevangenis te mogen verlaten.' Ook stond er dat Joji Obara vrij kon komen bij gebrek aan bewijs. Het was lang geleden. Het proces was uitgesteld. Ik kon in de Engelstalige media nergens terugvinden of Joji Obara nog achter de tralies zat. Hadden ze hem vrijgelaten?

Ik las dat Joji Obara op Yokohama High School had gezeten. Koji zei dat zijn moeder in Yokohama woonde. Hij had ook laten vallen dat hij een appartement buiten Tokyo bezat, op een niet nader genoemde plek. Later nodigde hij daar een vriendin van mij uit om zijn 'moeder en baas' te ontmoeten, maar gelukkig zei ze op het laatste moment af. Wie nodigt in vredesnaam iemand uit in zijn appartement buiten Tokyo om zijn *moeder* en zijn *baas* te ontmoeten?

Bij toeval vond ik een persbericht van de Club van Buitenlandse Correspondenten in Japan over het aantal beschikbare zitplaatsen voor buitenlandse media in het onlangs hervatte proces tegen Joji Obara. De dagen waarop hij naar de rechtbank moest, kwamen bijna exact overeen met de weekenden dat Koji in Tokyo was geweest of zei te zullen zijn. En dan waren er al die belangrijke telefoontjes op vooraf vastgestelde momenten, dagen waarop hij duidelijk maakte dat hij ergens móést zijn en alleen 's avonds te bellen was. Het was ijzingwekkend.

Dan waren er nog wat losse feiten. Ik las nergens in de nieuwsberichten dat Lucie Blackman met een vriendin die Jessica heette in Casablanca had gewerkt. Koji moet Lucie dus gekend hebben. Veel later beweerde Koji dat hij Lucie nooit ontmoet had, maar toen herinnerde Nishi hem eraan dat hij met haar op *dohan* was geweest, maar hij kon zich dat niet herinneren en ook niet wie Lucie was. Grappig genoeg beweerde Joji Obara aanvankelijk dat hij Lucie Blackman nooit ontmoet had. Later gaf hij toe dat hij haar uit Casablanca kende, en ten slotte dat hij een keer met haar buiten de club had afgesproken.

Geweldig. Ben ik paranoïde? Maakt deze plek mij gek? Ik wilde hem niet meteen veroordelen, maar op de een of andere manier vond ik dat Koji zichzelf verdacht had weten te maken.

Vlucht naar Hakone

De geschatte wachttijd voor de tweede trein bergopwaarts bedroeg meer dan een uur. Dat was het probleem met speciale toeristentreinen: zelfs de Japanners konden die niet efficiënt maken, vooral niet op een zaterdag waarop de heuvels van Hakone in brand stonden van de verkleurende herfstbladeren. Het was warm, het was zonnig en zo druk als Shibuya op zondag, zoals de millefeuille van vakantiegangers en inwoners van Tokyo kon bevestigen die rustig stonden te wachten tot ze naar de top werden gebracht. Shin draaide zich om, keek naar de rij die achter ons ontstond en verdween toen stilletjes in een zee van zwart haar. Pas toen ik hem in de verte zag staan, geduldig tegen een open autoportier geleund, besefte ik waar hij heen was gegaan. Ik onderbrak Carmens poging om de Louis Vuitton-tassen om haar heen te tellen en gebaarde dat we uit de rij moesten stappen. 'Hè? Wat gebeurt er?' vroeg Carmen toen onze plek onmiddellijk werd opgevuld.

'Shin zegt dat we met een taxi naar boven gaan.'

Vanuit het bescheiden kantoortje van Hotel Taiseikan aan de weg was er maar één manier om bij onze kamer te komen: met een kabelbaantje dat driehonderd spectaculaire meters afdaalde naar een verborgen vallei in de diepte. Daar stroomde een brede beek door een dicht woud aan de voet van een hoge rotswand, bedekt met mos en natuurlijke bonsai. Erbovenop stond de *ryokan*, een adembenemende verzameling grote, witgekalkte gebouwen bezet met rode balkonnetjes, alleen toegankelijk via een stenen pad dat door Japanse tuinen leidde. Shin had zichzelf echt overtroffen.

Onze kamer was eenvoudig: een kleine vestibule gaf toegang tot zes *tatami*-matten achter een groot raam dat uitzicht bood op de beek in de diepte. Op een lage tafel lagen in drie nette stapeltjes onze verplichte *yukata* klaar – een lichtere, katoenen variant op een kimono – twee met een rood-wit motief, een in blauw. Voor onze voeten waren er wegwerpslippers, die we personaliseerden met een viltstift. Shin tekende vrolijke gezichtjes, Carmen een zon, en in een vlaag van inspiratie koos ik voor een besneeuwde berg met een enkele ster erboven, waarop Shin uitriep: 'Wauw! Wat een goede keus!' waarna hij zijn wenkbrauwen fronste tegen de simpelheid die zijn eigen tien tenen verwarmde.

Shin pakte de blauwe *yukata*, liet ons snel zien hoe we die links over rechts dicht moesten slaan en met de brede ceintuur dichtbinden, en vertrok toen om zich te verkleden in de gemeenschappelijke badkamer. Dankzij de strikte hand van de matroneachtige herbergierster waren Carmen en ik onberispelijk aangekleed toen hij terugkwam, wat ons een knikje van zwijgende goedkeuring opleverde. Voor het diner om zes uur hadden we nog net genoeg tijd voor een duik in de *onsen*.

Weggestopt aan één kant van de herberg waren twee aparte baden, die tweemaal daags geroteerd werden zodat de vrouwen ook de kans kregen om te genieten van de super-de-luxe, vroeger alleen voor mannen toegankelijke faciliteiten. Carmen en ik zwaaiden Shin gedag en doken onder het gordijn door. We troffen de *onsen* leeg aan, lieten onze *yukata* achter in mandjes, renden naakt over de leistenen, zeepten ons snel in op kleine krukjes en spoelden ons af met een emmer. We schoven een scheidingswand open en renden door de buitenlucht naar de rotspoel, die lag te dampen in de koude lucht van de zonsondergang, en genoten van het verjongende water.

Plotseling herinnerde ik me Shins waarschuwing dat we maar drie kwartier hadden voor het diner. 'Hoe lang zijn we hier al?' vroeg ik, en we sprongen het bad uit, glibberden over de gladde vloer door wolken stoom heen om elkaar rommelig in onze *yukata* te snoeren, en renden toen als wilde buitenlandse vrouwen door de verlaten gangen naar ons diner.

Toen we de deur door vlogen, troffen we Shin aan bij het open raam, rustig lezend in boek. Hij keek met strenge blik op. 'Het geeft niet. Ik heb ons diner al verzet. Ik zat te wachten, zó lang. Toen jullie niet terugkwamen, werd ik bezorgd. Echt! Misschien waren jullie wel in slaap gevallen in het warme bad. Over vijf minuten zou ik oude vrouw naar jullie laten zoeken!'

Hij legde zijn boek weg en nam onze slordige verschijning met plezier in zich op. 'O, nee, nee, nee! Is niet oké! Draai om, jij domme vrouw!' Hij graaide naar de strik in mijn ceintuur. 'Moet dubbele knoop zijn, geen strik! En hier,' las hij me de les, terwijl hij me omdraaide. 'Heel verkeerd. Altijd moet je de línkerkant voor dragen. Je bent nu dood lijk, op begrafenis,' lachte hij, en ik glipte snel de hal in om het opnieuw te proberen. Toen ik terugkwam, kon ik mijn onbekwaamheid aflezen aan Shins blik. Hij trok de hals recht, trok aan de mouwen en maakte mijn ceintuur losser tot die plat om mijn middel lag. 'Dit is beter. Jij bent misschien hopeloos als Japans persoon, hmm? Dat denk ik.'

Toen Shin aan de inspectie van Carmens kleding wilde beginnen, klonk er een zacht klopje op de deur en riep een vrouwenstem: '*Sumimasen.*' Het diner was gearriveerd.

Na een uitgebreid Japans diner waren we klaar voor nog een *onsen*, en deze keer troffen Carmen en ik nog meer rozegerande slippers aan onder het gordijn bij de opnieuw geroteerde baden. We moesten lachen om onze zonnetjes en bergen tussen de volmaakte Japanse karakters – het was de bedoeling je slippers van de anderen te onderscheiden met je naam in plaats van met creatieve uitbarstingen.

Binnen troffen we de grotere, luxere mannenbaden vol vrouwen aan. De damp was zo dicht dat de lichamen van top tot teen onzichtbaar waren. Na een symbolische reiniging met koud water hielden Carmen en ik verlegen vierkante witte handdoeken op tot onze navels en scharrelden we naar buiten, gevolgd door de discrete blikken van de vrouwen. Ze waren nieuwsgierig naar de spannende nieuwe aanblik van poedelnaakte *gaijin*-lijven. Zelfs in de koude avondlucht was de diepe poel kokendheet, alsof de vulkanische bron er direct onder lag, en we zochten al snel verkoeling bij de pijp die water binnenbracht uit de beek aan de andere kant van de bamboeschutting. We waren half onder water, en de stoom condenseerde tot een dikke laag op onze huid. Na twintig minuten waren we verhit, uitgedroogd en dorstig.

Een paar liter water later droogden we ons af en snoerden ons weer in onze *yukata*, verfraaid met de herkenbare gloed die je krijgt van een natuurlijke hete bron. Aan de andere kant van de ruimte stond een Japanse vrouw haar zoontje af te drogen, een jongen die meer interesse had in naar ons zwaaien dan zijn moeder helpen. Toen ze hem liefdevol optilde, zette Carmen grote ogen op. 'Kijk eens!' fluisterde ze, en toen ik me omdraaide zag ik een storende blauwe vlek op de billen van het jongetje.

'Maak je geen zorgen,' legde ik snel uit. 'Dat is geen blauwe plek. Het is aangeboren.'

Om precies te zijn was het een mongolenvlek. Dat is een donkere pigmentvlek die veel Aziatische baby's hebben, vooral op het achterwerk en rond het heiligbeen. De vlekken zitten er bij de geboorte al en bestaan uit dichte groepen melanocyten – melaninehoudende huidcellen. Meestal zijn ze rond het vijfde jaar helemaal verdwenen. Hoewel de vlekken in het buitenland wel onterechte verdenkingen van kindermishandeling hebben opgeleverd, hebben ze in Japan alleen geleid tot de uitdrukking *shiri ga aoi:* 'Zijn kont is blauw', een geliefde uitdrukking voor iemand die zich als een kind gedraagt.

Het was na middernacht. Shin en Carmen lagen links en rechts van mij op futons te slapen toen ik opstond, zachtjes de scheidingswand openschoof en door de lege gangen naar de lobby sloop. De grote ruimte werd alleen verlicht door het licht van een klein shinto-heiligdom, en een waterval in de achtertuin overstemde het ritmische kloppen van een *shishi-odoshi*. In Roppongi zou Matt nog wakker zijn, de tijd doden in een internetcafé of alleen door de straten dwalen. Omdat mijn mobiel geen bereik had gooide ik al mijn munten van honderd yen in de betaaltelefoon en wachtte terwijl die overging. 'Hallo? Met mij.'

Het was heerlijk om Matts stem te horen, een troostend teken dat ik nog steeds een relatie had in de echte wereld. Toen het geld op was, zat ik in mijn eentje in de schaduwen, dacht aan hem en mij, en glimlachte. Ik ben nog steeds ontzettend verliefd op hem, dacht ik, waarna ik weer door de gangen terugliep, op de dikke futon gleed en wegzakte in mijn eerste diepe slaap in maanden.

Vroeg in de morgen werden Carmen en ik wakker in een kamer zonder Shin. Geeuwend sjokten we naar de gemeenschappelijke badkamer om onze tanden te poetsen. Toen we terugkwamen zat hij op de richel naar de beek in de diepte te staren. Zijn huid had de gladde gloed van iemand die net uit bad komt. 'Goedemorgen, dames Lui! Ik ben al in de *onsen* geweest,' schepte hij op. 'Jullie moeten ook gaan. Het ontbijt is over een uur.'

Buiten zweefde de Fuji in de lucht, losgesneden door een dichte wolk die het moeilijk maakte te onderscheiden waar de besneeuwde berg precies begon. Het was verrassend hoe snel hij ondergesneeuwd was sinds de vorige keer dat Shin en ik in Hakone waren geweest, nog maar een maand geleden, en ook hoeveel koeler de lucht was toen een tweede kabelbaan ons weer de berg op bracht, naar de majestueuze Ashinoko.

Het Ashinoko-meer is ruim drieduizend jaar geleden ontstaan bij een uitbarsting van de Kamiyama, die de rivier de Hava blokkeerde. Het water van Ashinoko vult een caldeira waar boten kriskras overheen varen. Zittend op de boeg van een nagebouwd piratenschip zeilden we onder een hoge blauwe hemel naar de overkant. Aan de oever zagen we in de verte de rode *torii* van de shinto-tempel in Hakone, en een groot bergresort tussen vele hectares woud in kleuren die er maar even zijn voordat de winter invalt.

We voeren de haven binnen als zeevarende ontdekkingsreizigers en namen snel een bus, die ons naar een hooikleurig veld aan de rand van een bos bracht. In de beste Japanse stijl werden we begroet door een kluitje automaten langs de weg, en Shin kocht koude groene thee voor ons voor hij ons voorging over een pad tussen wuivende *susuki* – Japans pampasgras – dat tot boven ons hoofd heen en weer zwaaide in de wind. Zonder te waarschuwen sloeg Shin ineens een hoek om en verdween, terwijl het hoge gras zich meteen achter hem sloot. Carmen en ik moesten rennen om hem in te halen. Ten slotte klommen we naar de rand van een bos met dunne, rietachtige stengels. Nadat we hadden geposeerd voor nog meer foto's vlogen Carmen en ik de steile helling af, lachend en gillend als schoolmeisjes, verkwikt en helemaal vitaal. Shin spreidde zijn armen en rende achter ons aan. Bij elke stap viel er een jaar van hem af, tot hij zich als een kind in onze haastig opgerichte barricade stortte. We bleven een eeuwigheid met z'n drieën in dat veld met het lange gras. We praatten nauwelijks en zogen de momenten in ons op alsof ze zouden vervliegen als we een momentje uitpuften.

O mijn boeddha

O mijn boeddha, ik doe mijn best. Dat zegt mijn klant Kenji tegen me. Het is een van de twee dingen die hij altijd zegt als hij komt om sake met water en citroen te drinken, en Bob Dylan of Bob Marley of desnoods Bob de Bouwer te zingen – god weet dat hij het zou zingen als we het hadden. Kenji zingt veel, en daardoor krijg ik ook zin om te zingen.

Het eerste zegt hij altijd als ik vraag hoe het gaat. Dan zegt hij: 'Heel slecht.' Het tweede volgt als ik 'O mijn god' zeg: dan reageert hij bliksemsnel met 'O mijn boeddha', als water na een glas Early Times-whisky, wat hij nooit drinkt, maar een van zijn vrienden soms wel, als ze samen komen. Ik geloof dat zijn vriend Zushi heet. Of nee, Zushi drinkt geloof ik Suntori. Ik weet het niet zeker. Normaal gesproken zou ik het onthouden hebben, maar ik had het te druk met raden wat Kenji voor de kost deed. 'Je mag vijf keer raden naar mijn beroep!' riep hij. 'Als je het raadt, dan lekker diner. Maar verkeerd... dan liefdeshotel!'

Maar o mijn boeddha, ik doe mijn best.

Ik probeer het verdriet te verzachten zodat het niet iedere dag zo'n pijn doet. Ik pieker over zoveel dingen. Dat ik emotioneel gezien misschien vreemdga, of misschien ook niet. Deze omgeving is zo verkloot dat ik het niet eens weet, en dat is dodelijk. Dat is het elke dag weer: ronduit dodelijk.

Ik probeer suiker toe te voegen aan de bitterzoete smaak die Yoshi is, maar telkens als ik denk dat het nu beter is, besef ik dat het recept alleen maar nog reddelozer verloren is. En toch doe ik er nog een schepje bij. Ik probeer een remedie te vinden tegen de onzekerheid, de verwarring en de somberheid die ontstaan doordat ik nog niets besloten heb, maar alles alleen maar moeilijker maak.

Dit is geen makkelijk project. Hoe noemen ze die mensen – sociaal commentators? Ben ik een sociaal commentator? Gaat dit boek daarover? Ik weet het niet. Ik probeer er nuchter mee om te gaan, maar dat wezen dat 'mens' genoemd wordt zit steeds in de weg. Ik probeer tegelijkertijd de arbeider en de chef en de directeur en de acht miljoen aandeelhouders te zijn. Ik probeer aandelen te verhandelen op een buitenlandse markt, maar het zijn er te veel en ik heb geen vergunning en ze kloppen gewoon niet en ik ga helemaal het schip in, dus ik hoop maar dat de JASDAQ niet voor mijn neus zal instorten. O mijn boeddha, dit is geen project meer.

O mijn boeddha, dit is mijn leven.

Esther kwam naast me zitten en vroeg naar mijn visum. Wanneer liep het af? Wanneer ging ik weg? Wilde ik niet overwegen om te blijven? 'Ze waarderen je echt, Nishi én mama-san. Ze willen dat je het verlengt,' zei ze. 'Dat willen ze echt.'

'Ja, dat weet ik. Ik geloof alleen niet dat ik dat kan.' Ik wilde geen veertien keer terugkomen naar Tokyo, zoals Esther. Ze was dertig. Met tussenpozen van drie maanden waarin ze hostess in Tokyo was, studeerde Esther in India holistische therapie om haar eigen praktijk in Israël te kunnen openen. Ze was van plan nog maar twee of drie keer te gaan.

Esther had haar geld gespaard en ze wist precies hoe ze al haar kansen moest uitbuiten. Elke avond kwam Esther na een *dohan* binnen. Als het rustig was in Greengrass trok ze een lange zwarte jas aan en haalde de klanten van de straat naar binnen. Als door een wonder had ze de Japanse psyche doorgrond. Ze genoot er oprecht van hostess te zijn. De eerste paar keer was het moeilijk geweest, zei ze, maar nu kon ze over iedereen iets goeds bedenken om te zeggen, zelfs over de moeilijkste klanten.

'Maar vertel eens over Yoshi,' drong ze aan. 'Ik ken hem al heel lang. Misschien vijf jaar inmiddels. Vroeger was ik goed bevriend met zijn vriend, Suzuki. Ze waren samen knettergek. Ze kwamen hier heel vaak. Ze kwamen overal. Feesten, feesten. Drugs. Alcohol. Vrouwen. Ze konden er niet genoeg van krijgen. Het waren echte playboys, allebei heel knap.

Weet je, Suzuki is een van Yoshi's weinige vrienden. Het is moeilijk om in zijn positie te zitten. Hij kan nooit iemands intenties vertrouwen. Hij heeft heel veel geld, maar zoals je weet heeft hij dat niet allemaal zomaar in de schoot geworpen gekregen. Hij heeft het bedrijf van zijn vader overgenomen, maar Yoshi heeft het ontzettend uitgebreid. Hij heeft echt hard gewerkt. Maar nu voelt hij zich geisoleerd. Ik heb Suzuki al lang niet meer gezien. Hij komt niet meer. Maar Yoshi zie ik zo nu en dan. Als hij zich eenzaam voelt, denk ik. Om achter meisjes aan te zitten die apart zijn. Onbereikbare meisjes. Wat denk je dat hij van jou vindt?'

'Ik weet het niet. Hij probeert me te laten geloven dat hij van me houdt, maar het is een grote leugen.'

'Dat denk ik niet,' zei Esther. 'Weet je, ik geloof niet dat Yoshi vaak verliefd wordt, maar als het gebeurt denk ik echt dat hij het meent, op zijn eigen manier. Ik geloof dat hij echt om jou geeft. Ik kan het zien als jullie samen zijn. Jij bent wat hij wil. Een licht aan het eind van zijn tunnel. Hij doet dit alleen al zo lang dat hij de weg kwijt is. Dat is alles.

Hij leidt een ongewoon leven. Hij is verslaafd aan drugs, maar ik zou niet zeggen dat hij niet van je kan houden. Neem hem dat niet af. Je hebt je man, dat weet ik, een prachtige man. Hij heeft een prachtige ziel. Ik denk dat dat goed is voor jou. Je bent nog zo jong, maar datgene waar jij nu doorheen gaat heeft ook zijn plek. Het leven is stukken ingewikkelder dan we graag zouden willen.'

'Ik wil niet dat het zo ingewikkeld is,' fluisterde ik.

Esther greep mijn hand. 'Ik weet het. Maar hou gewoon je hart open. Je hebt zo veel liefde te geven.'

O god, ik weet niet wat ik moet doen. Ik dacht dat het leven eenvoudig zou zijn zolang ik Yoshi maar niet belde, maar dat zag ik fout. Het uitstellen van het onvermijdelijke heeft mijn gevoelens niet minder heftig gemaakt. Het heeft ze alleen opgestuwd tot een kritische massa. Stel dat Yoshi niet meer naar de club komt? Ik heb nog maar drie avonden.

Ik had hem al afgewezen, maar ineens kon ik niet meer zomaar weggaan. Zou het iets oplossen om hem te zien, rationeel gesproken? En wilde ik hem eigenlijk wel zien? Misschien wilde ik alleen de kick voelen om te zijn wat ik voor hem was.

Al die flauwekul die me door het hoofd spookt is niet eerlijk. Niet tegenover Matt. Niet tegenover mezelf. En ik moet bekennen dat ik onlangs het allerergste uit mijn hele leven heb gedaan. Ik heb gegoogeld. Op: 'Australisch echtscheidingsrecht.'

Maar dat loste ook niets op. Ik werd er alleen ontzettend misselijk van. En toen wist ik het. Ik wilde hem wel degelijk zien, en wilde daar zelf voor kiezen. Op de een of andere manier moest hier een einde aan komen. Dus ging ik onderweg naar huis bij het internetcafé langs. Ik opende een nieuw bericht. Ik typte:

Yoshi, mijn Yoshi...
Ik weet dat je het erg druk hebt. Ik ook. Ik weet dat ik je haast nooit bel. Jij hebt jouw redenen en ik de mijne. Evengoed zou ik je heel graag nog zien voor ik vertrek. Desnoods alleen voor een ontbijt.
Als je me wilt bellen, heb je mijn nummer.
Liefs, Chelsea

Ik wachtte even omdat ik besefte dat ik weer dronken was. Maar toen dacht ik: bekijk het maar.

Ik klikte op 'Versturen'.

De mannenwereld van vrouwen in Ginza

Als je geld zou opstapelen tot wolkenkrabbers en ertussendoor zou gaan rijden in verduisterde Mercedessen, fel glanzende Bentleys en dikke BMW's, zou je die plek Ginza kunnen noemen. Ginza heeft exclusiviteit als geboorterecht en geld als bloed, en dat wordt rondgepompt door de hartslag van de rijkdom die vierhonderd jaar geleden hier zijn oorsprong vond toen de shogun het gebied uitriep tot zijn 'zilvermunt'.

Nadat een brand in de jaren 1870 het uit hout opgetrokken Ginza verwoest had, kwamen hier de eerste bakstenen huizen, warenhuizen, asfaltwegen en andere westerse nieuwigheden van Tokyo op de plaats van de muntfabricage, en werd dit een modieuze plek om gezien te worden. Een kleine eeuw later ontstond er een skyline die glanst van voorspoed, en ook tegenwoordig is Ginza nog dé plek voor de opperste elite van Tokyo.

Op de straathoek voor het Sony-gebouw in Ginza zocht ik in de mensenmassa's op Sukiyobashi Crossing naar Fujimoto's kenmerkende zwarte gleufhoed, tot hij met opgestoken arm opdook en zelfverzekerd naar me toe liep als zijn slanke, levendige zelf. 'Wat ben je makkelijk te vinden!' bulderde hij. 'Ik zoek gewoon de *gaijin*, en wauw! Je bent zo lang,' lachte hij, en hij verschikte zijn hoed. 'Wauw, je ziet er geweldig uit. Mooie jurk. Oké, we gaan weer naar de overkant. Het restaurant is daar.'

Na het eten belde ik Greengrass vanuit de stilte van de restaurantlobby. 'Hallo Nishi?' zei ik schor en slapjes. 'Met Chelsea. Ik kan niet komen werken...'

'O? *Dohan?*' onderbrak Nishi me.

'Nee, geen *dohan*. Ik ben ziek, dus ik kom niet. Oké? Ik kan vanavond niet komen.'

'O. Eh... *Prease,* probeer het, Chelsea-san. Kom.'

'Het spijt me, Nishi, ik ben zíék. In bed. Ik kom niet. Ik zie je vrijdag, oké?' Ik kuchte een paar keer zwakjes en fluisterde hees: 'Dag.'

Fujimoto keek me achterdochtig aan. 'Waarom zeg je tegen Nishi dat je ziek bent? Ik zei al dat ik je slavenboete zou betalen. Wist hij niet dat je niet zou komen?'

'Nee, het is beter om te zeggen dat ik ziek ben, anders worden ze kwaad omdat ik met een klant uitga. Zo stellen ze geen vragen. Al maakt het eigenlijk niet veel uit. Normaal gesproken krijg je een boete van vijfentwintighonderd yen als je ziek bent, maar omdat het morgen een vrije dag is, hebben ze besloten dat je de tienduizend moet betalen die ze normaal in rekening brengen als je zomaar niet komt.'

'Nazi's,' mopperde Fujimoto-san terwijl we de trap af liepen. Hij bleef tot beneden mopperen en verraste me toen met een bulderende lach.

'Wat is er?' riep ik.

'Jij bent een heel goede actrice!' berispte hij me, en hij hield de deur voor me open.

Fujimoto en ik wandelden tussen duizenden andere voetgangers over smetteloze stoepen. Ginza deed denken aan een tekenfilm-megalopolis, maar dan zonder hovercars. Gelegen in het hart van Tokyo schitterde Ginza je letterlijk, dankzij een enthousiast gebruik van galactisch neon, al van verre tegemoet. Maar toch was het smaakvol. Als Roppongi Tokyo's speelkamer was, werden de juwelen in Ginza bewaard, ergens hoog in de lucht achter de deuren van duizenden heel smalle bars en ondoordringbare, ontoegankelijke hostessenclubs waar alleen Japanners mochten komen.

Je kunt onmogelijk zomaar een hostessenclub in Ginza binnenlopen, zoals je in Roppongi doet. Uitnodigingen en introducties zijn vereist. Er wordt Japans gesproken en beleefd, deftig en gedisciplineerd gedrag is er verplicht. Klanten worden geselecteerd op geschiktheid en in de gaten gehouden door een ondoorgrondelijke mama-san met een lief gezicht, die zonder omhaal iedereen eruit gooit die de reputatie van haar gelegenheid bedreigt. Als standaardprotocol worden westerse mannen heel zelden toegelaten in een club in Ginza, tenzij ze in het gezelschap zijn van een vaste klant die als vertaler en cultureel gids kan optreden. En een jonge, blanke westerse vrouw komt in haar eentje nóóit als klant een Japanse hostessenclub binnen.

Het was dus een zeldzame belevenis om verwelkomd te worden door een Japanse hostess met een mooie kimono en een licht bepoederde huid, die een diepe buiging maakte op haar uitkijkplek in de gepolijste schaduw van het Maruyoshi Building. Toen Fujimoto-san haar groet nors beantwoord had, schuifelde ze naar een kleine lift die amper genoeg ruimte bood voor één persoon. Op de derde verdieping boog ze en verdween achterwaarts in een weelderige gang. Een klein bordje – club yumi – hing boven een deur.

'*Irashaimase!*' klonk een vrouwenstem, en de mama-san verscheen om Fujimoto-san met verrukte herkenning te verwelkomen. Ze maakte voor mij een serene halfbuiging.

'*Komban wa,*' zei ik met een beleefde buiging, en vier vrouwen in kimono's zwermden om me heen om me te inspecteren.

'Let maar niet op hen,' zei Fujimoto-san met een hautain knikje. 'Zij zijn gewoon nieuwsgierig. Er komen hier nooit *gaijin*, en zeker geen vrouwen! Je hebt veel geluk,' grinnikte hij.

We moesten kort wachten tot Fujimoto-sans hostess, Yuki, naar buiten kwam zweven. Ze was beeldschoon – haar make-up verfijnd, haar huid van teer porselein, haar trekken delicaat. Ik geneerde me toen ze diep voor me boog en begon allerlei ongevraagde complimenten te mompelen, die Fujimoto-san enthousiast vertaalde. Ik bloosde niet minder hard toen Yuki ons naar een kleine, stijf-formele kamer bracht, veel feller verlicht dan Greengrass, waar verschillende tafels vol mannen hun sigarenrokerij onderbraken om ons te bekijken voor ze hun gesprek voortzetten.

Fujimoto-san droeg Yuki direct op zijn drankje te mengen en leunde achterover. Hij begon in het Japans aan een presentatie van mijn sterke punten tegen Yuki, en tegen mij aan een overzicht van hoe Yuki daarbij vergeleken tekortschoot, waarop zij giechelde of welwillend knikkend instemde. Sterker nog, vanaf het moment dat Yuki verscheen gedroeg Fujimoto-san zich nors tegenover haar. Als hij iets zei was dat met genegenheid, maar wel kortaf. Verbijsterend genoeg leek Yuki het juist uit te lokken dat hij haar kleineerde. Ze leken zich prettig te voelen bij hun rollen. Maar het meest fascinerende was misschien dat Fujimoto-san dit voor mij nieuwe gedrag uitsluitend voor Yuki reserveerde; mij bleef hij met evenveel respect en gelijkwaardigheid bejegenen als altijd. Het was duidelijk dat Yuki in het krijt stond bij Fujimoto-san, omdat hij al zo lang haar klant was. Hostess zijn was Yuki's professionele roeping en hij kwam al ruim twintig jaar bij haar.

De subtiele flair waarmee ze met haar tere waaier zwaaide of een lange, klassieke aansteker diep uit haar *obi* opdiepte, was benijdenswaardig. Ze bewoog nauwelijks binnen de beknelling van haar kimono, maar hoefde dat ook niet. Alle uitdrukking die Yuki nodig had, lag in haar ogen. Maar toch was deze mooie, bescheiden, exotische vrouw Fujimoto-sans ondergeschikte, en dat wist ze.

'Wil je nog iets zeggen tegen Yuki?' vroeg Fujimoto-san terwijl hij met een groots gebaar rook over tafel uitblies. Hij zag er zeer eerbiedwaardig uit.

'Ik vind haar kimono erg mooi. Hij is echt prachtig. Ze ziet er geweldig uit.'

'Nee, nee, dat kunnen we niet tegen haar zeggen. Yuki is te lang voor de kimono. Er blijft te veel onbedekt onder aan haar nek. Dat ziet er niet goed uit. Yuki zou je kunnen uitleggen waarom de hals van een kimono zo belangrijk is, maar helaas heeft ze nooit de moeite genomen Engels te leren. Ze is te lui, ze slaapt tot lunchtijd of gaat naar de schoonheidssalon voordat ze haar klanten elke middag opbelt.

Je moet heel hard werken om Yuki's positie te bereiken in een club met zoveel aanzien als deze, maar ze heeft geluk gehad. Ze is hier een van senior-hostessen, daarom kan ze haar kimono zo dragen, al staat het niet goed. Jonge leerling-hostessen mogen alleen cocktailjurken dragen omdat ze nog niet de juiste technieken hebben geleerd om de klanten te vermaken.'

Fujimoto-san loerde naar het dalende peil van zijn sake en wierp Yuki een misprijzende blik toe. Ze maakte een microscopische buiging en giechelde, sloeg de mouw van haar kimono terug en liet een karaf voorzichtig op haar vingertoppen rusten. Daarbij liet ze de binnenkant van haar pols zien. Met haar andere hand schonk ze elegant de sake in Fujimoto's glas, zonder het aan te raken, en ze stopte net onder de rand. Dit onschuldige gebaar leek ingetogen artistiek, maar ik had *Dagboek van een geisha* gelezen en wist dat de eenvoudige handeling heel sensueel was.

Ik zag dat Fujimoto-san zijn blik niet kon losmaken van Yuki's naakte pols. Het was vreemd om zo dicht op zo'n erotische privégebeurtenis te zitten. Toen werd Yuki weggeroepen om aan een andere tafel een groep mannen in dure pakken te vermaken, maar niet voordat ze ons Kiko had voorgesteld, haar protegee.

Kiko was nieuw. Ze was jong – twintig pas – en ze studeerde aan de universiteit. Bij Club Yumi werken was een geheim bijbaantje, want hoewel het onder haar vriendinnen heel gewoon was om hostess zijn, liep Kiko het risico dat ze van school af moest of haar ouders zou beschamen als haar gewaagde activiteiten bekend raakten. Zolang het werk discreet bleef, had Kiko geen problemen. Fujimoto-san vond dat heel grappig. 'Wat zeg je dan tegen je ouders als je pas na middernacht thuiskomt?' lachte hij, en de onzekere Kiko weifelde even. 'Karaoke, met vrienden,' antwoordde ze, 'of de disco.'

Anders dan oudere hostessen die best voor een geisha konden doorgaan, was Kiko rampzalig slecht. Ze zat wijdbeens, zat voortdurend te friemelen en prutste aan de zoom van haar jurk. Ze stak Fujimoto-sans sigaret niet aan toen hij daarop wachtte, dus ik moest hem zelf aansteken. Haar nerveuze onzekerheid deed me denken aan die van alle nieuwe meisjes bij Greengrass.

Na precies een uur in Club Yumi bracht de mama-san Fujimoto-san zijn rekening en babbelden we wat tot Yuki vrij was om ons met Kiko naar de verlaten zijstraat te begeleiden. De twee namen afscheid met een buiging, giechelend en zwaaiend vanuit hun anonieme hoekje, klein naast de ronkende glazen toren die oprees in de nacht.

Fujimoto-san vond eindelijk de ingang van Kentauros, verborgen in het Creglanz Ginza Building. Het was een kleine, donkere ruimte, met net voldoende licht om de drank weerspiegeld te zien in een uit de kluiten gewassen spiegel. Met de twee mannen in pak die on-

der een dichte rookwolk zaten te drinken aan de bar en vier krijt-
streepdragers rond een lage tafel was het café al bijna vol toen Fujimoto-san en ik aan de andere kant van de bar gingen zitten. We
werden welkom geheten door een mama-san die vreemd bekend
leek, en niet voor niets.

De mama-san van Kentauros had tot voor kort samengewerkt
met Yuki in Club Yumi en had dezelfde elegante gratie. Ze was ongeveer even oud als Yuki en had zich teruggetrokken uit haar veelei-
sende beroep om een bar te openen, waarschijnlijk met hulp en fi-
nanciële steun van een stuk of wat oude klanten. Nu hoefden de
mannen hun favoriete hostess dus niet meer in een club te zoeken,
maar konden ze iets drinken in haar bar. Het was de rijping van een
relatie die zich in de loop van vele jaren ontwikkeld had. Ze kon bewonderd blijven worden door de mannen die een deel van haar leven waren geworden, maar had achter de bar een bepaalde autori-
teit veroverd, en had haar kimono ingeruild voor klassieke kleding.

'Het is heel belangrijk dat een hostess nooit verliefd wordt op
haar klanten,' preekte Fujimoto-san. 'Bij verliefdheid: een ramp!
Dan is het voorbij. Een klant kan een bepaalde hostess speciale aandacht aan een andere man zien geven – het is makkelijk te zien aan
hoe ze naar hem kijkt – en dan wordt hij jaloers. Het is een heel
dunne grens. In Japan gaan dit soort relaties niet over seks. De beste
hostessen kunnen iedereen dezelfde illusie schenken, maar sluiten
hun eigen emoties af. Uiteindelijk kunnen ze dan, als ze geluk hebben, een eigen zaak openen dankzij een gulle sponsors.

Ik ken bars in Ginza als deze, geleid door voormalige hostessen,
want ik moet altijd zorgen dat de filmsterren zich vermaken, maar
dit is mijn favoriet. Wat wil je drinken, iets duurs? Wat dacht je van
whisky – McCallan?'

'Eh... nee, bedankt, Fujimoto-san. Whisky is een beetje sterk voor
mij.'

'Nee! Niet deze whisky. McCallan is zo zacht dat het je zal verba-
zen. Het is het lievelingsdrankje van Nicolas Cage. Aan de bar kost
het vijftienhonderd dollar per fles, tweehonderd dollar per glas. Hij
is er dol op. Weet je zeker dat je het niet wilt proberen? Oké. Dan
maak ik er een cadeautje van, voor je vader, om *gomen nasai* te zeg-

gen omdat je zo'n slechte dochter voor hem bent. Zo lang weg van huis! Ik kan het niet geloven. Wat dacht je van rum? Mama-san heeft erg lekkere rum.' De twinkeling in zijn ogen was onmogelijk te weerstaan.

'Oké, prima,' capituleerde ik. 'Ik probeer de rum.'

De demonen van de duivel

Toen ik op mijn laatste vrijdagnacht in Japan bij Greengrass binnenkwam, wachtte Tehara al op me. Hij zat onderuitgezakt aan tafel met zijn armen stevig over elkaar en bewoog alleen zijn ogen, als een kameleon met te weinig interesse om zich te verroeren. Hij liet een vermoeide zucht ontsnappen. 'Chelsea-san. Ito-san heeft me gebeld. Over jou. Heeft hij jou zijn computer geleend?'

'Wat? Nee! Hij heeft me zijn computer niet geléénd. Zei hij dat?'

'*Hai*. Hij zei dat ik jou eraan moest herinneren dat hij hem terug wil.'

'O, is dat zo?' zei ik woedend. 'Nou, waarom belt hij me dan zelf niet om dat te zeggen? Hij heeft mijn nummer!' Tehara haalde onverschillig zijn schouders op. 'Dit is niet te geloven. Maar hij... O! Oké. Maak je geen zorgen. Ik regel het wel met hem.'

Dit was belachelijk. Het was ontzettend achterbaks van Nori om twee dagen voor ik vertrok weer op te duiken uit zijn stilzwijgende ballingschap, een avond voor ik het salaris van een hele maand zou krijgen. Wie dacht hij wel dat hij was, om Tehara zo'n belachelijke boodschap te laten overbrengen?

Ik kookte van woede, maar toen ik me in de bedompte achterkamer omkleedde sloeg mijn boosheid langzaam om in ongerustheid. Nori was een gewaardeerde klant bij Greengrass, en ik moest toegeven dat zijn kleine wraakactie uiterst goed getimed was. De laptop was waarschijnlijk meer waard dan ik nog aan loon te goed had, en Nishi zou mij liever niets betalen dan de schijn wekken dat een hostess een computer van een van zijn beste klanten achterover kon drukken. Wat een mispunt.

Nori had een uitstekende zet gedaan in zijn pogingen mij te manipuleren, maar ik kon hem die laptop niet teruggeven – ik had hem aan een vriend van Matt gegeven die met de Japanse versie van

Windows overweg kon. Dus nu hing ik. En wat gebeurde er als dat stomme ding meer waard was dan mijn loon?

Als ik het verschil niet betaalde, kon Nori gaan klagen bij Fumio, zijn beste vriend en een hoge ome bij de politie in Yokohama, die me op zijn beurt bij de douane kon aangeven. Dan zou ik gearresteerd, gevangengenomen of uitgezet worden, alleen omdat ik een duur cadeau had aangenomen van een man wiens irrationele affecties ik niet wilde beantwoorden.

Ik moest een oplossing vinden. Nadat ik de situatie met Nicole had besproken aan de vergadertafel, besloten we dat ik hem moest bellen.

'Bel hem gewoon alsof er de laatste keer niets tussen jullie is voorgevallen. Maar je móét aardig zijn. Begrijp je, Chelsea? Echt heel aardig. Nog aardiger dan je ooit geweest bent. En geen woord over die computer.'

'O, wat moet ik dan wel zeggen?'

'Simpel.' Nicole nam een denkbeeldige telefoon op en liet haar stem druipen van honing. 'Hallo Ito-san, hoe gaat het? Het spijt me zo dat ik je de hele week niet gebeld heb, maar ik was zo gestrest en ongelukkig. Ik mis je. Ik heb je niet meer gezien en ik ben heel verdrietig. Ik wil je graag nog zien voordat ik vertrek. Kun je alsjeblieft naar de club komen? Ik zou het vreselijk vinden om weg te gaan zonder afscheid te nemen.' Mijn gezicht vertrok van afschuw en Nicole keek me streng aan. 'Doe het, Chelsea.'

'Goed dan, oké. Hij neemt toch niet op als hij ziet dat ik het ben, weet je.' Maar Nori nam wel op, al na twee keer overgaan.

'*Moshi moshi?* Hallo?'

Dus slikte ik mijn trots in en deed mijn best om Nicoles smerige praatje na te bootsen.

'O, ja, hoi!' onderbrak Nori me haastig. 'Chelsea. Eh... ja, bedankt dat je belt, maar eh... ik heb het heel druk nu. Ik ben blij dat je me gebeld hebt en misschien, voor je Japan verlaat en als ik tijd heb, kom ik nog naar Tokyo om je op te zoeken.'

'O.' Ik wist niet wat ik toen moest zeggen. 'Oké.'

'Ja, en eh... ik heb het heel druk, dus ik zie je later. Oké? Eh... dag.' En Nori hing op, en mijn mond viel open.

'Wil hij zijn computer nog steeds terug?' vroeg Nicole grijnzend.

'Hij heeft er helemaal niets over gezegd.'

'Precies,' zei ze. 'Hoe zeg je dat in het Engels? Hij wilde gewoon de overhand weer hebben. Dat is Japans. Ze zijn rancuneus.' Ze glimlachte warm. 'En jij bent uit de problemen.'

Drie dagen nadat we onze avond in Ginza hadden afgesloten met karaoke in Petits Pois tot zonsopgang, zette Fujimoto-san zijn bezwaren tegen Nishi's 'nazipraktijken' opzij en kwam hij me met een stralende glimlach begroeten en formeel vaarwel wensen op mijn laatste vrijdagavond in Japan. Het was een gebaar dat ik zeer waardeerde, want hij was niet alleen: ik was een programmaonderdeel in een avond vol filmindustrie-entertainment. Ter ere van mij zong Fujimoto-san een bekende Japanse ballad die in Petits Pois een uitslag van honderd calorieën zou hebben opgeleverd, en ik betaalde hem terug met een nummer van Oasis. Tussendoor luisterde ik naar zijn beste wensen voor mijn toekomst, duizend complimentjes en de waarschuwing om niet nog meer aan te komen omdat ik anders mijn jukbeenderen zou kwijtraken. Als klap op de vuurpijl had Fujimoto-san een groot *sayonara*-cadeau in een papieren zak meegebracht – een gekiste fles vijfentwintig jaar oude McCallan-whisky. 'Favoriet bij Nicolas Cage! Voor je vader, weet je nog. Dat zei ik tegen je. In plaats van sake. Heel goed! Vijftienhonderd dollar per fles!'

'Fujimoto-san! Dat had je niet moeten doen!'

'Nee! Dat is mijn plicht. Jij bent zo'n stoute meid. Je moet je vader je excuses aanbieden, drie keer. Een keer voor elk jaar dat je niet naar huis bent gegaan. *Gomen nasai, gomen nasai, gomen nasai.* Vreselijk *desu yo*! Nooit heb ik zo'n slechte dochter als jij gekend.'

Het was droevig om hem te zien gaan, maar ons afscheid was blijmoedig. Aan het eind van het uur schudden we elkaar de hand, bogen we vol waardering en sloten we elkaar voor altijd in ons hart.

Toen was het tijd voor Yoshi.

Laat op de avond beende hij naar binnen. Het eerste wat me opviel was hoe goed we bij elkaar pasten. We waren allebei van top tot teen in het zwart gekleed. Hij was knap en straalde, en toen hij mijn blik ving brak er een brede glimlach door op mijn gezicht. Mijn hart maakte een sprongetje. Dit was het. De finale.

Er was iets anders aan hem. Hij was heel ontspannen, volkomen op zijn gemak en toch – kon dat? – nuchter. We zaten een uur lang comfortabel in onze stoelen genesteld, tot we allebei sloom en dronken waren. Met Nishi's toestemming verlieten we even na enen de club en liepen naar een Indiaas restaurant in de buurt, elkaars wankele gewicht ondersteunend. Op standbeelden van Ganesj en Sjiva na hadden we het eethuisje voor onszelf. Een eenzame ober gehoorzaamde aan Yoshi's luide roep om bier en voedsel, en kwam direct aanrennen toen hij bier over de knoflook-naan morste. Yoshi klaagde dat hij dronken was, trok zich terug in het toilet en ik zuchtte toen hij zijn neus snoot en de andere bekende geluiden produceerde, goed hoorbaar door het dunne wandje heen. Yoshi was aan het ontnuchteren.

Nadat hij betaald had vulden we bij een nachtwinkel lukraak een mandje met wijn, snacks en Kahlua, en namen toen een taxi naar zijn appartement in Hiroo. Precies zoals ik me voorgesteld had stopte de taxi voor een kolossaal gebouw, en we namen de lift naar een grootse hal, waar hij een indrukwekkend grote deur van het slot draaide.

Yoshi's nieuwe appartement was een toonbeeld van smaakvol ontwerp. Donker hout. Wit en zwart. Het was ontzettend groot voor een vrijgezellenappartement in Tokyo, maar Yoshi deed het af als een onpersoonlijke huurflat terwijl we in de keuken de tassen uitpakten.

'Ik zal je alles laten zien, laat dat maar,' zei hij, en ik werd rondgeleid door een slaapkamer die werd afgescheiden met een groot, schuivend *shoji*-scherm, een inloopkast vol Gucci en Prada, nog in stapels op de grond na de verhuizing, en een enorme badkamer, een en al spiegels en zwartmarmeren luxe. In een hoekje van zijn chique onderkomen, naast een lange witte bank, vond ik een foto van Yoshi aan boord van een boot, die een vis van wedstrijdformaat omhooghield. 'Mmm,' zoemde hij trots. 'Mijn boot.'

'Geweldige foto, Yoshi. Hé, heb je de foto's van Kyoto voor me?'

'Ja, in mijn auto. Ik zal ze straks halen.'

'Kun je ze nu niet halen? Ik wil ze graag zien, en misschien vergeet je ze.'

'Oké, oké. Dan moet ik naar de garage. Blijf maar hier.'

Zodra Yoshi de deur sloot, ging ik lekker op mijn sokken over de gladde vloer glijden. Ik pakte de McCallan uit en bekeek de fles voor het eerst. Ik schonk nog een Kahlua met melk in en probeerde me tegelijkertijd over mijn extreme dronkenschap heen te zetten. Toen Yoshi terugkwam zat ik aan tafel met mijn benen over elkaar en bungelende voeten. Hij gaf me met een brede grijns een envelop, en terwijl ik plaatjes van pezige riksjarijders en oude shinto-tempels bekeek, zette Yoshi muziek op. Het verbaasde me hoe gelukkig ik eruitzag op die foto's, hoe vitaal.

Toen ging Yoshi aan de andere kant van de tafel staan, over een zilveren dienblad gebogen. Hij legde twee lijntjes coke. Twee grote, dikke poederlijnen, als bloedzuigers vet van het bloed.

'Yóshi...' protesteerde ik.

'Wat? *Ma chérie*, ik ben dronken. Ik moet nuchter worden. Jij ook...'

Hij grijnsde, maar voor ik nee kon schudden had hij de sneeuw al geroutineerd opgesnoven. Ik keek naar hem terwijl het door zijn aderen koerste, hem chemisch terugbracht tot normaal gedrag en de scherpe kantjes van zijn alcoholroes af haalde, zijn geest een oppepper gaf en het echte leven uit hem zoog.

Zwijgend gaf hij me een briefje van duizend yen aan, keerde me de rug toe en liep de kamer uit. Ik zag het briefje zich ontrollen toen ik het uit mijn vingers liet vallen en het neerkwam op de geboende vloer, vlak naast een foto van mijzelf, glimlachend in spikkels zonlicht naast de rivier de Oi. Toen Yoshi terugkwam, lag er nog een lijntje op tafel en zat ik op de bank. Hij keek me aan alsof er iets mis was.

'Wááát? Wil je niet?' soebatte hij. Ik keek weg. 'Prima, maar als jij niet wilt, dan wil ik ook niet.' Ergens, dacht ik, was het daar te laat voor.

Maar toen zat hij naast me. Zijn hand bij mijn middel, en daarna op mijn borst, en toen kuste Yoshi me. Terwijl hij zijn lippen op de mijne drukte, had ik plotseling het antwoord waarvoor ik was gekomen. Ik voelde het helemaal, als een groot ijzeren gordijn dat neergelaten werd tussen wat ik me verbeeld had te willen en wat ik eigenlijk wilde.

Ik was misselijk.

'Ik voel me een beetje vreemd, Yoshi. Misschien moet ik...'

'Wat? Koorts? Je ziet rood. Wil je in bad? Douchen?'

'Nee, het is mijn maag. Ik voel me een beetje gammel. Misschien komt het door het Indiase eten,' hakkelde ik. Maar dat was het niet. Het was puur psychosomatisch. 'Volgens mij moet ik overgeven.'

'Plens even wat koud water in je gezicht. Er liggen washandjes in de badkamer.'

Ik ademde diep in, sloot mezelf op in Yoshi's badkamer en leunde zwaar tegen de deur. Ik staarde mezelf aan in de spiegel. Shit. Ik draaide de kraan open en liet hem zo hard mogelijk lopen. Het water spetterde in kleine vloeibare bolletjes op de wastafel en daalde als een fijne mist neer naast een beker met twee tandenborstels.

Ik probeerde me te concentreren en me af te sluiten voor het waas van dronken gedachten dat mijn oordeel benevelde. Wat moest ik nu in godsnaam doen? Ik zou de gefingeerde misselijkheid tot het uiterste moeten volhouden. Ik had hier niet moeten komen. Ik kon het trillen van mijn handen niet bedwingen. Ik spoelde het toilet door en liet de kraan weer lopen. Ziezo. Geluidstechnisch gezien had ik overgegeven.

Ik wachtte nog een paar minuten en kwam toen langzaam tevoorschijn, met een arm tegen mijn middel gedrukt. De televisie stond aan. Yoshi zat op de bank te kijken. *Bzzzt. Bzzzt. Bzzzt.* Wat was dat? Het was mijn telefoon, die geluidloos op tafel lag te vibreren. Ik pakte hem. Er stond: MATT.

O, mijn lieve Matt. Godzijdank.

'Hoi Nicole,' zuchtte ik met gespeelde uitputting. 'Hoe is het? Hè, ben je nog in Roppongi? O, je bent net klaar met werken. Nee, ik ben bij een vriend, bij Yoshi, maar ik voel me niet zo oké, ik denk dat ik maar naar huis ga. Snel, ja. Nee, ik denk niet dat ik nu met jullie kan afspreken, ik moet geloof ik kotsen. Voedselvergiftiging misschien. Ik weet niet. Ja, ik bel je morgen. Maak je geen zorgen.

Het gaat prima en alles komt goed. Sorry. Oké, tot later.'

Matt zal zich wel hebben afgevraagd wat er in 's hemelsnaam aan de hand was. Ik had al zijn vragen beantwoord, zodat hij wist dat ik veilig was, maar hoewel hij gewend was aan neptelefoongesprekken als er klanten bij waren, was dit een graadje erger dan normaal. Ik ging naast Yoshi op de bank zitten en liet mijn hoofd in mijn handen zakken. 'Het spijt me echt, Yoshi, ik...'

'Wat is er, *chérie*?' Yoshi keek me verdrietig aan. 'Beval ik je niet? Bevalt mijn appartement je niet?'

'Dat is het niet,' pleitte ik, maar toen ik opkeek wilde Yoshi me niet aankijken. Hij had iets naast hem liggen. Hij haalde een aansteker tevoorschijn en verlichtte een glazen bol. Hij blies in een lange, elegante uitademing een paddenstoelvormige wolk ijzige rook uit, zuchtte diep en ik hoestte. 'Wat is dát?'

'Ice,' zei hij vlak. 'Wil je ook?'

'Nee.' Ik trok me iets terug om de hersenvretende stofdeeltjes om ons heen niet in te ademen. 'Yoshi, ik voel me echt ziek. Ik denk dat ik voedselvergiftiging heb van de...'

'Je hebt slaap nodig,' zei Yoshi. 'Dat is oké, kom maar.' En hij ging me voor naar achter het *shoji*-scherm en sloeg het dekbed open. 'Ga maar slapen. Ik maak je morgenochtend wel wakker.'

En zo lag ik dus in Yoshi's bed. Hij stopte me in en ging de kamer uit, en ik hoorde hem de tv aanzetten. Ik zag het licht flikkeren tegen de muur. Ik staarde naar het plafond. Gekoesterd in de luxe plooien van een wit donzen dekbed lag ik in het comfortabelste bed van mijn hele leven, maar mentaal en emotioneel was ik doodsbang. Dit was mijn voorproefje van een leven met Yoshi, en o jongens, wat was het waardeloos. Hoe kwam ik hier weg? Ik lag maar naar het plafond te staren, het leek wel een eeuwigheid, maar toen kroop ik uit bed en schoof het *shoji*-scherm open.

'Yoshi...?' Het bleef stil terwijl hij vanaf de bank naar me keek, hoe ik daar stond als een van de vele mooie dingen in zijn design-vrijgezellenappartement. Op het scherm kronkelde een naakt Japans meisje. Yoshi zei niets.

'Ik ga naar huis, ik voel me niet...'

'Oké,' onderbrak hij me, en dat was alles wat hij erover te zeggen had. Geen emotie. Geen protest. Hij liet me werktuiglijk uit. Hij leek heel oud toen hij de deur openhield, heel moe. Alleen zijn neusvleugels waren een beetje gezwollen. 'Ik hoop dat je je snel... beter voelt. Ga naar huis en ga slapen. Ik bel je. Morgen... zorg dat je je... oké voelt.'

Yoshi probeerde te glimlachen, maar er verschenen alleen rimpeltjes bij zijn ooghoeken. Ik wilde niet bij hem weg, maar hoe kon ik blijven? Hij was levenloos. Hij was kapot.

Ik was diepbedroefd. Zo leeg alsof ik niet meer bestond. Maar ik bestond wel. Ik was hier met hem gekomen. Ik was bereid geweest om te doen wat ik dacht dat goed was, wat dat ook mocht zijn, maar ik had geen gedachten gehad. Ik had alleen gereageerd, en dat was precies wat ik had gewild. Ik was nog dronken. Veel erger dronken dan zou moeten. En nu ging ik weg.

En ik besefte dat het *niets uitmaakte*. Dit, hier, was het enige wat had kunnen gebeuren. Ik waardeerde Yoshi meer dan hij wist, maar de ontnuchterende realiteit om hem zo te zien, in het huis waarin hij woonde, maakte het glashelder. Dit was gewoon mijn leven niet.

Ik aarzelde op de drempel en mijn lippen vormden onuitgesproken woorden. Yoshi keek me niet aan. Ik hield Fujimoto-sans papieren zak stevig vast en voelde het gewicht van de McCallan die ik nooit zou drinken. De fles was zwaar, maar niet zo zwaar. Niet zo zwaar als hem op deze manier verlaten. Voor het laatst.

Ik stapte de stille stoep op en rende. En rende. En rende. En sprintte. De koele lucht in de lege straten likte mijn gezicht. Hij prikte in mijn ogen en benam me de adem, maar ik bleef rennen.

Ik ga waar jij gaat, ik blijf waar jij blijft

Het leven kan heel gecompliceerd zijn, maar ook heel eenvoudig. Iedereen wil alleen maar bemind worden. Dat wil iedereen, omdat je er dan toe doet voor iemand, jij speciaal bent, om redenen die alleen die persoon kent. Drie maanden lang heb ik dit elke dag gezien. In het gewone. In het absurde. In het adembenemende. Ik ben niet alleen maar hostess geweest. Ik heb van mensen gehouden, op een bepaalde manier, en van andere mensen hou ik nog steeds. Ik voel me verbonden met die mannen, empathisch en verwikkeld in losse strengen van een andere tijd en andere mogelijkheden. Maar mijn echte liefde is voor Matt. Hij is mijn spiegelbeeld.

Vandaag is onze derde trouwdag. Morgen gaan we naar Canada, zodat ik hem aan mijn familie kan voorstellen. Vanavond gaan we in Roppongi Hills uit eten, en daarna ga ik naar Greengrass voor mijn laatste avond als hostess. Het is de eerste maaltijd die ons meer dan twintig dollar zal kosten in al die tijd dat we hier zijn. Matt is in de wolken. Gezien de chique restaurants waaraan ik gewend ben geraakt, vermoed ik dat ik me wel als een snob zal gedragen. Maar daar kom ik ook wel weer overheen.

Weet je, Matt, je bent je tijd zo ver vooruit. Het is absoluut niet eerlijk om jou te vergelijken met die emotioneel intensieve relaties die ik had met Japanse mannen van middelbare leeftijd. Als ik in hun ogen had kunnen kijken toen ze zo oud waren als jij nu, betwijfel ik of ik die ongelooflijke fijngevoeligheid had gezien die jij nu hebt. Jouw buitenkant is nog niet zo gepolijst, maar ik heb vertrouwen in je ziel. Dat moet je weten.

Als ik één ding zeker weet, is het wel dat ik het hier zal missen. Ik zal alles missen waarover ik niet geschreven heb. Ik zal Takatani missen, de excentrieke bluesgitarist die de selectie niet haalde omdat hij niet eenduidig genoeg was, maar die met me uit eten ging en me de beste plek gaf bij zijn concert en een lied voor me schreef dat hij 'Chelsea' noemde. Hij belde zelfs om twee uur 's nachts uit de studio om het door de telefoon voor me te spelen terwijl Matt en ik frappucino zaten te drinken bij Starbucks. Takatani heeft meer dan dertien miljoen platen verkocht in Europa. Hij zal dus wel beroemd zijn, maar voor mij is hij geweldig. Ik zal onze gesprekken over muziek, kunst en filosofie missen. Ik zal het missen om hem zo nu en dan in gezang te horen uitbarsten als we langs een tempel midden in Tokyo wandelden.

Ik zal al die incidenten missen. Karaoke zingen. Dat zal ik zeker missen. De ene avond een onbekende leren kennen die de volgende avond al een vriend is. Stamcelonderzoekers uit Beijing. Luisteren naar de levens, de dromen en de liefdes van mannen. Tot diep in de nacht drinken met Takeru Kobayashi, zesvoudig wereldkampioen hotdog eten, met dank aan Coney Island, New York. Voor zo'n verlegen en bescheiden man had hij de grootste biceps die ik ooit heb gezien.

Ik zal Shin missen, mijn lieve Shin, en zijn vriendelijkheid en humor, en ik zal Nishi en Soh en hun fratsen missen. Ik zal het land missen dat zoveel houdt van An-Pan Man, een stripfiguur met een automatisch aangroeiend broodje als hoofd, dat de mensen zijn gezicht laat opeten omdat hij 'zo vrijgevig' is. Ik zal de energie van Fujimoto-san missen en de manier waarop hij 'Verschrikkelijk!' roept bij een glas rode wijn en het zoveelste heerlijke verhaal. Ik zal de sigarettenrook missen, al weet ik dat nu nog niet, en waarschijnlijk zal ik altijd dol blijven op de herinneringen die aan die geur verbonden zijn, al weet ik dat het slecht voor me is.

En Yoshi. Natuurlijk zal ik hem missen, al weet ik voorlopig nog niet wat ik voor hem moet voelen... maar dat geeft niet.

Laatste avond in het paradijs

Als je negentig dagen van je leven nauwkeurig in je hebt opgenomen, zou je toch denken dat je ze goed kon weergeven om
een adequaat beeld te schetsen van wat er echt is gebeurd. Misschien kun je genoeg felle kleuren op een doek smijten, voldoende
inkt uit de pot halen om het verstrijken van de tijd in een zwart-wit
alfabet te persen, in een verzameling woorden waarmee je zulke
vluchtige momenten vangt, desnoods fragmentarisch. Als je dat
oprecht genoeg zou kunnen, is het misschien voldoende. Tenzij je
al fout zat vanaf het begin – want hoe kun je een verhaal overbrengen dat jijzelf niet eens begrijpt? Je kunt hooguit hopen op een onvolmaakte weergave. Meer is onmogelijk, en dat moet je gewoon
accepteren. Je moet het gewoon daarbij laten en de rest openlaten
voor interpretatie.

Shin kwam om half tien binnen. Phil Collins zong. De meisjes lachten. Sigaretten brandden. Hij wierp een blik in mijn richting en
zwaaide. Iemand riep een toost in twee talen. De drank stroomde,
relaties werden voortgezet en gedachten speelden precies zulke ingewikkelde spelletjes als ze zelf wilden. Ik zwaaide terug en ging bij
hem zitten zonder te wachten tot Tehara of Nishi of Soh mij begeleidde. Ze hadden het te druk met andere dingen.

Shin was een tikje opgedoft, maar zo subtiel dat hij het zou kunnen ontkennen als ik er iets over zei. Ik zag dat zijn haar gekamd was
en dat hij zijn overhemd had gestreken, maar hij zag er nog steeds
uit alsof hij hier niet hoorde, alsof hij per ongeluk bij Greengrass
was binnengewandeld en de rest van de week *ramen*-noedels zou
moeten eten.

Toen ik voor ons allebei sinaasappelsap bestelde, lachte hij. We
dronken er langzaam nog twee en voerden een heel gewoon ge-

sprek, met lange stiltes en zo nu en dan een steek onder water tussendoor. 'Jij bent zó'n slechte hostess,' Shin schudde ongelovig zijn hoofd. 'Hoe heb je het overleefd, al die tijd?'

Toen hij het karaokeboek vroeg, wist ik wat er ging komen.

Toen de Japanse woorden van de 'Sayonara Song' een voor een oplichtten, zong Shin zo ongelooflijk vals dat het prachtig was. Zijn ogen glansden. Zijn stem was onvast. Maar toch bleef hij onduidelijk over de luidsprekers, voor iedereen in de zaal behalve voor mij. Ik had eindelijk de sleutel tot het wezen van karaoke gevonden. Het ging niet om opscheppen, om goed of slecht zijn; het was een onpersoonlijke groepsactiviteit die het mogelijk maakte emoties uit te drukken achter de veilige bescherming van andermans woorden. Verborgen achter een nummer dat iedereen kende kon je zo persoonlijk worden als je zelf wilde. Het was daarom nooit een probleem of iemand zong of niet. Het ging niet om ja of nee; het hing van de stemming af.

Toen hij klaar was, eiste Shin dat ik voor hem zou zingen, als een symbolisch gebaar tussen ons. Eerst geneerde ik me. Ik had nog nooit met Shin gezongen, en ik had weinig zin om met die traditie te breken, vooral omdat ik niet zeker wist of mijn stem het niet door mijn glimlach heen zou begeven. Ik gaf pas toe toen hij me kinderachtig noemde, dus toen kreeg hij waar hij om vroeg.

Ik zong 'Leaving on a Jet Plane'.

Eerlijk gezegd had ik nog niet één koffer ingepakt en wist ik zelfs op dit laatste moment niet zeker of ik wel klaar was om te gaan. Maar de volgende dag verliep mijn visum, en ik had een niet-overdraagbaar ticket naar de andere kant van de Stille Oceaan. Ik had geen keus. Mijn paspoort zou afgestempeld worden. Ik zou vertrekken, of ik het leuk vond of niet. Of ik nu kon beslissen of ik het leuk vond of niet.

Shin betaalde na twee uur en we liepen de gang op terwijl hij een grap vertelde en ik lachte. Hij drukte op het knopje, dat voor de miljoenste keer oplichtte toen de lift langzaam van zes verdiepingen lager omhoogkroop.

Toen Shin me een van zijn paradoxale, kalm-speelse grijnsjes schonk, kon ik geen gezichtsuitdrukking vinden als antwoord. We stonden daar maar, in wat waarschijnlijk ons eerste ongemakkelijke moment samen was, tot hij zijn rechterhand opstak.

'Oké,' zei hij eenvoudig. 'Tot ziens.'

'Tot ziens, Shin.' En toen sloten de liftdeuren. Voor hem. Voor een heleboel dingen. Ik stond in mijn eentje in het zachte licht van een aftandse gang en dacht aan hoe ik hier al die avonden geleden voor het eerst had gestaan, met diametraal tegengestelde gevoelens. En ik voelde me op een bepaalde manier precies hetzelfde als toen.

Dank

Aan Matt, voor alles – jouw geschenk is van onschatbare waarde. Aan mijn familie, voor hun liefde en onwankelbare vertrouwen. Aan mijn agent, Pippa Masson, wier toewijding en vaardigheden alleen worden overtroffen door haar geduld. Aan mijn uitgever, Alison Urquhart, omdat ze geweldig is. Aan Kevin O'Brien, Natalie Winter, Annabel Rijks en al die geweldige mensen bij Random House voor hun uitstekende werk en enthousiasme. Aan Monica Catorc, een mentor en een inspiratiebron die ik koester. Aan monsieur Candela, voor zijn magische manier van zijn. Aan Fred en Pam Pitzman, wier edelmoedigheid een wereld voor me geopend heeft. Aan iedereen die me ooit heeft geholpen, bewust of niet. En met name aan de mensen wier zonnestralen mijn leven lichter hebben gemaakt: Rachael, Yeva, Liza, Mark B., Joshua, Jean C., Ann, Sam, Lara, Sandra, Andrew C., Toshio, Shamkhun en natuurlijk de onvergetelijke Shin.

Chelsea Haywood is met een onverzadigbare honger naar levens-wijsheid geboren in het afgelegen British Columbia. Ze reist sinds haar zestiende zelfstandig en als fotomodel de wereld rond, en moet nog besluiten waar ze gaat wonen. Dit is haar eerste boek.